《高等财经教育研究》
2019年中国高等财经教育论坛

新时代·新文科·新财经：高等教育新常态

New Era · New Liberal Arts · New Finance and Economics: The New Normal in Higer Education

中国高等教育学会高等财经教育分会
西南财经大学高等财经教育研究中心　　编

西南财经大学出版社
Southwestern University of Finance & Economics Press

中国·成都

图书在版编目(CIP)数据

新时代·新文科·新财经:高等教育新常态/中国高等教育学会高等财经教育分会,西南财经大学高等财经教育研究中心编.—成都:西南财经大学出版社,2020.10

ISBN 978-7-5504-4543-7

Ⅰ.①新… Ⅱ.①中…②西… Ⅲ.①财政经济—高等教育—教学研究—中国—文集 Ⅳ.①F8-4

中国版本图书馆 CIP 数据核字(2020)第 173971 号

新时代·新文科·新财经:高等教育新常态
XINSHIDAI XINWENKE XINCAIJING GAODENG JIAOYU XINCHANGTAI

中国高等教育学会高等财经教育分会
西南财经大学高等财经教育研究中心 编

责任编辑:刘佳庆
装帧设计:张姗姗
责任印制:朱曼丽

出版发行	西南财经大学出版社(四川省成都市光华村街 55 号)
网　　址	http://www.bookcj.com
电子邮件	bookcj@foxmail.com
邮政编码	610074
电　　话	028-87353785
照　　排	四川胜翔数码印务设计有限公司
印　　刷	郫县犀浦印刷厂
成品尺寸	170mm×230mm
印　　张	16
彩　　插	8 页
字　　数	383 千字
版　　次	2020 年 10 月第 1 版
印　　次	2020 年 10 月第 1 次印刷
书　　号	ISBN 978-7-5504-4543-7
定　　价	88.00 元

2019年中国高等财经教育论坛编委会名单

主　编：

赵德武

编　委：

张国才　任迎伟　李欣玲　陈益刚　彭浩波　王耀荣
王　静　刘　洋　侯嘉茵　彭颖怡　袁艺婉

2019年中国高等财经教育论坛组委会名单

主　任：

施建军

委员单位：（排序不分先后）

安徽财经大学	北京财贸职业学院	北京工商大学
北京物资学院	重庆工商大学	东北财经大学
对外经济贸易大学	广东金融学院	广东财经大学
广东财经大学华商学院	广东外语外贸大学	广西财经学院
贵州财经大学	哈尔滨金融学院	哈尔滨商业大学
河北金融学院	河北经贸大学	河南财经政法大学
湖北经济学院	湖南财政经济学院	湖南商学院
吉林财经大学	吉林工商学院	集美大学工商管理学院
江西财经大学	江苏财经职业技术学院	经济科学出版社
兰州财经大学	南京财经大学	南京审计大学
内蒙古财经大学	山东财经大学	山东工商学院
山东管理学院	山西财经大学	山西财税专科学校
四川财经职业学院	上海财经大学	上海对外经贸大学
上海立信会计金融学院	河北地质大学	首都经济贸易大学
天津财经大学	天津商业大学	西安财经大学
西南财经大学	新疆财经大学	云南财经大学
浙江财经大学	浙江金融职业学院	浙江工商大学
中国财政经济出版社	中南财经政法大学	中央财经大学

修德立信　博学求真

德才兼备　尚志财经

刘仲藜

二〇二二年岁末

目　　录

第一篇　致辞与讲话

第二篇　主题发言

第三篇　书面发言

第一篇

致辞与讲话

在第十届中国高等财经教育校长论坛上的致辞

重庆工商大学党委书记 李志雄

尊敬的大良副会长、世兴巡视员、正杰副书记、建军理事长，各位校长、各位来宾：

大家上午好！

欢迎来到山水之城、美丽之地的重庆，莅临南山之麓、长江之畔的重庆工商大学，参加由中国高等教育学会高等财经教育分会、重庆工商大学共同主办的第十届中国高等财经教育校长论坛。

本届校长论坛，来自全国70多所高等院校的校长和财经专家，近300位嘉宾齐聚一堂，共同探讨财经高校——"新时代·新文科·新财经：高等教育新常态"。

在此，我代表重庆工商大学，向各位领导和来宾表示热烈欢迎！对本次论坛的召开表示热烈的祝贺！向长期以来关心、支持我校发展的朋友们以及中国高等教育学会高等财经教育分会对我校的信任和鼎力支持，致以最诚挚的感谢！

本届校长论坛是在新中国成立70周年、扎实开展主题教育、党的十九届四中全会胜利闭幕不久之际召开的一次盛会。在这十年间，全国高等财经教育校长论坛始终坚守初心，紧扣高质量发展主题，凝心聚力，勇担使命，为加快推进"双一流"建设，全面振兴本科教育，实现高等教育内涵式发展，做出了我们财经高校的不懈努力和贡献。

重庆工商大学是在新中国成立后的1952年建校的，传承"含弘自强、经邦济民"的精神，67年来，在改革开放中跨越发展，在新时代茁壮成长，是一所具有光荣传统，人文底蕴深厚，本硕博人才培养层次完整，与时代同前行、共奋进、齐发展，具有鲜明财经特色的多科性大学。

进入新时代，在习近平新时代中国特色社会主义思想的指引下，学校第三次党代会确定了建设具有鲜明财经特色的全国知名高水平多科性大学的宏伟目标。全校师生砥砺奋进，以滚石上坡、一往无前的奋斗姿态，在人才培养、科学研究、社会服务、文化传承创新等方面，落实管党治党、办学治校主体责任，取得了一系列可喜的成效，培养了一大批创新型、应用型、复合型、国际化的"三型一化"时代新人。

今天，第十届全国高等财经教育校长论坛在我校隆重举办，是我们的荣幸，更是我们的机遇，相信一定会进一步推动我校发展。期盼这一汇聚财经教育智慧与力量的盛会，能加快提升中国财经教育的世界影响力，培养更多的一流财经人才。

行千里、致广大。祝大家在重庆工商大学期间工作愉快，身体安康！

欢迎大家常来重庆工商大学做客，指导工作，传经送宝！

最后，预祝本届校长论坛圆满成功！

谢谢大家！

2019 年 12 月 19 日

在第十届中国高等财经教育校长论坛上的讲话

中国高等教育学会高等财经教育分会理事长　施建军

尊敬的大良会长、尊敬的志雄书记、芳城校长，尊敬的各位领导、各位嘉宾、各位老师，同学们，朋友们：

在中国高等教育学会的亲切关怀下，在重庆工商大学领导和师生们的周到安排和辛勤努力下，在兄弟院校、兄弟单位与会代表的鼎力支持下，第十届中国高等财经教育校长论坛今天在美丽的山城——重庆隆重开幕了！来自全国各地近95所高等院校、出版单位、科研单位、教育科技公司和新闻媒体，共计270位代表出席了本届校长论坛，可谓是群贤毕至，高朋满座，胜友如云。大家欢聚一堂，群策群力，钩深致远，共襄盛举，共同探索我国高等教育深化改革的重要路径，共同破解我国高等教育人才培养的诸多难题，共同交流立德树人、教书育人的宝贵经验，共同搭建产教融合、校企合作的战略平台。这是我国高等财经教育界的一次盛会，是全面贯彻全国教育大会精神，落实"新时代高教40条"和"职教20条"的大会，是深入学习党的十九届四中全会精神的大会。我代表中国高等教育学会高等财经教育分会向第十届中国高等财经教育校长论坛的顺利召开表示热烈的祝贺！向全体与会代表不辞辛苦拨冗出席表示由衷的欢迎！向重庆工商大学的领导和师生们表示衷心的感谢！

中国高等财经教育校长论坛，是高等财经教育学会的一个重要的品牌项目，自2010年举办以来，至今已历经十年，举办了十届。回首过去，每届校长论坛都紧密结合国家发展的大政方针，结合我国高等教育的客观现实，结合国际与中国经济发展的严峻态势，经过西南财经大学高等教育研究中心精心筛选主题，再推介到高等财经教育分会秘书长工作会议上广泛讨论，并认真听取常务理事会的一些同志的意见，最后明确校长论坛的基本主题；动员财经高校的领导与专家学者撰写政策性强、针对性强、指导性强、时效性强、理论性强、实践性强的优秀论文，提交到校长论坛充分交流，深度探索，最后由西南财经大学结集正式出版发行，深受财经院校领导和教师的好评。今年校长论坛的主题是："新时代·新文科·新财经：高等教育的新常态"。围绕这一主题，我们又设计了涵盖本科和高职的五个方面的论题，即新常态下高等财经院校建设与管理的挑战与机遇；新文科建设背景下高等财经院校的学科布局与发展定位；高等财经院校一流本科专业建设的思路与举措；特色高水平高等职业学校和专业建设的实践与思考；高等职业教育实施"1+X"证书制度的探索。应该说，这些题目是党和国家发展我国高等教育事业的指导思想的集中体现，是我国高等财经院校面对困惑、面对挑战、面对机遇的重要实践。今年的校长论坛，我们不仅真诚邀请了本科财经高校的书记、校长，还应高职院校的要求，邀请了高职院校的书记、校长，以及各个院校的业务部门的负责同志、二级学院的负责同志。此外，还真诚邀请了一些专家学者，真是大师如云，盛况空前。今年的校长论坛的风格，是在延续去年广东财经大学华商学院校长论坛的风格上，又有所创新：安排了两个阶段的主论坛，安排了校长沙龙，安排了本科、高职校长与业务部门负责人和专家学者的各自分论坛。在主论坛上，我们有幸请到中国高等教育学会副会长和教育部高教司的领导给大会做主旨报告。在分论坛上，我们着力安排了教育部财经类学科各专业教指委的主任和专家做热点专题报告。目的就是集思广益，学海沉钩，聚众人智慧之光，纳众校改革之策，集众家创新之力，写好新时代中国高等教育的奋进篇章。

当前，中国特色社会主义进入新时代，国家的经济、政治、社会、文化各方面都发生了突飞猛进的变化，高等教育也取得了令世人瞩目的成绩。高等教育是实现中华民族伟大复兴的国之重器，没有哪一个国之重器可以与大学的战略分量相提并论。为谁培养人，培养什么人，怎样培养人，关系到国家的生死存亡，民族的生死存亡。我们教育工作者身负重任，重于泰山。改革开放四十年来，虽然我国的高等教育事业取得了长足的进步，成为世界高等教育领域的大国，但我们不是教育强国，我们还处于"内涵发展，质量提升，攻坚克难"阶段，我们培养的学生与党和人民的要求还有很大的差距，尤其在大智移云的背景下，我们的教育理念、教学内容、教学手段、教学实践还有很长的路要走，还有很多的关隘要闯，还有很多的创新要做。正如习总书记所说："要把创新创业教育贯穿人才培养的全过程，以创造之教育培养创造之人才，造就创新之国家"，为国家培养一代又一代，一批又一批优秀的社会主义事业的建设者和接班人。

同志们，朋友们，这次校长论坛内容丰富，主题鲜明，许多来自教学第一线的书记校长、专家学者拨冗出席，登台演讲，给我们带来了新的理念、新的经验、新的实践、新的成果。希望大家能广泛切磋，密切合作。我相信这些大咖们的每一次交流都是一次精美的盛宴，一定会给我们以深刻的启迪、有力的促进、良好的借鉴。本次大会一定让大家大有收获，大开眼界。俗话说，他山之石，可以攻玉。何况他们是玉中精品，校中强校呢！强强联手，校校结盟，一定能构筑起我国高等财经教育拼搏奋进的新的里程碑。

最后，预祝第十届中国高等财经教育校长论坛圆满成功！

谢谢大家！

2019 年 12 月 19 日

在第十届中国高等财经教育校长论坛上的讲话

重庆市教育工委专职副书记　覃正杰

尊敬的大良会长，施巡视员，建军理事长，各位来宾：

大家上午好！

今天全国多所高等财经院校的财经专家莅临重庆，参加第十届中国高等财经教育校长论坛，这是中国高等财经教育的一件盛事，也是重庆高等教育界的一件幸事。在此，我谨代表重庆市教育工委、市教委对本次会议的召开表示热烈的祝贺，向来自全国各地的高等教育界的领导和同仁表示热忱的欢迎，对多年来支持重庆教育事业发展的各位领导、各位专家表示衷心的感谢！

刚刚召开的中央经济工作会议指出，我国正处在转变发展方式、优化经济结构、转变经济增长的攻关期，结构性、体制性、周期性问题相互交织，三期叠加影响持续深化，这对高等财经教育也带来了深刻影响，在这样的背景下，本次论坛以"新时代·新文科·新财经：高等教育新常态"为主题，对明确高等财经教育思路、贯彻新发展理念，推动高质量发展，具有深远的现实意义。重庆目前有 72 所高等院校，其中博士学位授予单位 10 所，硕士学位授予单位 17 所，中国特色高水平、高职院校和高水平专业群建设单位 10 所。当前，全市上下正认真贯彻、落实习总书记对重庆提出的"两点"地位，"两地"实现"两高"目标，营造良好政治生态和发挥"三个作用"的重要精神，坚持稳中求进的工作总基调，以改革推动高质量发展。但是受国内外宏观环境的影响，重庆经济下行压力在持续增大，产业转型升级和经济社会发展需要高等教育特别是高等财经教育发挥作用。就如何进一步加强新时代新形势下财经教育，我们将主要从三个方面努力。

一是加强对经济形势的研究。我们正处在世界经济全球化快速发展的时期，也面临中国经济发展的新常态。经济社会发展过程中有诸多困难和挑战，有待高校给出解决方案。我们将引导各高校充分发挥人才聚集优势，发挥好智库和智囊团作用，加强对经济形势的研究，从问题出发探究理论、探究世界，找出真问题，求到真办法，从理论到实践，再从实践到理论，寻找到推动经济高质量发展的强国富民之策。

　　二是加强财经学科专业建设。财经作为传统学科，发展历史悠久，如今被赋予了"新文科"的内涵，就要在"新"字上下功夫。我们将引导各高校适应新时代变化与新时代要求相吻合，与新科技革命形成合力，搭建学科交流互通的桥梁，整合理、工、医、农、文等多学科发展资源，促进学科融合发展，构建开放、创新、融合的文科建设与保障机制，加强学科建设、科研评价等体制、机制创新，深化改革，激发新财经的发展活力。

　　三是加强财经类人才培养。我市高校共有财经类在校生 13 万余人，今年毕业生近 4 万人，存在同质化核心竞争力不强的问题，不能完全满足社会经济发展的需要。我们将引导各高校充分利用"互联网+""智慧+"等信息化水平，在人才培养方案、课程设置、课堂教学、实践教学等方面进行一系列的改革，创新财经类人才培养模式，为新时代、新发展培养复合型人才。重庆工商大学是我市唯一的公办本科财经高校，为经济社会发展培养了一大批具有新鲁商精神的高素质人才。感谢中国高等教育学会对重庆工商大学的信任，把如此重要的会议放在重庆工商大学召开，这也是对重庆工商大学办学成绩的肯定，希望重庆工商大学承办好本次论坛，为各位参会代表提供优质的服务，也希望各位领导和各位专家对重庆市教育事业发展提出建议。

　　借此机会，再次诚挚邀请各位专家和高层次人才来山水之城、美丽之地重庆传经送宝，安家立业，助推西部大开发、"一带一路"和长江经济带发展。最后预祝本次论坛圆满成功，祝各位代表在渝期间工作愉快、身体健康。

　　谢谢！

2019 年 12 月 19 日

在第十届中国高等财经教育校长论坛上的讲话

张大良

尊敬的施建军理事长，各位领导，各位嘉宾，老师们，同志们：

大家上午好！

很高兴前来参加中国高等财经教育校长论坛。本次校长论坛是在全国上下深入学习贯彻党的十九届四中全会精神和 2019 年中央经济工作会议精神的热潮中举办的，论坛紧紧围绕"高等财经教育改革发展，落实立德树人根本任务，全面提高人才培养质量"这个主题展开研讨，恰逢其时，具有重要意义。在此，我谨代表中国高等教育学会，对论坛的成功举办表示热烈祝贺！对前来参加论坛的各位嘉宾、专家学者和老师们表示诚挚欢迎！对重庆工商大学为顺利举办此次论坛付出的辛劳表示衷心感谢！

高等财经教育是我国高等教育体系的重要组成部分，在校生规模所占比重较大，学科专业的区域分布较广。据统计，全国本科院校一半以上，高职院校三分之二以上设置和开设了财经类学科、专业和课程。近年来，全国财经专业在校生规模日益扩大，高考录取线年年抬高，师资队伍日益壮大，师资素质不断提高，已经成为我国高等教育领域一道亮丽的风景线。新中国成立 70 年来，高等财经院校为国家战略和经济社会发展输送了 7 000 多万财经类人才，为我国改革开放和社会主义现代化建设、为社会主义市场经济理论研究和实践发展做出了不可估量的贡献。

当今世界正处于百年未有之大变局，世界多极化、经济全球化、社会信息化、文化多样化深入发展，国际体系在各种制度、体制、机制的不断蜕变中正呈现新的面貌，世界正在形成新的政治、经济、社会、文化生态。我国在世界格局中的地位和作用更加凸显，新中国成立 70 年以来，特别是改革开放以来，我国社会主义现代化建设创造了人类历史上前所未有的发展奇迹，我们国家用几十年的时间走完了发达国家几百年走过的发展历程，经济总量跃居世界第二，14 亿人民摆脱了物质短缺，总体达到小康水平，享有前所未有的尊严和权利。我国是世界经济增长的最大贡献者，我国的科技创新为世界经济增长注入新动能，我国已经成为世界经济增长的主要稳定器和动力源，为世界和平与发展不断注入正能量，做出了巨大贡献。

进入新时代，我们对高等教育的需要比以往任何时候都更加迫切，对科学知识和卓越人才的渴求比以往任何时候都更加强烈。我国正在朝着经济强国、教育强国、科技强国、文化强国、网络强国、海洋强国等强国建设目标迈进。在经济领域，我国经济已由高速增长阶段转向高质量发展阶段，经济结构调整正在从以增量扩能为主转向调整存量、做优增量并举，经济发展动力正在从主要依靠资源和低成本劳动力等要素投入转向创新驱动；坚持巩固、增强、提升、畅通的方针，以创新驱动和改革开放为两个轮子，加快现代化经济体系建设；坚持和完善社会主义基本经济制度，加快建设高标准市场体系，统筹推进稳增长、促改革、调结构、惠民生、防风险、保稳定，有效保障和改善民生。在教育领域，已全面开启教育现代化的新征程，正在落实党中央、国务院做出的"优先发展教育事业、加快教育现代化、建设教育强国、办好人民满意的教育"等一系列重大部署。聚焦高等教育，我国已建成世界上规模最大的高等教育体系，2018 年我国高等教育在学总规模达 3 833 万人，毛入学率达 48.1%，即将进入普及化阶段，人民群众对高等教育需求更加多样，对高等教育提升质量的期盼更为强烈，这些都对我国高等教育改革发展提出了新要求、新任务。同时，新时代高等教育改革发展也面临着前所未有的新变化、新挑战。众所周知，我国开启了社会主义现代化强国建设"两步走"的新征程，知识和人才在综合国力竞争中的重要性更加凸显，迫切需要加快推进高等教育强国建设。新一轮科技革命和产业革命翘首可期，创新驱动发展已经成为世界潮流，大学在国家创新体系中的重要作用不可替代，越来越走向经济社会发展的中心位置，迫切要求高校主动适应、支撑服务、创新引领经济社会发展。以信息科技革命为先导，以新材料科技为基础，以新能源科技为动力，以空间科技为外延，以生命科技为战略重点，以互联网、大数据、人工智能等为代表的全方位的科技革命，影响重大而深远，有的影响甚至具有颠覆性，迫切要求高校深化科教融合、产教融合，调整学科专业结构，优化课程体系和教材体系。加之高等教育的对象群体也在发生着深刻的变化。现在进校的大学新生大多是 21 世纪出生的，他们的学习方式、思维方式、认知范式和交际行为都发生了变化，迫切要求高校创新教育理念，改革培养模式，改进教学方式。

新时代对高等财经教育提出了更高要求，我们要认真学习贯彻习近平总书记关于教育的重要论述，肩负教育为人民服务、为中国共产党治国理政服务、为巩固和发展中国特色社会主义制度服务、为改革开放和社会主义现代化建设服务的时代使命，全面贯彻党的教育方针，扎根中国大地办大学，加强党对大学各项工作的全面领导，坚持马克思主义指导地位，坚持社会主义办学方向，坚持问题导向和目标导向相统一，围绕高等财经教育的使命任务和改革发展面临的难题，加强研究，总结经验，勇于探索，深化改革，在实现高等教育内涵式发展、建设高等教育强国的进程中，更好落实立德树人的根本任务，夯实人才培养中心地位，把思想政治工作贯穿学科体系、学术体系、教学体系、管理体系和人才培养全过程，建设更高水平的人才培养体系；要进一步适应经济社会发展需求变化，优化学科专业结构和课程体系，完善以课程和教材为重点的教学体系，创新培养模式，更新教学内容；要坚持理论联系实际的马克思主义学风，坚持理论与实践相统一，学以致用，用以促学，夯实学生的理论基础、扩大知识面，加强实践教学、增长见识和胆识、提升学生分析问题、解决问题的能力；要营造智慧教学环境，运用现代信息技术助力教学改革，推进线上线下混合式教学，优化课内、强化课外，坚持"读、写、议、做"相结合的教学方式，引导学生多读书、多思考、多写作、多交流、多实践，"读经典、学经验、论经纬、做经济，经世济民，"全面提高教学水平和人才培养质量；要进一步完善内部治理结构，加强制度建设，按规律、规格、规范、规矩办学治校，创新办学体制机制，建立、健全突出立德树人成效的院系工作评价体系、突出教书育人成效的教师工作评价体系、呈现德智体美劳全面发展的学生评价体系，努力提高办学治校能力和水平；要进一步加强教育教学质量保障体系建设，强化教学质量日常管理、内控和动态监测，关注用人单位对毕业生的综合评价，促进人才培养质量全面提升；要进一步健全考试招生制度体系，进一步完善毕业生就业创业指导制度体系；要加强师德师风建设，提高青年教师科研、教学能力，着力建设政治素质过硬、业务能力精湛、育人水平高超的高素质教师队伍。

高等教育学会是高等教育领域重要的全国性学术团体，走过了 36 个春秋，在历届理事会的持续努力下，已经发展成为专家荟萃、学者云集、具有广泛群众性的高等教育学术组织，在理论研究、学术交流、专业培训、展览展示、国际合作、咨询服务、书刊编辑和行业监测等方面发挥着重要作用。当前，高等教育学会已经进入由大到强的重要发展期，杜玉波会长带领新一届理事会，以习近平新时代中国特色社会主义思想为指导，以党的全面领导为根本保证，围绕高等教育改革发展大局，全面贯彻党的教育方针，加强学会制度建设，完善内部治理结构，坚持围绕中心、服务大局，明确提出了由"办会宗旨、发展理念、核心任务、业务布局、工作思路、研究原则、基本经验、建设目标"八个方面构成的发展战略构想，成为学会的根本大纲、总体思路和长远规划，是今后做好学会各项工作的基本遵循方向。

这次论坛是由中国高等教育学会高等财经教育分会和重庆工商大学共同主办的，这里我代表杜玉波会长，对分会工作提一点建议。

作为高等教育学会的重要分支机构，高等财经教育分会要立足工作职能、职责和定位，把学会发展的战略构想创造性转化为实际行动，着力实施好学会分支机构的质量提升计划，重点"建好智库、强化服务，创出品牌、提升质量，注重管理、争上水平，谋划合作、扩大影响"。坚持服务国家战略和重大需求，自觉承担社会责任，增强服务功能，提高服务能力，提供优质服务，发挥社会组织的应有作用，努力把高等财经教育分会办成高教学会分支机构中的标杆性分会。

当前，高等财经教育分会要充分发挥专家云集、智力密集、成果汇集的新型智库作用，组织学术力量，深入学习、研究、阐释、宣传习近平新时代中国特色社会主义经济思想。习近平新时代中国特色社会主义经济思想，是习近平新时代中国特色社会主义思想的重要篇章，是指引中国走向富强的理论之魂，是马克思主义政治经济学中国化最新成果，赋予了马克思主义政治经济学以鲜明的中国特色、中国风格、中国气派，为构建新时代中国特色社会主义政治经济学理论体系、发展当代中国马克思主义政治经济学指明了前进方向、开辟了广阔道路，也为人类社会探索更加合理的社会制度贡献了中国智慧。

我们要深入研究阐释总书记经济思想中彰显的制度自信，继承创新的理论框架、关于经济治理的顶层设计、关于一体统筹两个大局的战略要求等，阐释宣传以人民为中心的发展思想及其蕴含的方法论，努力将总书记经济思想转化为推动我国经济实现高质量发展、推进国家经济治理体系和治理能力现代化的伟大力量。

多年来，高等财经教育分会坚持以习近平新时代中国特色社会主义思想为指导，在全国高等财经院校的大力支持下，始终秉承搭建平台、开启窗口、架设桥梁、链接纽带的服务宗旨，在推动高等财经教育领域的学术研究、改革探索、专业建设、课程重构、产教融合、校企合作、协同育人、文化传承等方面做了大量富有成效的工作，取得了可喜成绩。希望高等财经教育分会进一步提升政治站位、明确工作定位，发挥桥梁、纽带和平台作用，团结带领各会员单位，着力研究高等财经教育改革发展的重大理论问题和实践问题，做好资政服务，不断提升政治引领力、服务贡献力、学术竞争力、科学保障力、社会影响力。中国高等教育学会将一如既往地大力支持高等财经教育分会的各项工作，统筹有用资源，创造有利条件，提供有力保障，共同推动高等财经教育改革发展，在新时代展现新作为，做出新贡献。也希望与会各位领导、专家学者，充分利用这次论坛的宝贵时间，深入研讨、碰撞思想、交流经验、献计献策，为我国高等财经教育深化改革、创新发展贡献力量。

最后，祝第十届中国高等财经教育校长论坛取得圆满成功！祝各位与会代表身体健康！工作顺利！

谢谢大家！

2019 年 12 月 19 日

第二篇

主题发言

新文科建设与新时代人才培养

教育部高等教育司人文社科教育处二级巡视员、处长　武世兴

尊敬的各位领导，各位专家，各位老师：

大家上午好！

时隔八年我再次参加中国高等财经教育校长论坛，跟各位领导、老师再次见面感到非常高兴。这次论坛的题目是"新时代·新文科·新财经：高等教育新常态"，我一直在思考讲什么，给大家汇报哪些思想观点。这些年，新文科建设，包括高等教育发生了很多变化，特别是一流本科教育推进很快。从2018年6月21日在四川大学召开全国高校本科教育工作会到现在短短一年半时间，发生了很多变化，现在，给大家汇报一下这项工作的背景、推进过程和下一步新文科建设如何结合这项工作来做。

第一，党中央高度重视高校的人才培养工作。现在各个学校进行了主题教育，教育部是第一批主题教育单位，教育主题是学习总书记关于立德树人、关于人的培养问题。习总书记强调两个根本，立德树人是高校的根本任务，要把立德树人的成效作为检验高校一切工作的根本标准。教育的根本问题是"培养什么人，怎样培养人，为谁培养人"。高校工作的核心点是什么？习总书记在全国高校思政工作会上讲，办好我国高校，办出世界一流大学必须牢牢抓住全面提高高校人才培养能力这个核心点，并以此带动高校其他工作。从硬件上讲，我们国家很多学校和国外的差距不大了，现在的关键是要构建更高水平的人才培养体系，扭转不科学的教育评价导向，提升我们教育服务经济社会发展的能力。这都是总书记对高等教育提出的一些核心要求。

第二，从高等教育自身发展的情况看，我国的高等教育今年应该能够跨过50%的门槛。50%的入学率意味着我们高等教育正式进入普及化阶段。普及化阶段的高等教育是什么？大家都在抱怨现在的教育跟过去的教育不一样，因为我们现在身子进入了普及化阶段，脑袋还处在精英化阶段。核心应该是提升高等教育质量，满足老百姓上好学的愿望。还有多样化的问题，不同的高校应在不同的竞争领域展示特点，培养一流人才，而不是都去挤精英化阶段的塔尖，现在应该要

建立不同领域的"五指山"，每个领域的学校都可以做到更好。

第三，从世界上看，世界范围内都在重视本科教育，都在重视质量。从"联合国 2030"行动框架，美国两次关于重塑本科教育的报告，包括一些美国的大学，比如斯坦福大学、麻省理工学院等等都在重视人才培养。英国、日本、新加坡、韩国等国都把教育质量放在了第一位。从三个角度来讲，从中央对高等教育自身发展的要求以及全球高等教育发展情况来看，我们国家高等教育的地位、作用和发展阶段、类型结构甚至舞台格局都发生了很大的变化。原来的高等教育起到的是基础和支撑作用，未来创新发展更需要引领性的作用。原来是一部分人上大学，未来高等教育将变成我们国家所有人的基础教育，每个人都应该能够上大学。现在在高等教育的竞争不是国内的竞争，是国际的竞争，大家要放在国际舞台上看看我们的位置，看看高等教育、人才能不能跟上国际需要。我们要把打好本科教育的攻坚战作为 2019 年的一项重要任务，把本科教育搞上去。为什么重点是搞本科教育？因为我们觉得往上看本科教育质量决定我们研究生的质量，可能每个学校都在抱怨怎么招不来好的研究生。为什么呢？因为底下质量没有做好。如果做好，不用抢学生和好的生源。如果向下讲，本科教育其实也引领着基础教育的改革方向，我们培养创新人才，基础这块的改革也得跟上。高校里面87%的学生是本科学生，应该说这些学生 90%将成为就业主要力量，也是服务经济社会发展的主力军。本科教育是高等教育基础中的基础，核心中的核心。陈部长讲，本科不牢、地动山摇。

为了全面振兴本科教育，我们从三个层面做起。

一是思想层面。最具代表性的就是新时代全国高等学校本科教育工作会议，过了一年多，有三个点大家印象最深刻：第一，突出人才培养的中心地位；第二，坚持以本为本，把本科作为本；第三，推进"四个回归"，要学生回归读书常识，教师回归教书育人的本分，高校的初心是倾心培养建设者和接班人，高校的梦想就是高等教育的强国梦。在这次会议上，陈宝生部长首先提出了"三个不合格"和"八个首先"的主张，特别强调不抓本科教育的高校是不合格的高校，不重视本科教育的校长是不合格的校长，不参与本科教学的教授是不合格的教授。这次会议之后，2018 年 8 月份，教育部下发一个很重要的通知，狠抓新时代高等教育本科教育会议落实的通知，提出要全面整顿本科教学秩序。现在大家耳熟能详的淘汰"水课"、打造"金课"、取消"清考"都是 2018 年提的。

二是规定层面。新时代《关于加快建设高水平本科教育，全面提高人才培养能力的意见》，对建设本科一流教育提出了全面的部署。这个文件很全面，看起来很宏观，执行有难度，但是不要紧，一步一步推进。2019 年 9 月教育部下发

《关于深化本科教育教学改革　全面提高人才培养质量的意见》，就是我们现在说的"质量 22 条"，对教学根本性的制度做了规范。10 月，教育部颁布《关于一流本科课程建设的实施意见》，着力解决课程质量在高等学校本科人才培养中的短板和瓶颈问题，提出建设一流本科课程，需三年左右的时间，也就是一流课程的"双万计划"。

三是具体措施层面。我们会同 13 个中央部门联合启动实施了"六卓越一拔尖"计划 2.0，看起来是七个方面的内容，我们内部理解应该是全口径的文件。我们所有的专业、所有的课程都应该参与到"六卓越一拔尖"计划 2.0 里面来。这个文件规定了一些原则和措施，如果再往下落实就是三个方面的内容：一是一流专业建设。一流专业建设就是大家都在参与的一流本科专业建设"双万计划"。二是基础学科拔尖学生培养基地建设。这次进行了拓围，原来只有理科的基地，这次拓展了文科和基础医学，文科跟财经学有关的就是经济学基地。三是一流课程建设的"双万计划"。未来将建设一万门国家级一流课程和一万门省级国家课程。这是政策的脉络架构，跟现在所说的"新文科""新工科""新农科""新医科"又有什么关系？"四新"建设是这些工作推进的总体目标。这个会议是 2019 年在天津大学召开的"六卓越一拔尖"卓越计划的启动大会，这次会上，部长着重阐释了推进"四新"的思想，关键是理解"新"的含义，"新"是什么呢？就是高等教育学科专业在环境条件需求特别是时代发生大变化的背景下怎样探索学科专业建设的新路子、新模式、新的组织形式，在内容上实现更新换代，在机制上实现再造。所以，"新"和"老"不是一种对立关系，我们讲的新文科、新工科，是创新的"新"，不是新老的"新"，不存在新文科、老文科。陈部长在这个会上讲，我们探索"四新"过程中坚持三条原则，一是质量革命的要求，一切创新都是为了提高质量；二是结构优化的方针，我们要把学科专业结构进行升级优化；三是守正创新，好的东西要坚持，不好的东西必须创新，不创新就会落后。陈部长当时讲，不搞一刀切，不搞大起大落，不搞大哄大闹，一切从实际出发推进"四新"建设。

中央要求我们提高人才培养能力，要抓的最大的基础是提高本科教育的质量。提高本科教育质量，方法就是推进一流本科教育的建设，落脚点是"六卓越一拔尖"计划 2.0，主要做好三项工作：专业建设、课程建设、拔尖基地建设，目标是整个推进"四新"建设。这是文件总体的脉络。

具体到"新文科"怎么办？从中央要求来看，党中央高度重视哲学社会科学人才的培养，提出一系列新思想、新要求、新论断。习总书记在北京主持召开了五次座谈会，有四次跟哲学、社会科学有关。特别是习总书记在 2017 年视察中国政法大学时提出立德树人、德法兼修，培养大批高素质法学人才，这句话也是培养哲学、社会科学其他人才的思路，应该是路径性的措施。

做好新时代、新文科人才培养也是贯彻落实好中共十九届四中全会关于推进国家治理体系和治理能力现代化的要求。从三方面谈起，一是国家的经济社会发展，对财经类人才培养需求发生了根本性变化，我们现在提出高质量发展，我们的人才培养如何服务于高质量发展？二是从国家来看，我们要走近世界舞台的中央，提高参与全球治理能力，全球治理人才从哪里来？必须由学校培养，至少要培养出这些人才的毛坯。突破人才培养的瓶颈，做好人才储备。三是构建中国特色哲学社会体系，包括财经教育体系，提升文化软实力，也需要我们来推进整个财经领域的新文科建设。习总书记讲，一个没有发达的自然科学的国家不可能走在世界前列；一个没有繁荣的哲学、社会科学的国家也不可能走在世界前列。

新文科建设，要不忘本来、吸收外来、面向未来。坚持中国的特色，同时把国外好的思想吸收进来。面向未来建文科教育的新格局、新理念体系、新模式，特别是要加快推进理论创新，要构建中国特色的话语体系，形成一个理论体系。最后达到一种理想状态，用中国自己的理论解释中国现象、解决中国问题、指导中国实践，为推动人类命运共同体构建贡献中国智慧、中国方案。

新文科建设有四个方面的内容，一是要全面推进课程思政建设。说白点就是价值观的贯穿，我们讲高校的哲学、社会科学，包括财经教育，都有重要的育人功能。怎么在教育过程中帮助学生树立正确的人生观、世界观、价值观。很多学生对思政课程、课程思政不是特别清晰，我们讲思政课程是育人的关键课程，课程思政是育人的关键环节。思政课程从某种意义上讲是一种显性的角度，而课程思政是隐性教育，你在讲解专业知识的过程不一定把思政的观点讲出来，但是讲的一切指向的是同一个价值观。这是专业思政的一个核心，我们要把专业课程里面所蕴含的思政教育资源挖掘出来，解决好各门课程跟思政课程相互配合的问题，发挥好课程育人功能，跟思政课程形成同向同行、协同效应的关系。专业教学过程要自觉把正确的价值观灌输进去，包括习近平新时代中国特色社会主义思想，包括社会主义核心价值观，中华的优秀传统文化教育，职业理想、职业道德教育。课程思政应该是一个高难度的事，是一项专业性的事，应该实现的是一种滴灌式、渗透式、润物细无声的教育。课程思政不是贴标签，也不是"两张皮"，讲完了这个再去讲别的，这叫"两张皮"。一定要结合起来，让学生在道理中，在专业的学理中听明白。二是分类推进专业建设。要做好顶层设计，普遍性的问题应该怎么做？同时做好分类指导，不同类型的专业怎样在不同环境条件和需求变化下提高服务社会经济发展能力。三是推进交叉融合。比如文科和理科之间的融合、文科和工科的融合、文科和医科的融合。我们在做好顶层设计的情况下推进分类建设，同时鼓励交叉融合，专业教学内容体系和课程体系的重构。我们国家改革开放 40 多年来，从引进来到走出去发生了巨大的变化。保持了经济长期繁荣发展，社会长期稳定"两个奇迹"。实现了从站起来、富起来到强起来的伟大飞跃。在这个过程中，我们国家产生了大量扎根中国大地的理论成果，在新文科建设特别是财经教育新文科建设过程中如何建构自己本土化的知识体系，把理论成果转化为教学内容、课程体系，是人文社科教育和财经教育面临的很重要的问题。

一是推进教学内容和课程体系的改革。有些不适应时代发展的教学内容要尽快梳理，包括课程的碎片化的问题等。二是重新梳理课程体系。目前在高校的教学过程中，课程体系碎片化一定程度地存在，需要重新梳理，把课程体系进行重叠。三是建设各类的精英课。包括开发新课、改造老课，既致力于开发适应新专业的专业课程，也特别重视开发通识教育课程，编写新的教材，补充新的内容，编写能够反映中国特色社会主义理论与实践的新发展，吸收新研究方法的新教材。在这个过程中，要讲好我们国家经济社会发展奇迹背后的道理、学理、哲理，让学生真正成为中国理论的传承人。四是强化交叉融合和技术方法的应用。信息技术革命方兴未艾，智能技术革命已扑面而来。信息技术、智能技术正在从根本上改变我们的生活方式和生产方式，人文社科教育和财经教育在这个过程中应该是最敏感的引擎，改变了生活方式和经济运作方式。我们讲经济基础决定上层建筑，在这样的生产关系发生变化的情况下，我们的文化肯定也要发生很大的变化。所以，我们的理论必须要进行创新。我经常打一个比方，比如区块链现在炒得很热，以前讲区块链技术好像是一种信息技术，其实我现在越思考越觉得其跟人文社科领域关系极为重要。区块链的应用非常广泛，这一类的东西都需要重新进行思考。我们的新文科在这点上跟美国提出的新文科有一点相似性。2017年 10 月，美国一个大学提出新文科，他们学校对人才培养方案进行了全面修订，把新技术、新方法渗透到新文科建设过程中。我们的新文科概念也是与世界同频共振，一要促进人文与科技的有机融合，把新技术、新方法渗透到新文科建设过程中。二要遵循财经类人才培养规律和学科属性，在新文科建设过程中还要探索自己财经类人才新文科建设的途径。三要重视实践建设、更贴近实践。现在发展变化很快，很多财经学院做得很好，特别是沙盘操作、虚拟仿真做得很好，这是守正创新，好的东西要继续坚持，继续做好。新文科提出至今不到一年时间，回顾一下"四新"推进的建设过程，新文科推进速度非常快，达成的共识也很快，而且大家的理念相对比较统一。我们判断，一年前有些人还在存疑"四新"能否建设，现在有人在讨论怎样建设的问题，非常好。在这个过程中，仁者见仁、智者见智，根据自己的实际推进新文科建设。下一步关于示范性的项目、课程和专业，我们会把政策性的支持措施尽快跟上，把新文科建设落到实处。

　　以上是我的汇报，不当之处请批评指正。谢谢！

新常态下高等财经教育人才供给侧结构性改革

对外经贸大学校长 夏文斌

前天，教育部部长陈宝生到对外经贸大学调研视察，对学校的整体发展提出了希望和要求。他特别提出，我们现在面临两个大局，一是实现中华民族伟大复兴的大局，二是正面临着百年未有之大变局。对外经贸大学在新时代坚持为党育人、为国育才的初心，积极服务国家战略要求，服务好国家对外开放战略，切实做好"外经贸战线出题目，外经贸大学做文章"，以学科加强为抓手努力构建中国自己的对外贸易理论体系，支撑"一带一路"建设，满足中国日益走向社会治理中心的需要。对外经贸大学成立于1951年，再过两年就是70年，是以应用经济学、工商管理、法学、外国语言为特色的，具有国际化办学特色，具有服务国家战略能力的一所大学。我来时，学校正在搞"不忘初心、牢记使命"的主题教育。有的人提出，对外经贸大学30年提出三句话："国际化""现代化""内涵式"。进入新时代，对外经贸大学应该有什么样的战略定位？我们经过调研，跟校党委一起研究，提出了进入新时代的新变化，国际化、现代化、内涵式毫无疑问要继续坚持，在继承原有传统和特色上与时俱进。我们提出十六字方针，"育人育才、中外融通、内涵建设、创建一流"，这四句话都是习总书记说的，我不是照抄照搬习总书记的话，而是结合对外经贸大学办学实践和办学传统提出的。

一、育人育才

习总书记在党的十八大以来有三次重要会议、三次重要调研。第一次是2014年5月在北京大学的调研。当时提出系好人生的第一粒扣子，青年的价值观关切到社会的价值观。第二次是2014年9月在北京师范大学调研提出要做"四有"好老师，有理想信念、有道德情操、有扎实学识和有仁爱之心。又提出一个人遇到一位好老师是一个人一生的幸运，一个学校遇到一位好老师是这个学校的光荣，一个国家遇到一个好的老师是这个国家生生不息的动力。第三次是2018年5月习总书记在北京大学师生座谈会上再次提出了立德树人是一流大学的根本任务，提出了三项基础性的工作：一流大学办学方向、高水平的人才培养体系和教师队伍建设。三次重要调研都是围绕立德树人。三次重要会议是：2017 年高校思想政治工作会议，习总书记提出了"四个服务"，为人民服务，为中国共产党治国理政服务，为巩固和发展社会主义制度服务，为改革开放和社会主义现代化建设服务。2018 年全国教育大会总书记提出了"九个坚持"。2019 年 3 月 18 号，在学校思想政治理论课教师座谈会上的讲话，习总书记再次提出了立德树人的根本任务。习总书记讲话反复围绕着"培养什么样的人、怎样培养人、为谁培养人"的根本任务，因为无论对于哪个大学来说这是我们的初心。

对外经贸大学在育人育才方面做了三方面的工作。一是加强顶层设计。把立德树人、育人育才作为学校的出发点和归属点，构建全方位立德树人的工作体系。党委书记和校长走进育人一线，为学生讲授入学第一课，参与集体备课，讲授思政课。我还要特别说一下，去年巡视的时候，陈宝生部长对对外经贸大学的思政课提出了特别的要求，我们按照陈部长的要求加强思政课程和课程思政建设，特别是以"一带一路"为中心依托，推动学校思政课程和课程思政高质量发展。二是推进"三全育人"，学校出台了"三全育人"的实施方案，一百项任务，推进"三全育人"的长效化、系统化、科学化，切实结合我校每年一千余人次出境出国交流交换的实践，加快出境出国学生思想引领，出台了关于出境出国学生思想政治工作的意见，成立交流交换学生的思想发展中心。三是提出"以本为本"，我到对外经贸大学后的第一次调研是到的四川大学，组织我们学校人事处、科研处、教务处全面学习四川大学的本科教学，提出了对外经贸大学本科教学的行动方案，包括课堂革命、奖励制度等一系列的制度和方案，要发出这个信号：本科教学是学校重中之重，本科不牢、地动山摇。对外经贸大学 2019 年投入了 492 万元建设 121 门精品课，全面提升课堂教学质量。我们目前已立项并成功上线运行慕课课程 36 门，2019 年我校申报国家一流本科专业 12 个，北京市一流本科专业 3 个，加强了对本科教育的评估。

二、融通中外

对外经贸大学培养具有国际视野全球化的人才，我们现在提出融通中外，不仅仅是培养国际化的人才，更重要的是扎根中国大地了解中国的文化，了解中国特色社会主义，这个非常重要。我到各个学院调研，他们都有培养国际化的人才计划，但是毫无疑问，如果没有家国情怀，国际化人才基础不牢。我的要求一是必须培养具有家国情怀国际视野的高素质人才。对外经贸大学尤其要重视对学生的中国文化教育、中国特色社会主义教育，我们要创新国际教育教学的模式和方

法，继续做好暑期国际学校，在确保授课质量的同时加强对授课教师课程内容的
审查和筛查。2019 年对外经贸大学邀请了 30 余个国家的 85 名外籍教授开设暑期
学校，使得学生不出国即可实现留学的目标。二是严把来华留学教育质量关，推
动留学生驱动化管理。对外经贸大学有 2 400 名学历生，3 400 名留学生，要把
来华留学生教育全面纳入我校的教育质量保障体系中，实行同一标准的教学管理
和考试考核制度。我刚刚来的时候，校长办公会清退了 9 个考试不合格的留学
生。三是学校率先开设了国际组织基地班、三语课程培养等专业、非通用语种实
验班。2013 年起开始在经贸、法律、语言类人才方面开展积极的探索，通过本
科层次开设国际组织人才培训班，增设全球治理二级学科。大力促进中国文化的
传播和践行，通过"国庆七十周年"主题教育，通过"一带一路"贸大青年说，
通过"一带一路"留学中国等品牌类的活动，进一步加强了青年学生行前爱国
教育。支部和海外师生的定期联系，开展归国学生的思想动态座谈调研，以中国
大学生"一带一路"协同发展行动中心为依托，完善社会实践运行和课程体系。
向留学生宣传中国文化，讲好中国故事，开展"老外五向"等国际文化节。开
展"人类命运共同体"的主题教育活动，充分利用全球五大洲十大孔子学院平
台，在课程设置、人才培养、中外文化交流等方面推进中外文化的融通。"走出
去"和"请进来"的战略并重。2019 年学校每年追加 300 万元的经费资助学生
进行三个月的长期培训。2019 年有 800 多人次参加国外的研讨，学生有近 40%
参与了国际长短期的留学。

三、内涵建设，稳步推进高质量发展

我们主要做几个方面的工作，一是加强人才强校。现在大家经常调侃一句
话，"不是在挖人才，就是在被人挖"。人才建设越来越成为学校安身立命的根
本。前两天陈部长说，北京市现在挖一个人才不容易，住房是最大的瓶颈，难以
支撑。所以，我们学校要通过完善国内外引才渠道，实施中青年人才培育计划，
积极打造与我校双一流建设相契合的师德优良、业务精湛、创新能力强的高素质
人才队伍。近三年来，对外经贸大学共聘请 34 位包括诺贝尔奖获得者在内的海
内外知名学者担任我校名誉教授、特聘教授。我对学院的院长说，其他工作可以
忽略，两项工作必须是固定工作：第一是招生，每个院长至少要到一个省（市）
做招生的宣传，把最新的学术前沿、学科前沿让高考学生和有志于报考我校的学
生了解。还要做一件事情，到国外当一回猎头，做一次招才引人的专题会议。二
是完善评价体系。说一千道一万，内涵建设要通过指挥棒，通过评价体系来做好
文章。2019 年 10 月份，我们对学校的人才评价体系做了一个很大的"手术"，

颠覆性加大教育教学的权重，加大社会服务的权重，彻底地执行总书记提出的"五不为"。我们多次说，"不为"不是不要分数，不要帽子，但是完全以那个评价体系为准就会忽略了我们的初心，这是不对的。要通过这个指挥棒来促进学校的内涵式发展。三是通过定岗定编，深化管理方式改革等，促进学校和学院治理体系和治理能力现代化。将中共十九届四中全会精神和学校的实际结合，提升学校治理能力和治理体系现代化。四是培育新时代的大学精神，内涵建设很重要的一条就是大学的环境。学生愿意到北大去，因为北大的学术环境好。培育出近者悦、远者来的大学人文环境非常重要。

四、创建"一流"，推进新文科建设

这次主题是关于新时代、新文科、新财经，到底什么是新文科，现在众说纷纭。我理解为四个元素：第一，符合国家和地方经济社会发展需要；第二，跨学科交流；第三，高水平人才培养体系；第四，人文精神的现代传承。满足四项元素，就是现在的新文科。

1. 新文科，不断提升服务国家战略能力

文科建设要服务国家和经济社会发展。对外经贸大学有十二个区域国别研究院，有WTO、全球价值产业链、国际经济研究院的智库，有三年前成立的目前在进一步整合的国家开放研究院，这一系列的研究院在国家对外开放过程中发挥了重要作用。特别是海南研究院、青岛研究院、成都研究院和深圳研究院都在地方经济社会发展过程中发挥了很大的作用。特别是在中美贸易冲突过程中，对外经贸大学分别在新闻联播、人民日报等20余媒体发声两年，由对外经贸大学主持的全球价值链发展报告，在中美贸易冲突过程中发挥了重要的作用，改变了过去以美国为话语体系的贸易顺差、逆差的测算方式方法和评价方法。特朗普说，中美贸易逆差五千亿或者三千多亿，这个或者就与对外经贸大学做的贡献有关。如何大力推进学科、学术服务于国家发展和地方经济社会发展，这是新文科的必答题。

2. 加强学科整合和跨学科建设

办法不是闭门造车想出来的，因为现实的问题越来越复杂。有些现实问题，文科的任何一专业、任何一个学科难以回答，比如贫困问题，经济学能力不够，社会学能力不够，政治学能力不够，需要跨学科的融合融通才能解决扶贫攻坚的重要问题。现实问题需要跨学科来回应，特别是加强人工智能、大数据与传统学科的交叉融合。对外经贸大学在建设数字贸易、互联网与法律治理、低碳能源经济、全球价值链等方面都得益于新型交叉学科。我最近刚刚带了队伍到华为、腾讯考察学习，期望能够通过学校的学科优势和新兴的人工智能、大数据建设好学校的数字经济实验室。

3. 高质量的人才培养体系

文科一切科研成果最后要反哺于人才培养。对外经贸大学在培养一专多能的复合型国际化人才方面做了积极探索，开设了国际组织人才基地班、国际会计实验班、量化金融实验班、鸿儒金融实验班、商务英语实验班等。我最近提出来，已经实验多年了，可以把"实验"两字去掉，让其成为可复制、可推广的模式。

五、人文精神的现代传承

新文科建设既要新，"新不亦老，老不亦新"，又千万不能忘了文科的根和魂就是人文精神。对外经贸大学要通过加强中华优秀文化教育，举办中华诵经典大赛、中国文化节，弘扬中国精神，传播中国文化，使得中华人文精神和新文科建设能够一脉相承。

谢谢大家！

"新财经"视域下高等财经教育
创新发展的思考与探索

西南财经大学校长、党委副书记　卓志

各位同仁：

大家好！

今年是新中国成立70周年，也是决胜全面建成小康社会第一个百年目标的关键之年。立足新时代，党的十九大举旗定向，习近平新时代中国特色社会主义思想引领中国教育发展新征程，全国教育大会明确了新时代教育发展航向，在此背景下的高等财经教育也有了新的特征与方向，那就是"新财经"。

如今，世界多极化、经济全球化、社会信息化、文化多样化深入发展，以互联网、大数据、人工智能、云计算等为代表的现代科技，加速与经济社会各领域深入渗透融合，重构着人们的思维和生产、生活、学习方式，新经济、新技术、新业态等日新月异，不断改变和重塑财经领域的内涵和外延，引发、催生"新财经"。立足新时代，如何把握"新财经"的规律与特征，怎样在新时代定位自身发展，如何担当新使命做出新贡献，是我们亟待回答的重要问题。

一、深刻把握"新财经"的时代内涵

"新财经"处于新时代教育、经济与科技的交汇点，因此，新财经视域下的教育、经济与科技也有着与过去高等财经不同的内涵。首先是教育。习近平总书记在全国教育大会上发表重要讲话时指出，要坚持扎根中国大地，办好人民满意的教育，培养更多社会主义事业的建设者和接班人。所以，新时代的高等财经教育应坚守为党育人、为国育才的初心，以一流人才培养引领一流学科建设，带动科学研究、队伍建设、文化传承创新、国际交流合作等方方面面。其次是经济。党的十九大以来，中央经济工作始终坚持稳中求进的总基调，坚持以供给侧结构性改革为主线，推动经济高质量发展。这就要求我们要创新经济发展方式，进行动力变革、质量变革、效率变革，在此背景下的高等财经教育也应有新的发展思路。例如，四川水能、森林等资源丰富，具有发展碳交易的优势，而这正是绿色金融的一部分，我们是否可以考虑与地方政府合作，打造全国金融要素市场，寻求交易牌照的新突破；又如困扰金融业转型的瓶颈之一——金融大数据与征信，我们是否在这方面做出更大的贡献。最后是科技。新财经要求高等财经教育与现代科技紧密结合。放眼寰宇，面对新科技与新经济的快速变革，唯改革者进，唯创新者强，唯改革创新者胜。因此，跨界探索人工智能、区块链、大数据与经济管理等学科的交叉融合，已成为新财经背景下人才培养和高校创新发展的必由之路。

二、准确研判新财经的历史方位与趋势

综观高等财经教育发展大势，我们认为，"新财经"正面临着建设思路的"转换"、学科优势的"释放期"和创新发展的"关键期"。以数据和技术为核心驱动力的金融科技正在全面影响和改变着财经领域，这种变化使传统财经版图日益模糊，促使传统财经业务与互联网技术深度融合，通过优化资源配置与技术创新，产生新的业态、模式与产品，推动经济发展实现新旧动能的"转换"；"新财经"所服务的行业，既是全面建成小康社会和国家现代化建设的重点领域，也是深化改革、构建中国特色社会主义市场经济涉及面最广的领域，在服务国家发展战略、促进经济高质量发展的新阶段，高等财经教育处于学科优势的"释放期"，应顺势而为，当大有可为；全国教育大会为高等教育未来发展指明了方向，系统把握"九个坚持"，实施"双一流"建设，产生一批改变人类生活方式、引领未来发展的创新性知识与技术成果，汇聚一批对学术梦想和未知领域执着探索的世界顶尖学者，培养一批为国家、为社会、为人类进步做出贡献，能够引领未来的建设者，高等财经教育正处在创新发展的关键期。

高等财经在怎样的视野和维度中认识发展、把握发展，直接关系其发展格局和前景。"新财经"唯有面向世界、面向未来、面向时代，才能更好地追踪发展前沿，明晰发展方向，把握发展规律。第一要面向世界，找准世界高等教育发展大局中中国的坐标。目前，繁荣高等教育已成为各国参与全球竞争的重要战略选择，在世界坐标中定位发展、明确方向，已成为我国高等界教育的普遍共识。教育部部长陈宝生提出：2049 年新中国成立一百周年时，中国教育将稳稳地立于世界教育的中心，引领世界教育发展的潮流。这就意味着，新财经的舞台是世界舞台、坐标是国际坐标，新财经应当在更大范围、更高层面、更多领域实现从模仿、跟随到引领的历史性变革。第二要面向未来，顺应创新对"新财经"的多样化需求。当今世界，知识和创新已经成为推动全球经济发展的主要力量，高等

教育对经济社会发展的引领性、关键性作用越来越突出。"新财经"视域下的人才培养、科学研究和社会服务等必须提升未来适应性，更好地把握创新时代对财经人才的需求和规律，更准确地预测和解决人类前途命运中面临的现实问题，才能在改革发展中充分释放教育红利，更好地驱动经济社会发展。第三要面向时代，加强"新财经"与经济社会的互动联系。财经科学肩负预测经济风险、提高经济效率、推动经济发展等社会职责。目前，作为全球经济主要引领者的中国正处在由高速增长阶段转向高质量发展阶段的变革关口，经济转型发展面临新问题、新变化、新要求。这意味着，新财经要在经济发展转型中，找准立足点和切入点，发挥经管学科的优势与特色，提升问题导向意识，在构建现代化经济体系过程中，不断增强对经济社会现实问题的研判和解决能力，提供更有效的应对方案。

三、深度激发"新财经"发展的内生动力

1. 以使命与责任为初心，助推高等财经教育蓬勃发展

教育事关国家发展、事关民族未来，是国之大计、党之大计。党的十九大从新时代坚持和发展中国特色社会主义的战略和全局高度，做出了优先发展教育事业、加快教育现代化、建设教育强国的重大部署。面对高等财经教育发展赋予我们的历史使命，面对新时代发展给予我们的动力与挑战，进一步明确新时代赋予"新财经"的核心内涵，明确引领新时代发展的战略目标及实现路径，共同发出"新财经"下高等财经教育发展最强音。

2. 以立德树人为核心，培育德智体美劳全面发展的财经人才

习近平总书记指出，"培养什么人，是教育的首要问题"。高校作为人才培育的摇篮，要时刻将立德树人放在首位。"立德"就是要树立德业，"树人"就是要培养人才。新时代为财经高校人才培养提出新要求，我们以聚焦德智体美劳全面发展为行动方向，以新财经高素质教师队伍为有力保障，以构建高水平财经人才培养体系为有力支撑，努力为国家输送更多德才兼备的财经复合型人才。

3. 以治理体系和治理能力现代化建设为中心，探索完善中国特色现代大学制度

中国特色现代大学制度是"中国特色"和"现代大学制度"的高度融合、高度统一，要紧扣国家高等教育创新改革要求，遵循新时代财经科学发展规律，瞄准影响自身质量提升、内涵发展的重点领域和关键环节，推进观念转变、实践创新和制度变革。同时注重规模、数量的可持续发展路径，找准"由大转强"的核心和关键要素，着力构建和完善深化内涵发展的科学治理体系，充分激发经

管学科创新发展关键期的内在活力和发展动力。

四、西南财大关于"新财经"教育改革的实践探索

近年来，西南财经大学着眼高等教育的创新引领属性、财经教育的经世致用属性和财经学科发展的内在规律，立足新时代、新征程和新要求，积极探索并用行动践行好"三问"：第一，时代之问——如何主动适应广泛而深刻的经济社会变革，担负起引领"新财经"的时代责任，为提升国家竞争力做出西财的贡献；第二，人民之问——如何把自身的发展与党和国家的需求、与行业和区域的发展更加紧密地联系在一起，践行为党育人、为国育才的初心，办好人民满意的大学；第三，历史之问——如何进一步传承优良办学传统，厚植百年西财根基，奋力推进中国特色世界一流学科建设，不断探索高等财经教育创新发展之路。

站在新时代的路口，着眼繁荣发展的中国特色哲学社会科学，我们再次深刻审思高等财经的发展路径。基于新时代学校发展的历史方位、历史使命和战略目标，学校在 2018 年第十三次党代会上正式提出了主动适应并引领"新财经"的发展理念，积极探索"新财经"背景下学科专业布局、人才培养模式、科研与社会服务、国际交流合作、文化传承创新等领域的系统优化。

第一，以"新财经"引领创新人才培养。2017 年面向全校本科生开设人工智能、大数据等课程，面向研究生推出金融智能、深度学习、数据科学等人工智能荣誉课程，为科技创新提供技术储备。2018 年设立数据科学与大数据技术新专业，2019 年新申报金融科技、人工智能、供应链管理等专业，已通过教育部初审。2018 年设立"金融与人工智能实验班""会计大数据实验班"等项目，推动金融、会计、工商管理等传统学科专业加快转型发展。与一流科技企业合作，立足现代金融行业，探索高端应用型人才定制化培养模式。

第二，以"新财经"引领学术创新平台建设。学校整合校内外优势资源，深化财经科学和自然科学、工程技术等多学科的交叉融合，促进大数据、人工智能等现代科技在经济管理学科的运用，与加州大学伯克利分校、美国道富银行等共建金融科技国际联合实验室，组建了大数据研究院、中国区块链研究中心、数据科学与人工智能研究中心、中国行为经济与行为金融研究中心等学术创新平台，开展金融科技与大数据技术领域的前瞻性原创性基础研究，在利用大数据技术推动银行风险识别和国家信用体系建设、利用区块链技术推动供应链金融和数字交易领域的平台建设及技术突破等方面取得重要进展。

第三，以"新财经"推动社会服务与成果转化。学校积极服务国家重大需求，紧紧围绕长江经济带、自由贸易区、防范金融风险与金融科技创新等重大问

题开展持续深入研究，与江苏省扬州市、四川省宜宾市及泸州市政府联合组建"长江经济带（扬州）金融创新研究院""长江金融研究院""泸州自贸区研究院"等，深入开展校地合作。我们正发起并邀请长江经济带沿线的财经高校加入"长江经济带财经高校教育联盟"，以"政策研究、资源共享、改革创新、互惠共赢、协同发展"为宗旨，欢迎相关高校加盟，与我们一道共同助力长江经济带区域协调发展，携手促进长江教育创新带建设。学校也积极探索将人才优势和科研优势转化成产业优势与经济效益，与四川省成都市人民政府共建交子金融科技创新研究院，打造财经科技成果转化与产业推广平台并取得一系列应用性成果。"9BaaS 区块链服务平台""像素蜜蜂"入选我国第一批境内区块链信息服务名称及备案编号名单（四川省唯一）。Fotor 全球用户数已超过 3 亿，海外用户占 90%以上。基于区块链技术开发的攀钢供应链金融系统每年将为 50 亿~100 亿元规模的融资项目提供金融科技服务。

第四，以"新财经"推进国际交流与合作。加强与国际一流大学、顶尖科研机构的实质性合作，以创始成员身份加入美国加州大学伯克利分校国际风险数据联盟（CADR），与美国道富银行合作组建金融科技国际联合实验室，联合主办"国际金融科技论坛"和金融科技产品设计与研发国际竞赛。引入国际优质商科教育资源，设立部属财经类高校首个中外合作办学机构——西南财经大学特拉华数据科学学院，开展商科大数据人才国际联合培养。

砥砺奋进正当时，戮力同心筑"新"梦。立足财经新时代，我们应知其所来、识其所在、明其将往，努力将新财经融入自身发展，推动财经科学与科技革命深度交叉融合，以"新财经"服务"一带一路"、长江经济带、西部大开发等国家重大发展战略，引领高等财经教育创新发展，助力区域经济社会协调发展、国家经济高质量发展，为建设高等教育强国和社会主义现代化强国做出高等财经教育的新贡献！

三链融合：推进创新创业型人才培养供给侧改革

江西财经大学党委书记　　王乔

供给侧改革是党中央为适应和引领经济发展新常态而进行的重大创新。高等教育必须立足立德树人的根本任务，牢牢抓住提高人才培养能力这个核心，在高等教育供给侧结构性改革中精准施策，通过调整结构、内涵发展，不断提高办学质量，增加教育有效供给，为经济社会发展输送更多优秀人才。

一直以来，江西财经大学以培养具有"信敏廉毅"素质的创新创业型人才为目标，不断完善人才培养模式，深化教育事业改革，通过"目标引领、内外联动"，形成了"三链融合"培养创新创业型人才的办学模式，就高等财经教育人才供给侧结构性改革进行了有益探索。2015年，学校组建创业教育学院，进一步推进了创新创业教育事业发展。

一、聚焦人才培养目标，引领"人才培养链"

1. "目标引领"确定人才培养方向

财经类高校培养创新创业型人才有得天独厚的条件，江西财经大学确定以培养具有"信敏廉毅"素质的创新创业型人才为目标，通过"深研究、出规划；建课程、抓竞赛；管平台、促合作；强孵化、促转化"，将创新创业教育贯穿于人才培养全过程。学校在改革人才培养方案时，从办学思想、培养模式、课程体系、服务方式等多个方面改变传统专业教育，打造全新的"人才培养链"。

2. "三位一体"确定人才培养内容

根据人才培养目标，江西财经大学实施了"专业+职业+创业"三位一体的人才培养方案，即在人才培养过程中不仅要培养厚基础、宽口径的专业知识能力，还要培养重实践、强操作的职业能力，更要将创新创业意识的培养贯彻到整个大学的培养过程中，最终打造出懂专业、通职业、会创业的财经类高级人才。

3. "四种类型"确定人才培养定位

学校探索分层分类培养人才，将人才培养划分为四种类型，即培养"通识型""嵌入型""精英型""职业型"人才。根据不同层次的教学目标，设置了创业教育知识基础性课程、技术提高性课程和素质拓展性课程，分布到理论性课程、实践性课程和活动性课程之中。江西财经大学的"创业管理"获国家级精品课程，《创业通论》获国家级规划教材，"创业法学"上线中国大学 MOOC（慕课）平台。

二、推动项目"三化"递进，创新"实践孵化链"

1. 双创竞赛"助智"项目筹划

学校注重竞赛服务，形成大一创新竞赛、大二创业技能培训、大三项目竞赛、大四创业引导的竞赛机制。通过"以赛助创"牵动创业导师为大学生提供项目指导与咨询。今年我校"基于深度学习的多传感融合手势识别与控制系统"项目，在全国第十六届"挑战杯"创新创业大赛中获得全国特等奖，是"挑战杯"历史上江西省第二个特等奖，科技发明类第一个特等奖。

2. 创业平台"助力"项目孵化

学校设立创新创业实践基地，免费向项目筹划成熟的学生初创企业提供经营场地、办公设备、项目对接、政策咨询等服务，"助力"大学生创业项目孵化，成为"实践教学的重要组成部分、体验创业的平台、成功企业家的摇篮"。

3. 创业基金"助推"项目实体化

近三年，学校充分发挥创业基金的杠杆作用，"助推"创业项目走向市场，涌现出了以 2002 级应书岭创办的北京英雄互娱科技股份有限公司、2007 级王玉创办的广州若羽臣科技股份有限公司为代表的新三板上市公司。10 多年来，学校孵化项目 373 个，成功孵化出实体企业 171 个，学生获得知识产权成果 80 余项。

三、"1+5"促进内外联动，激活"帮扶合作链"

江西财经大学依托一个创业基地平台，充分发挥财大校友作用和社会力量，促进内外联动，激活创业项目"帮扶合作链"。

1. 设立一支创业孵化基金

2016 年，学校在校内设立创业种子基金 300 万元，解决校内大学生初创种子期启动资金缺乏问题，在校外设立 3 000 万元的校友助创基金，解决大学生及校友企业前期的项目融资问题。

2. 聘请一支创业导师团队

学校建立了创新创业导师库及相对稳定的创新创业教育及创业指导专职教师

队伍，与创业教育相关的专任教师达 72 人。学校在校外聘请郑跃文、王文京等创业成功校友或知名企业家担任创新创业课授课或指导教师。

3. 构建一个校企协同创业战略联盟

学校先后与用友软件集团、科瑞集团、深圳单仁咨询等多家著名企业建立了创业战略联盟，将产业发展趋势、企业创业资源与我校创业实践教育体系相融合，形成联盟协同、商学结合的新平台，开创了一条顺畅的以专业知识累积、职业技能应用、创业能力培养的创业型人才培养通道。

4. 打造一个创业服务体系

学校建立了较为完善的创新创业指导服务体系，在校内建立一站式服务中心、创业咖啡和创新创业工作坊，建设线上线下互动的创新创业信息平台，为全校学生创新创业提供有针对性的指导和服务。

5. 营造一个创业大环境

一是创新创业活动常规化，每月定期举办活动；二是创新创业学术活动系列化，设有各类论坛；三是创新创业活动制度化，制定了一系列制度和办法；四是创新创业活动深层化，深化了德育教育与创业品质教育、思想政治教育与校训教育、职业素质教育与创业素质教育相结合的育人机制。

2016 年以来，学校先后获批科技部"国家级众创空间"、教育部全国首批"深化创新创业教育改革示范高校"、共青团中央首批"全国大学生创业示范园"、教育部"全国创新创业典型经验高校 50 强"、高等教育学会创业教育先进单位。经过不断的探索与实践，学校的创新创业教育走在江西省高校的前列，形成了在全国有一定影响力的创新创业教育模式，涌现了一批具有带动效应的创业典型。学校排名中国 CFO 大学排行榜第 5 名、中国造富大学排行榜第 16 名、中国高管校友大学排行榜第 30 名、中国大学校友捐赠排行榜第 4 名、中国大学生创业竞争力排行榜第 59 名、中国大学杰出校友排行榜第 89 名。江西财经大学校友王文京、郑跃文、张华荣校友入选改革开放 40 年全国百名杰出民营企业家。

展望未来，江西财经大学将以"双一流"建设为契机，不断深化人才培养供给侧改革，开拓办学理念与思路，整合优质教育资源，积极探索推进创新创业教育，力争打造出更多、更好的为经济社会发展服务的教育新品牌。

关于"新文科"建设的思考

上海财经大学副校长 徐飞

"新文科"是针对传统文科提出的概念，是以全球新科技革命、新经济发展、中国特色社会主义进入新时代为背景，突破传统文科的思维模式，以继承与创新、交叉与融合、协同与共享为主要途径，促进多学科交叉与深度融合，推动传统文科的更新升级，从学科导向转向以需求为导向，从专业分割转向交叉融合，从适应服务转向支撑引领。

一、为什么提出"新文科"

第一，世界正在经历一场更大范围、更深层次的科技革命和产业革命，互联网、大数据、人工智能、虚拟技术、5G 技术等现代信息技术不断取得突破，数字经济蓬勃发展。它们正在颠覆现有很多产业的形态、分工和组织方式，深刻影响我们的生产模式、生活方式、价值理念，也将重塑全球经济结构，乃至改变人与世界的关系。

第二，我们正处于新的历史方位，当今世界正面临百年未有之大变局。从国内角度看，中国特色社会主义进入新时代，我国经济已由高速增长阶段转向高质量发展阶段。我国社会主要矛盾已经转化为人民日益增长的美好生活需要和不平衡不充分的发展之间的矛盾。现阶段的主要矛盾要求我们放弃速度偏好，更加重视发展质量，更加重视实体经济尤其是制造业的发展，经济发展方式加快向创新驱动型转换。此外，国内外形势正在发生深刻复杂变化，世界经济正面临增长动能、全球发展方式、经济全球化进程、全球经济治理体系的深刻转变，国际社会日益成为你中有我、我中有你的命运共同体。进入新时代的中国日益走近世界舞台中央，致力于"推动构建新型国际关系、推动构建人类命运共同体"。同时，我们必须认识到，在目前错综复杂的国际环境下，在国家之间开展的不仅是硬实力的竞争，更是软实力的竞争尤其是政治制度的竞争，不仅是经济、军事、科技的竞争，更是文化和制度的竞争。

第三，教育是务实的，要顺应时代的变迁、呼应时代的需要。基于世界的新变革、历史的新方位，教育也产生新需求、呼唤新文科。为了应对新科技革命和产业革命带来的机遇与挑战，我们要通过实现文科的内部融通、文理交叉等研究方式来认识、研究和解决文科本身、社会和文化中的复杂难题。这就要求我们在实践中培养出知识更复合、学科更融合的新型人才。此外，中国逐步走向世界舞台中央，要做世界和平的建设者、全球发展的贡献者、国际秩序的维护者。建设者、贡献者、维护者的关键是人才培养是否跟进。关于全球治理的人才，现有储备和供给均不足。我们急需培养一大批适应全球新格局的高素质国际专业人才。同时，教育是国之大计、党之大计，教育具有基础性、先导性、全局性的地位和作用。与国家的发展同行，中国高等教育也进入了新时代。新时代高等教育更要坚持以立德树人为根本任务，实施素质教育、通识教育，办好有情怀、有温度的教育。

正是基于新形势、新要求，2017 年美国希拉姆学院率先提出"新文科"，强调的是对传统文科进行学科重组、文理交叉，即把新技术融入哲学、文学、语言等诸如此类的课程中，为学生提供综合性的跨学科学习。2018 年 8 月 24 日中共中央办公厅、国务院办公厅联合下发了《关于以习近平新时代中国特色社会主义思想统领教育工作的指导意见》，要求进一步提升教育服务能力和贡献水平，必须发展新工科、新医科、新农科、新文科。这是我国官方首次发布"新文科"概念。2019 年 4 月 29 日，教育部等 13 部委启动"六卓越一拔尖"计划 2.0，开始全面推进"新工科""新医科""新农科""新文科"建设，"新文科"建设正式推出。

二、"新文科"新在哪里

第一，"新文科"新在领域的拓展。在现代科技革命条件下，人们具有了新的知识理论结构和社会组织结构，能够运用新的理论工具和现代化技术手段，去研究一系列新现象、新领域、新课题。因此，新科技革命和产业革命反逼我们思考新问题、拓展学术视野，在更大范围、更宽领域、更深层次开展教育与研究。

第二，"新文科"新在交叉融合。学科交叉和整合已经成为推动学科建设的重要手段。"新文科"包括三个方面的交叉：社会科学内部的交叉，人文科学和社会科学之间的交叉，文科与理科、工科、医科等其他学科之间交叉。也就是说，"新文科"教育要开展 STEAM 教育。不难理解，STEAM 是五个单词的缩写：science（科学），technology（技术），engineering（工程），arts（艺术），maths（数学）。有别于传统的单学科、重书本知识的教育方式，STEAM 是一种重实践的超学科教育概念。要突破"小文科"思维，构建"大文科"视野。

第三，"新文科"新在研究范式。新的科学理论和技术手段通过影响思维主体、思维客体和思维工具，引起了思维方式的变革，进而产生了新的研究范式，比如数字化、边际分析、超边际分析、聚类分析、博弈分析、时间序列分析等。2019年诺贝尔经济学家获得者就是运用随机实地实验方法，这种方法在经济学乃至其他社会科学中是非常重要的。

三、如何建设"新文科"

第一，深化教育教学改革，修订调整新文科人才培养方案。一是深入探索卓越财经人才培养新模式，创建鲜明财经特色的通识教育，构建多层次、个性化、全覆盖的第二课堂育人体系。二是积极应对信息技术对学科体系和教学方法的挑战，利用大数据、互联网等新兴科技手段，改变学生的学习方式和教师的教学方式，促进信息技术与教育教学深度融合。三是探索建立本科生院和书院制，构建与"新文科"相匹配的组织形态。

第二，促进学科交叉融合，实施交叉学科特色人才培养计划。一是以知识主体为导向，构建跨学科的复合课程群。培养学生形成独特的跨越学科界限的知识视野和思维方式，塑造既有广博知识面又有知识深度的T型创新型人才。二是深入实施产教融合、科教结合、校企合作、中外交流的协同育人机制。三是构建融合平台。积极构建相关"新文科"平台，打破各学科之间的界限，如大数据与财经、法律的融合。

第三，坚持"国际化战略"，扎根中国，放眼世界。一是进一步加强实质性国际合作。二是积极开展"中国问题、国际范式"的国际化高水平研究，聚焦国家重大战略需求和国际学术前沿，提升社会服务水平和学术创新能力。

以双高建设为契机，精心打造
高水平财经类高职学校

浙江金融职业学院　　周建松 郑亚莉

　　经过多年的酝酿和筹备，作为党中央国务院确定的重大战略，作为教育部财政部部署的重大项目，《中国特色高水平高职学校和专业建设计划》（以下简称《双高计划》）已于 2019 年 4 月正式启动，建设单位名单也已公布。如何正确把握"双高计划"的站位和定位，推动中国特色高水平高职学校和专业群建设，是当前一件十分重大而紧迫的事情，现结合浙江金融职业学院（以下简称"浙金院"）的实际，做点思考。

一、正确把握"双高计划"的政治站位和目标定位

　　2014 年 4 月，教育部、财政部《关于实施中国特色高水平高职学校和专业建设计划的意见》（教职成〔2019〕5 号）正式发布，文件明确提出要集中力量建设一批引领改革、支撑发展、中国特色、世界水平的高职学校和专业群，带动职业教育持续深化改革、强化内涵建设、实现高质量发展。在文件中，教育部、财政部进一步明确，要集中力量建设 50 所左右高水平高职学校和 150 个左右高水平专业群，经过层层申报和遴选，现有 56 所学校和 197 个专业群已正式列入计划，接下去的任务是集中力量进行重点建设，而要推动建设工作的进一步深化，我们必须提高站位、科学定位、形成共识、抓实抓好。

（一）"双高计划"是党中央国务院的重大决策

　　从发展脉络看，双高计划最早起源于 2014 年《国务院关于发展现代职业教育的决定》，决定曾明确指出，要建设一批具有世界先进水平的高职学校和专业。之后，教育部也积极实施了《高等职业教育创新发展行动计划》（2015—2018 年），明确提出要建设 200 所左右国家优质高职学校和 3 000 个左右骨干专业。党的十九大以后，党中央提出新时代职业教育要下一盘大棋，中共中央国务院印发了《中国教育现代化 2035》，明确了面向 2035 年中国教育现代化十大战略任

务，其中第六条明确要求：推动职业教育与产业发展的有机衔接，深度融合，集中力量建成一批中国特色高水平高职学校和专业。2019 年 1 月，经中央深改委讨论通过，国务院印发了《国家职业教育改革实施方案》，明确提出"启动实施中国特色高水平高职学校"和专业建设计划，建设一批引领改革、支撑发展、中国特色、世界水平的高职学校和骨干专业（群）。正因为这样，我们完全有理由认为且必须认识到，双高计划是一项事关大局的党中央国务院的重大决策，并纳入中央财政支持的重点项目。

（二）"双高计划"的目标是探索形成中国特色职业教育发展模式

作为党中央国务院的重大决策，双高计划如何能够真正实施好，教育部会同财政部进行了认真的研究。对此，在教育部、财政部《关于实施中国特色高水平高职学校和专业建设计划的意见》（教职成〔2019〕5 号）明确提出了双高计划项目的指导思想、目标要求及具体任务；明确强调双高计划建设要以习近平新时代中国特色社会主义思想为指导，牢固树立新发展理念，服务现代化经济体系和更高质量更充分就业需要，扎根中国、放眼世界、面向未来，强力推进产教融合、校企合作、聚焦高端产业和产业高端，重点支持优质高职学校和专业群率先发展，引领职业教育服务国家战略，融入区域发展，促进产业升级，为建设教育强国、人才强国做出重要贡献。与此同时，文件明确，到 2022 年，列入计划的高职学校和专业群办学水平、服务能力、国际影响显著提升，形成一批有效支撑职业教育高质量发展的政策、制度、标准。文件更明确要求，到 2035 年，一批高职学校和专业群达到国际先进水平……职业教育高质量发展的政策、制度、标准体系更加成熟，形成中国特色职业教育发展模式。这些都说明，双高计划就其目标定位而言，并非是简单的优中之选、项目延续，而是要站在推进中国教育现代化的角度，探索形成中国特色高等职业教育发展道路和发展模式，从建设国际先进水平的高职教育政策、制度、标准体系的角度，通过建设，使中国高职教育走向世界。

（三）"双高计划"的建设任务是全方位内涵建设

纵观我国高等职业教育近四十年的发展历程，我们可以发现，在不同阶段，国家对高等职业教育有不同的发展政策和支持措施，但就目前经历的情况看，均具有单项性，新世纪教改项目主要是为了建设一批相对规范化的高职高专专业项目。2006 年国家示范建设主要是探索建立工学结合的专业人才培养模式。2010年开始实施的国家骨干院校建设项目则是为了探索校企合作体制机制，寻求和落实地方政策支持。2015 年开始的创新发展行动计划主要是为了推动杰出技术技能人才培养等，与上述项目不同的是，双高计划是站在内涵建设的新阶段、新时代，站在推动职业教育现代化、国际化、体系化的角度，全方位围绕管党治党、办学治校和内涵建设进行立体化综合性建设。为此，文件系统提出了双高建设改革发展的十大任务，即加强党的建设、打造技术技能人才培养高地、打造技术技能创新服务平台、打造高水平专业群、打造高水平师资队伍、提升校企合作水平、提升服务发展水平、提升学校治理水平、提升信息化水平、提升国际化水平等，应该是全面综合、立体的内涵建设和办学水平提升。对此，我们必须有充分认识。

（四）"双高计划"还要带动职业教育整体高质量发展

职业教育是大众化乃至普及化的教育，也是一个面向各行各业和面向人人的教育，它更强调服务区域经济社会发展、服务行业企业要求、服务人的就业创业等需要。因此，建设一部分高水平高职学校和高水平专业群虽然重要，但职业教育的均衡发展和整体质量提升更重要。对此，不仅在教育部、财政部的工作文件中有明显要求，而且在随后的配套文件中更有具体措施，在官员和专家学者的解读中更加明了。双高文件多次用到"引领""带动""示范"等字眼，这就是一个方向，也就是说，双高计划作为国家项目不仅要实现立项学校和专业的内涵建设和质量提升，也要通过示范引领、标准建设等，带动全国整体职业教育高质量发展。也就是说，双高建设要舞起龙头，引领职业教育改革创新，推动职业教育汇聚各方力量，形成强大的发展优势，推动职业教育迈向现代化，走向世界。对此，我们一定要正确并合理把握好方向。

二、精心打造双高建设的样本

浙江省金融职业技术学院是全国首批 28 所国家示范性高职院校之一，也是浙江省人民政府重点建设的高等学校。办学 40 多年来，为浙江省乃至全国培养了近 6 万名优秀的经济金融人才，被誉为金融界的"黄埔军校""行长摇篮"，站在"双高"计划建设的历史新起点，学校将提高认识和站位，坚持立足大财经、铸就大平台、共建大文化，努力打造世界一流财经类高等职业教育标杆校。

（一）高举旗帜固本强基，打造高职院校党的建设新标杆

以习近平新时代中国特色社会主义思想为指导，坚持党对教育事业的全面领导，坚持立德树人，扎根中国大地。以"党的建设体系化、党的领导功能化、党风建设常态化"为引领，夯实"五型"领导班子、"五个一"党建工作体系，履行党委"党要管党、党抓发展、党主育人、党蓄队伍、党谋幸福"职能，强化

基层组织力、内生力、免疫力、带动力、辐射力，推进党建质量全面提升。压紧、压实意识形态工作责任制，建好全国高职院校首家马克思主义学院，全校师生同修三门思政理论课，引导广大师生树牢"四个意识"、坚定"四个自信"、坚决做到"两个维护"。深入开展理想信念教育和社会主义核心价值观教育，形成"全心、全员、全程、全面、全体、全景"协同复合式思政格局。

（二）对接国家数字经济，打造财经类技术技能人才新高地

服务浙江万亿金融产业和"一带一路"建设，对接数字普惠金融产业高端，以"双元共享、知行合一"的专业群人才培养模式为突破口，以数字普惠金融产业二级学院和万亿金融产业协同创新中心为载体，建设"顶尖专家学者、双专业带头人、双师教师"三位一体的高水平、结构化教师教学创新团队，校企共建开放共享的校内外实践教学基地及金融与互联网金融两个国家级专业教学资源库，成立金领学院，探索贯通式长学制试点，开展金字塔型金融人才分层分类培养改革和多层次国际交流与合作，构建以专业整改和第三方评价为主的专业群可持续发展保障机制，把金融管理专业群打造成世界一流金融技术技能人才培养高地。

服务浙江跨境电商发展、国家外贸转型升级和"一带一路"建设，对接数字国际贸易产业高端，以产教深度融合和校企紧密合作为主线，以"双元育人、书证融通"复合型技术技能人才培养模式改革和"1+X"证书制度试点为突破口，以"浙江国贸集团数字国际贸易"产业二级学院和跨境电商协同创新中心为载体，建设"双元双优"高水平、结构化教师教学创新团队、高水平职业教育实践教学基地以及双语在线精品培养培训课程，开展互联网+教材教法改革、全方位国际交流与合作，构建基于专业诊断与改进和国际商科教育认证的专业群可持续发展保障机制，把国际贸易实务专业群打造成全球跨境电商技术技能人才培养高地。

（三）"校政行企"协同育人，打造产教融合典范校

校政行企深度融合，政产学研协同创新。依托"三个中心、六大研究院"，学校、政府、行业、企业共建集智库咨询、技术服务、创新创业于一体的技术技能创新服务大平台。发挥大平台智库咨询功能，助力浙江地方金融发展，参与钱塘江金融港湾建设。凸显大平台技术服务功能，服务长三角中小微金融机构转型，助推跨境电商物流行业升级，提升浙江企业会计智能化水平。强化大平台创业孵化功能，打造创业英才服务体系，提升学生创新创业素养。联合政府部门、行业协会、本科院校、中职学校，组成浙江金融职业教育集团，提升企业参与职

业教育的内生动力。校企联建六个混合所有制产业二级学院，强化技能培养培训与社会服务能力。校企双主体合作开发岗位标准和教学标准，开展现代学徒制培养行业紧缺人才；合作开发岗位培训标准和培训课程，协同培训中小微企业员工；合作开展技术攻关，协同支撑传统企业数字化转型。依托产业二级学院，面向在职员工、失业和转岗职工、退伍士兵、农村劳动力等群体，提供高质量财经人才技能培训与鉴定，构建职教扶贫与产业扶贫协同机制，助力乡村振兴与脱贫攻坚。

（四）以生为本人文化成，打造高职文化样板校

实施铸魂育人工程，以诚信文化涵养学子优秀品格，以金融文化增进学子职业素养，以校友文化助推学子成长成才，深化"三维文化"，实现人文化成。深入研究和积极传承中国优秀传统文化，建好金融博览馆，大力培育和践行社会主义核心价值观，为学生扣好人生第一粒"金纽扣"。用"5000行长同一个母校"的文化砥砺志向，激励师生校友共奋进。优化景观文化布局，建成校园精神主题公园，办好淑女学院、君子学堂，推进校园美育。大力弘扬爱生文化，依托明理学院激扬感恩文化，推进程序性文化建设，共建具有大爱情怀的文化校园。以"永创永续金融黄埔，共建共享幸福金院"为愿景，共建"学生为本、教师为基、校友为宗"的文化共同体。继续主办"高职教育文化建设与可持续发展论坛"，凝聚国内外职业教育文化力量，探究文化育人与文化治理的变革之道，引领全国高职院校文化创新。

（五）推进治理能力现代化，打造依法治理表率校

深入推进、贯彻党委领导下的校长负责制，完善以章程为核心的制度体系，以体制机制改革促进办学治校治理能力现代化。持续完善民主治理，建立党、政、工、团、学协同机制，推动教职工、学生参与学校民主管理和监督。以高品质幸福金院建设为指引，完善青年教师培养成长金翅膀、中年教师稳定发展金台阶、老年教师幸福安康金色降落伞"三金机制"，激发全体教师的创业热情。扎实推动科学治理，积极发挥专业建设委员会在有效对接课程内容与职业标准、教学过程与生产过程中的作用，统筹行使学术委员会对学术事务的决策、规划、审议、评定和咨询等职权。适应"1+X"证书制度改革，探索"以群建院、院为实体"的科学治理机制。加快发展智能治理，打造我校"智慧大脑"，实现学校从传统经验式管理向基于数据驱动的智能化治理转变，推进全业务网上办公和数据决策支持，实现"一张表管理"和"一站式服务"。

（六）服务"一带一路"建设，打造国际职教特色校

完善"专业+语言+国别研究"的职业教育国际化新模式，培养具有国际视

野、通晓国际规则，精专业、懂外语、融文化的国际化应用人才。输出金融科技、跨境电商等人才培养课程体系和专业标准，开展学分互认，培育财经类国际职教品牌。扩大面向"一带一路"国家留学生教育，推进"一带一路"职业教育共同繁荣。在东盟、中东欧地区设立"丝路课堂"，与"走出去"企业共建"欧洲华捷数字丝路学院"，推动技术技能人才培养本土化，开展海外员工职业培训和外籍员工语言文化培训，共同培养双向可交流的国际化人才。依托捷克研究中心，辐射中东欧，打造集教育合作、科研协作、人文交流于一体的综合性国际科教合作平台。以学校高职教育发展研究中心为载体，建设中国高职教育现代化研究院、高职教育研究协同创新中心、"一带一路"高职教育研究联盟，聚焦高职教育类型特色，围绕功能与价值、体系与制度、专业与课程、师资与实训、标准与质量等重大问题开展高职理论研究，构建中国特色高职教育理论体系，打造国际职业教育研究高地，深化国际交流，加强互学互鉴，推动合作发展。

学校力争通过四年"双高"计划第一阶段建设，着力打造新时代高职教育的党建标杆、育人标杆、服务标杆、管理标杆、文化标杆、国际化标杆，凝练形成支撑高职教育高质量发展的一系列政策、制度、标准，为构建中国特色职业教育体系提供研究和实践支撑，成为引领改革、支撑发展、中国特色、世界水平的世界财经类高职教育名校，为世界财经类职业教育发展贡献中国方案。

"双一流"背景下地方财经类
高校学科专业一体化建设的思考和探索
——来自贵州财经大学的案例

贵州财经大学校长 刘雷

各位领导、各位嘉宾、各位专家:

大家好!

在高等教育发展的新时代,"一流大学""一流学科""一流专业"和"一流本科"成了大家热议的关键词,也成了我们高等教育工作者奋斗和探索的目标。今天我的发言,就围绕着这几个关键词,以贵州财经大学为例,谈一谈"双一流"背景下对地方财经类高校学科专业一体化建设的一些思考和具体做法。

众所周知,加快建设世界一流大学和一流学科(以下简称"双一流")是党中央、国务院的重大战略决策,是实现中华民族伟大复兴和中国梦的重要支撑。一流大学必定有一流本科,建设一流本科也是进军一流大学的必经之路,因此,建设有中国特色、世界一流的高水平本科教育是"双一流"建设的重要任务,符合当前世界高等教育改革和发展的潮流。在"双一流"建设的背景之下,学科和本科之间有着深厚的联系,而本科教育依托于专业建设。贵州财经大学建校 61 年以来,在长期的办学实践中,对标杆、找差距、明方向,逐渐厘清了作为地方财经院校在学科和专业建设方面应有的逻辑思路,探索了学科和专业一体化建设的模式,由此寻求建立一个学科专业一体化发展的样本和路径。

一、学科建设与专业建设的逻辑重构

在高等教育中,学科是以促进科学研究为目的,专业是以培养社会需要的人才为目的。他们之间既相互联系,又有着本质区别。有关研究表明,学科的产生晚于专业。就从贵州财经大学这样的地方财经院校的办学实践来看,学科建设一般也滞后于专业建设。

众所周知,大学的主要功能是人才培养、科学研究、社会服务和文化传承与创新，但就这几大功能之间的内在关系来看，尚存在认识上的差异。当前，各高校正在陆续接受教育部本科教学工作审核评估。此次评估的主要目的，是为了强化学校人才培养的中心地位和教学工作的中心地位。地方财经院校，必须正确认识和处理好科学研究、社会服务与人才培养中心地位之间的关系，这也是我校2016年接受本科教学工作审核评估的深切体会。

以贵州财经大学为例，地方财经院校通常都是根据地方经济社会发展对经管类人才培养的需要而设立的。要培养人才，要开展教学，就要有师资，而教师在完成教学任务的过程中，往往会自发地开展科学研究乃至提供社会服务。从历史上看，地方财经院校的发展历程一般呈现出"人才培养（教学工作）—科学研究—社会服务"的脉络。与之同步，在学校的办学过程中，为适应地方经济社会发展的外部需要和自身专业建设的内部需要，学科建设的重要性逐渐凸显，并由自发到自觉，不断得到强化。然而，只有学科建设的引领作用得到充分体现，地方财经院校才有可能真正实现从"教学型大学"向"教学研究型大学"的历史性跨越。

有专家指出："高等教育已经走出了'象牙塔'，成为社会大系统中的一个子系统，大学的主要任务，除了知识传授与创新之外，更为重要的是服务社会发展。大部分学科专业建设以遵循社会服务导向的逻辑，在基础学科的基础上，根据社会需求发展起来许多新兴学科专业。"结合我校学科建设的实践与探索，我们认为，学科建设引领作用的发挥，应当遵循"社会服务—科学研究—人才培养（教学改革）"的逻辑。综上所述，我们认为，当前"双一流"建设背景下，应充分发挥高校学科建设的引领作用，通过科学研究向教学研究的转化，加强专业建设的基础作用，夯实人才培养的核心地位。

二、并驾齐驱建设特色学科和一流专业

按照以上的逻辑，学科建设是高校实现人才培养、科学研究、社会服务、文化传承与创新等功能的前提，是推动高等院校建设发展的首要因素；加强学科建设是推进学校内涵发展、提高办学水平的内在需要。学校发展层次越高，学科建设的引领作用越显著，越需要重视学科建设。严格来说，科研只是学科建设的一部分，但却是学科建设中最关键的一部分，也就是说，学科建设最关键的内容就是努力强化科学研究工作，包括教育教学的科学研究。从长远看，科研是教师实现自我价值的重要平台，能够满足教师更深层次的成长发展需要。教师通过科研，把知识、能力转化为学术成果，学术水平不断提高，在学术领域的话语权和影响力也会相应提升，从而在整体上推动人才队伍层次的提高，提升学校整体学

科建设水平，从而形成"一流学科"。"一流学科"促进了学校的快速发展，教师个人和学校的发展就会在"水涨船高"中获益。贵州财经大学 2018 年获批博士学位授予单位，理论经济学和工商管理获批博士学位授权点；2019 年，工商管理获人力资源和社会保障部批准为博士后科研流动站。学校这几年发展取得的历史性成就，一方面是因为学校高度重视引才育才，高度重视科学研究，促进了学科建设上水平上台阶；另一方面是因为学校积极推动科研反哺教学，学科引导专业。

学科特色是办学特色的集中体现。国内外高校办学经验证明，一流大学并不是所有的学科都是一流的，一流的学科也并不等于其所有的研究方向都是一流的。在学科建设上，必须有所为有所不为。贵州财经大学结合贵州三大战略，通过学科交叉融合、特色发展，做强做大了三大学科群：以工商管理为引领，以理论经济学、计算机科学与技术为主干，以管理科学与工程等为支撑，打造"大数据与绿色发展"学科群；以应用经济学为引领，以公共管理、统计学为主干，以数学、农林经济管理、社会学、民族学等为支撑，打造"大数据与公共服务"学科群；以马克思主义理论为引领，以法学、中国语言文学为主干，以外国语言文学、哲学、新闻传播学为支撑，打造马克思主义理论学科群。以特色学科、优势学科、主体学科、支撑学科和基础学科构成的错位发展、错落有致、互为依托的学科体系已经构建。三大学科群获得了省教育厅的高度肯定，并被列入省教育厅学科突进计划，作为国内一流学科群进行培育打造。

鲜明的学科特色引领着一流专业的建设和发展。2017 年和 2019 年贵州财经大学获得贵州省一流大学建设项目一流专业立项 23 个。2017 年和 2019 年贵州财经大学获得贵州省一流专业立项 23 个，其专业学科分布情况是，属于工商管理学科 9 个，应用经济学学科 4 个，理论经济学学科 2 个，公共管理学科 2 个，统计学学科 1 个，工学学科 1 个，理学学科 1 个，法学学科 1 个，管理科学与工程管理学科 1 个，农林经济管理学科 1 个。2019 年获得国家级专业 10 个，其专业学科分布情况是应用经济学学科 3 个，工商管理学科 5 个，公共管理学科 1 个，统计学学科 1 个。这种分布态势也是得益于学校 20 年的学科建设。

为了打通学科建设、科学研究、专业建设的路径，学校在资源配置上采用一体化建设思路。第一，在学科建设上，学校从 2017 年开始推进的第六期重点学科建设中，纳入了专业建设常规的教材、课程建设，把教师高级别的教学奖励算作学科计分，学科建设中既要有科研要素，也要有专业建设和教学要素。第二，在人事聘任中，把科研分数与教学分数进行了一定比例的折算，不再唯教学工作量或者科研工作量进行单一考核。第三，在专业建设和教学改革上，制定了《贵州财经大学教学奖励制度》，获得一流专业建设项目和其他教学改革项目的按照级别均有激励措施，在今年新税法实施后，教学奖励提升水平高于科研奖励提升水平，引导了教师注重专业建设、倾心教学改革。第四，在教师队伍建设上，紧紧围绕"教学能力+科研能力+学术能力+N"的思路，抓好教师素质提升，以教师教学科研能力提升年为主题，开展多渠道的教师综合素质提升活动，旨在打造一支高素质专业化创新复合型的教师队伍。

同时，按照"大地论文"的要求，既要紧扣贵州三大战略行动，又要在推动成果转化应用上下功夫，把科研的最新成果运用到课程内容、教学改革上，提高教师的教育教学水平。在实践教学中，学校充分发挥了经管学科和相关专业的优势，按照"党建搭台，专业唱戏，电商扶贫，创业助力"的总体思路，探索构建了"一体两翼"电商扶贫的"贵财"模式，通过落地于贵州台江县的电商发展、产业扶贫等方面，实现智力扶持，互促共赢。

三、学科建设的目标任务：一流本科

俗话说"十年树木，百年树人"。人才培养就好比种树一样，如果说本科是树根，学科就是树冠。生物学指出，一棵树的树冠与树根总是对称的，树冠有多大，树根就有多大。一棵树要想长高长大，即树冠扩张，树根就必须向深处长，向宽处长，厚植沃土。反言之，一棵树要想长深长实，即根系发达，则树冠也必须向高处长，向宽处长，枝繁叶茂。一方面树根要从地下汲取养分，支撑树冠的生长；另一方面树冠也要从天上得到养分，进行光合作用和呼吸作用。学科与本科相互促进、相得益彰，就如同树冠与树根的相辅相成。坚持"以本为本"，推进"四个回归"，学科建设的重要性愈加凸显。教育部、财政部、国家发展改革委员会联合印发的《关于高等学校加快"双一流"建设的指导意见》明确提出，学科建设的内涵是人才培养、学术团队、科研创新"三位一体"，必须突出学科育人功能，以学科建设为载体，强化科研育人、实践育人和创新创业教育，培养一流人才。

越是"以本为本"，各类学校就越要加强自身主体学科和基础学科建设，着力提升相应学科的人才培养能力和教育教学质量效果。正如师范类大学应更加重视教育学等学科建设，医科大学应更加重视医学等学科建设，民族大学应更加重视民族学等学科建设，贵州财经大学当然必须更加重视经济学、管理学等主体学科和基础学科建设，着力提升经管类人才培养的能力，致力于通过加强学科建设，不断改进高等财经教育教学质量和效果，从而推动一流本科教育的建立。

长期的学科建设滋润着本科教育教学。2016 年 12 月，贵州财经大学迎来了教育部专家组对学校本科教学工作审核性评估。在专家反馈会上，专家们一直认为：“学校基本构建了一流本科教育体系”。这一句话既是对贵州财经大学61年扎根贵州大地办学的总结，也是对新一代“贵财人”的鞭策。对标国内“双一流”建设高校和国外优秀高校，我们深知“路漫漫其修远兮”。2019年4月，学校在经过充分调研、论证后，发布了《贵州财经大学一流本科教育行动计划（2019—2024）》，提出了“一八一五”工程（围绕1个本科教育体系，实施8个卓越人才培养计划，建成100门校级金课，专业动态调整至50个以内），建立学生从入口到出口的培养全过程，以“十大”育人体系为培养抓手，实现“三全”育人的完整格局。

各位领导、各位嘉宾、各位专家，一流学科、一流专业、一流本科一脉相承，在各高校发展的不同时期侧重点有所不同，但是我们相信，无论是在什么时间，紧紧围绕习总书记提出的“培养什么人、怎样培养人、为谁培养人”这一根本问题，相互取经，携手奋进，必将能为社会主义建设培养出更加优秀的建设者和接班人。

新文科中的经贸人才培养

山东财经大学校长 赵忠秀

一、如何理解新文科

2019 年 5 月，教育部宣布成立了几个工作组，其中有新文科建设工作组，我也是工作组的成员，我想借本论坛的机会和各位同行交流一下新文科中的经贸人才的培养问题。虽然新文科建设工作组还没有正式开会，但实际工作已经在稳步地做了，今天上午伍处长的报告已经把新文科的方方面面都跟大家报告了，新工科、新医科、新农科，感觉相对聚焦一些，新文科包含比较广泛，文史哲经管法再拓展，这个说起来清楚，但是做起来，尤其对于财经类院校来讲，恐怕就涉及了专业的复合交叉问题，怎么把握好这个度是一个巨大挑战。在经济社会发展很长的一段时期，财经类院校一般是比较吃香的，大家都愿意学财经，然而，现在我们感觉到了趋冷的苗头。我们做一个国际上的对比，自 20 世纪 50 年代开始，日本的经贸类学校雨后春笋般涌现，后来美国的大学在挑选录取日本留学生的时候，有一个认识，也许是一种偏见，就是觉得这些经济类大学水平都不怎么样，对此我是有亲身的例子来支持这个判断的。我有一个大学同宿舍的室友，后来曾在斯坦福大学读经济学博士，他的教授负责挑选中国的留学生，因为这位教授有挑选日本留学生的经验，遇到对外经贸大学的申请人材料，就说这种学校都不怎么样。我的室友告诉教授说，对外经贸大学在中国还是一所很好的学校，纠正了教授的误解，我想很多到斯坦福读经济学研究生的贸大校友应当感谢我的这位室友。现在，财经类院校似乎热度开始降温了，要建设新文科、新经贸以适应时代变迁的挑战。那么，如何理解新文科、新经贸呢？

2019 年 8 月 20 日，新文科建设工作组组长樊丽明校长组织召开了一个座谈会。樊校长在会上从四个角度谈了对新文科的认识：一是新科技革命与文科的融合性发展，二是历史新节点与文科的新使命，三是进入新时代与文科的中国化，四是全球新格局与文科的国际化。樊校长所谈的四个认识内涵很丰富，也很深刻。后来，我也学习研究了其他很多学者的观点，让我印象深刻的一个观点是，有学者说新文科可能说得靠谱的还就是怎样适应科技进步，其他的那些都可以贴标签，但是没有太多实际意义。如何应对科技对于原来传统文科所带来的挑战，尤其是经管法，对于会计，对于金融专业，科技的冲击可能更大。在这个座谈会上，上海财大的刘小兵院长讲，传统文科存在着问题，但新文科并不是要解决传统文科问题的，它们不在一个层面上。他强调，新文科建设要进行三个层面的交叉融合，最大层面是文理层面的交叉，其次是人文科学和社会科学之间的交叉，还有社会科学内部的交叉。我也认为文理的融合是一个大问题，尤其是财经类学校的学生普遍科学素养比较差，没有经过很好的科学训练，要补上科学训练的短板对于师生都是巨大的挑战。上午徐飞校长讲得挺好，现在新文科面临的实际上是一种方法范式上的大数据技术带来的一种根本性的变化。

现在文科教育的内容必须更新，我们要适应新形势，包括大数据、5G、人工智能等。比如传统的新闻就受到了新媒体的很大冲击，高等教育其实也是如此，科技进步实际上扩大了知识生产和传播领域的民主，打破了知识分子对知识的垄断，过去是知识分子对知识的垄断，不知道大家是否清楚旧中国共培养了多少大学生？从中国设立现代大学一直到 1949 年，中国真正的大学毕业生只有几万人。现在上大学容易多了，我们山东财经大学会计本科专业一年就招 900 人。我们所在的经贸专业现在还是比较热门的专业，当然我们要清楚这里面有多少是功利化的因素在起作用，大家学财经是否基于想发财这一朴素的动机？我们的财经专业是否能适应时代的变化，满足社会和个人的需求，这是我们探讨新文科、新经贸专业建设必须回答的问题。

二、新经贸专业的"ABCDEFG"特征

不忘初心，方得始终。首先我们来梳理一下经贸专业发展的脉络。20 世纪50 年代这个专业的名称叫贸易经济、商业经济、物资经济、对外贸易等。到了60 年代初在毛主席提议和周总理的亲自部署下高校开设了世界经济专业，改革开放后又有了工业外贸、国际经济合作等专业，到 1997 年教育部对本科专业做了一次整合瘦身，改成了国际经济与贸易专业和贸易经济专业。我记得当时对国际经济与贸易这个专业要不要保留存在争议，有一个方案是用贸易经济专业来"一统天下"，想把国际贸易这个专业删掉。关键时刻领导让我写了一个材料，说明国际贸易多么多么重要，时任外贸部部长吴仪同志亲自给教育部长打电话，说国际贸易对于中国非常重要，不能把国际贸易这个专业取消了，后来就改为了国际经济与贸易专业。贸易经济也整合了其他一些专业，还是非常有特色的，直到今天怎样把对内对外贸易一体化还是商务部面临的一个重大任务。中美贸易战

把商务部"打出了名"，也把我们经济与贸易类的专业"打出了名"，社会上上下下各阶层愈发感受到了产业链、供应链和价值链的重要性，愈发警惕经济脱钩的严重性。

经济学门类的专业建设异彩纷呈，目录内的有经济学、金融学等，目录外的更是各显神通，目前林林总总有 21 个之多。过去申请一个专业不容易，所以有机会就拼命申请，后来基本放开了，申请专业容易了，结果大家发现到手的专业太多了，很多学校又在"砍"专业，陷入了规制陷阱。我认为本科专业建设现在存在一个悖论，有赶潮流的倾向。怎么样真正地抓学科建设，专业设置要能够反映未来，今天的热门专业将来也可能会变冷，你认为的冷专业，不知道什么时候又会热起来了。大学办专业得有定力，这对专业建设来讲是一个很大的挑战，是追逐热点一哄而上，还是心有定力，守望初心，与时俱进。

新经贸专业怎么建设，新在哪儿呢？我认为可以用"ABCDEFG"做特征概括，这与教育"三个面向"的初心相当契合。"A"就是 AI，即人工智能。人工智能对我们那些应用型的专业真的是一个很大的挑战，现在金融交易的 95% 都是在机器上完成，真正在柜台前帮你数钱的业务只有 5%，基本上是照顾老头、老太太。过去硕士生毕业到银行工作，先到柜台干三年，三年以后再确定岗位，现在就连这个柜台的岗位也已经大大减少了。有一次我到一个储蓄所，有一个业务顾问和我打招呼，我说你认识我？他说我是哪一级的学生，我当时感到一丝怅然，硕士就定了这么个岗位呀，当然你可以说那是在基层历练，但是就我所知，被铆钉在这些岗位上的硕士生不在少数，真是人才浪费，而现在金融科技又正在大规模地替代这些岗位。"B"是区块链，与大数据和人工智能结合，但不是大数据。区块链技术将来可能会对经济贸易活动和资金结算等业务产生巨大的冲击。比如你出差乘坐高铁，你这个票的数据就有了，财务报销的时候自然就能抓取了，所以没有必要一定要把车票打出来，然后会计再审这个票能不能报，这样很多会计出纳的工作也被替代了，当然，报销本身可能也需要改革，就压根不需要报销了。我们有同事给联合国某机构做项目咨询，定好合同，联合国直接把经费打到个人账户上，到时你把活儿干完报告按时提交就行了，根本不需要报销这个程序。"C"是云计算。云端的储存为业务流程的再造和信息共享提供了巨大的存储空间，使业态变革成为可能。"D"是数字化。经贸领域是数字化应用最早和最深入的领域之一，电子商务是前端，而数字经济的基础设施和监管、征税则是后端，尤其是 5G 时代为数字化强力赋能，促进业态嬗变。其实"ABCD"就是讲经贸教育要面向现代化，必须应对和适应信息革命带来的巨大冲击。当然，我们不要被科技进步冲昏头脑，有科学家提出不要被眼花缭乱的黑科技所蒙蔽，还是要有定力，我们所处的阶段并不是一个令人激动的时代，在人类科技史上现在的科技进步只是处在冰河期，都还是处于爱因斯坦时代的科技成果的释放过程中，根本就不是革命性的时代。"E"就是情感。这个很重要，我想关键的是关乎于"人"。这个"人"就是我们要做的立德树人，就是人文主义、人本主义。这个"人"要处理好这四个关系：一就是人和自然的关系，包括宇宙；二是人和技术的关系，人不能被科技异化了；三是社会关系，在现代条件下的社会关系怎么处理，包括家庭的人口结构、家庭模式、婚姻的模式都有了很大变化；四是内心的自省，闭上眼睛想一想我是谁，我的价值何在。不可否认，现在有各种心理问题的学生多了，这需要我们认真对待。"F"就是面向未来。未来已来，尤其是搞专业建设和专业认证，我们培养学生的目标是什么？如果你说我们培养的学生在毕业的时候要怎么怎么着，那你就错了，你犯了一个根本性错误，专业建设目标不是说这个学生到毕业的时候达到什么水平，而是要看他十年、二十年以后能够实现什么样的目标。很多学校的专业建设方案中并未清楚表达培养目标的确切含义。"G"是要有一个全球视野，要提高全球治理能力。全球化和全球治理并非顺风顺水，逆流甚至冲突不断涌现，这个冲突才刚刚开始。我们要构建人类命运共同体，但是如果对美国优先化以及英国脱欧等等对全球化的影响还不太清楚，那么我们培养的经贸人才怎么能够适应未来这样一个不可预知的世界呢？

三、以"双万计划"专业建设为抓手建设新财经专业

建设好新财经专业必须克服目前财经类大学普遍存在的学院分割过细的障碍，抓好"双万"专业建设。财经类院校天然的劣势就是学院分得太细，互相竞争、互相提防，我做了你就不能做，我搞了大数据就我独享了，这样不行。我有一个很深的体会，就是学院和专业建设，把学生"绑架"在专业上，这是很不利于学生发展的。应该让学生与专业甚至学院进行一个适度分离，让学生在一个矩阵结构中成长，否则的话，财经类院校没有未来。

我 2018 年年底到上海交通大学做本科评估，印象深刻。交大的学生培养目标很好，以培养优秀的社会主义建设者和接班人为根本任务，坚持价值引领、知识探究、能力建设、人格养成"四位一体"的育人理念，使学生坚定理想信念，具有社会责任感、创新精神和实践能力，具有宽厚基础、人文情怀和全球视野，成为德智体美劳全面发展的卓越创新人才，成为未来的学术大师、治国英才、业界领袖、文化精英。"四位一体"的育人理念中每一条都有五个方面的内涵。首先是价值引领，培养学生以中华民族复兴为己任；二要培养学生知识探索的精

神，而不仅仅是被动地接受知识，特别强调了探索性；第三个就是能力建设，能力是多方面的，而不仅仅局限在课程上，要既开发学生的智商，同时又提升情商；第四个是人格养成，注重品格品质的养成和体质毅力的锤炼。我们应当认真学习借鉴交大的经验和做法。

这次"双万计划"，我们经济与贸易类专业分三年要评选出 144 个国家级一流专业，今年已遴选了 47 个。入选的经过三年建设通过了国家认证才能够确定为国家级一流专业。在专业认证方面我们经贸类专业还是比较有经验的，以前我国的专业认证主要在工程和医学领域进行，2015 年开始做推广试点，找了一些文科专业，经贸类选了四所学校（厦门大学、浙江大学、西南财经大学和对外经贸大学）去做试验，我们经贸类专业是推广的第一批，认证过程获取的经验非常宝贵，现在这个认证标准经过锤炼更加贴切了。

专业认证一切以学生发展为中心，看你的培养目标、你的毕业要求、你的课程体系、你的师资队伍、你的整个过程的质量保障，这个逻辑还是很严密的，贯彻的是 OBE 的思想。香港的大学在 2005 年、2006 年的时候做了 BE 的认证，我们做这项工作已经晚了 15 年了，但是还是要做。

专业建设要有一个明确的毕业要求，然后课程体系和课程教学是不是能够形成这样一个支撑，并且能够证明你实现了这样一个目标，这套逻辑还是很清晰的。我们现在关注"双万计划"，更重要的是专业建设问题，真正每一门课都能有效地支撑培养目标还是很不容易做到的。

我们要静下心来想一想，就我们现在这样的结构，要实现一流专业的目标是否能够做得到。我们学生真正的投入是不够的，其实学生也挺难，但是学生大部分做的是无用功，最后所塑造的未必就是所确定的培养目标。现在压学分，从200 学分压到 170 学分，我们现在能不能真正把大学课程压到 100 学分，让每一个学分真正有含金量，让学生真正忙起来，我觉得我们的学生实际上还做得很不够，这点可能我们还是得向名校学习。

另外一个和我们相关联的是专业学位研究生教育，我的切身感受是专业学位发展的核心问题就是考试制度改革问题，目前经济类的专业学位考试制度严重限制了专业学位的发展，必须改，我们也寄希望明年能改。另外就是要做专业认证，我们目前在做这方面工作，现在准备把 MBA 的认证扩大到 MBA、MPA、MPCC、MIB、金融硕士、旅游硕士六个专业，并且做成国际相互认证，这也是保证质量的制度性保障。

总之，学科建设、专业建设已经在路上了。

打造"新经管"创新人才培养新模式
——安徽财经大学"新经管"建设探索与成效

安徽财经大学党委书记、校长 丁忠明

安财"新经管",是 2018 年 1 月学校第六次党代会提出的一项重要发展战略。这一战略的提出,是学校党委基于对以"互联网、大数据、云计算、人工智能"等现代信息技术和以"产业结构调整、发展方式转换"为特征的新时代新变革,对经济管理类高级专门人才的知识、能力、素质结构提出全新要求的深度考量而做出的,也是呼应"新工科"建设的一项重要举措。

下面,我从四个方面谈谈我们的做法和效果。

一、革新:凝聚共识谋发展

学校"新经管"发展战略确定后,我们围绕"新经管"内涵、目标、发展路径等组织了系列专题研讨会。研讨会形成以下共识:要想实现学校支撑和引领区域和行业经济社会发展能力水平的有效提升,必须使学校人才培养供给侧和区域及行业经济社会发展需求侧结构要素得到有效融合;必须使毕业生的知识、能力和素质能够适应大数据、云计算、互联网、人工智能等新技术要求;必须在人才培养方案修订、专业改造和升级、课程调整和优化、教学方式方法更新、师资队伍建设等方面,大力推进"传统经管"与新信息技术的融合。

在充分研讨的基础上,学校 2018 年上半年出台《"新经管"建设工程总体方案》,各相关部门出台具体执行方案。

二、重构:以新理念建设"新经管"

我们的"新经管"发展战略的"新",主要体现在以下七个方面:

1. "新"教学理念

"新"教学理念是用新一代信息技术渗透到教学活动各个环节,厚植于教学要素各个方面,真正把"互联网+教学""人工智能+教学"的思维特征融入教学实践中。

2. "新"教学内容

将新一代信息技术嵌入课程体系、课程内容，推进学科交叉、专业融合。

3. "新"教学手段

实现以知识传授为主向，以能力素质培养为主的教学方式转变，广泛开展线上线下相结合的混合式学习，推动信息技术与教育教学的深度融合，提高学生在教学活动中的参与度，让学生真正成为课堂的主角。

4. "新"教学方式

积极推广小班教学、混合教学、翻转课堂，大力推进智慧教室建设；积极探索案例式、问题式、课题式等多种形式的师生互动教学方式，培养学生独立思考能力与批判性思维。

5. "新"教学服务

坚持以学生为中心，实现从"管理模式"向"治理模式"转变，从"管理本位"向"服务本位"转变，从"以教为中心"向"以学为中心"转变，从"分立方式"向"协同方式"转变。

6. "新"教学管理

通过打造"智慧校园"，全面推进教学科研及管理服务的现代化、信息化支持。通过手机 App 功能实现课堂考勤、设置分组讨论、作业推送；采用无纸化考试和网络阅卷方式，实现考试模式的创新改革。

7. "新"保障体系

建立健全专业建设质量评价机制，点面结合，把握不同学科专业的共性（国家标准）与个性（学校自身优势与特色）关系，把握不同学科专业的定位目标与彼此之间的内在关联；出台专业评估奖惩及结果运用机制，把专业评价结果与单位、个人绩效考核等挂钩，注重实效、责任到位。

三、建制：多措并举探新路

（一）全面修订人才培养方案，明晰人才培养"路线图"

积极构建融入式、协同性、多元化的创新人才培养新模式。

1. 构建德智体美劳全面育人体系

加强理想信念教育，厚植爱国主义情怀，形成专业课教学与思想政治理论课教学紧密结合、同向同行的育人格局；精心打造体育俱乐部、文艺俱乐部，制定劳动教育管理办法。

2. 强化现代信息技术运用，重构课程体系

在基础公共课程模块中增设计算机运用、互联网、大数据等新一代信息技术基础课程。在专业课程中，以新一代信息技术改造相关课程内容，如互联网金融、智能会计、大数据税务管理、智慧外贸等。

3. 拓展课程边界，创新课程形式

压缩总体和单门专业课程课堂教学学时，增加专题课程、创新创业课程等，大力发展网络课程平台，充分利用名校名师的优质课程资源；实施社会实践、科学研究、创新创业、学科竞赛学分认定，满足学生具有可实现性、可衡量性的毕业要求。

4. 实施分类培养课程体系

遵循"按类培养、专业分流、多元出口"的基本原则，在高年级分设创新创业类、考研类、考公务员类和出国进修类等可选择性课程体系。学生可以以某一类课程为主体，兼修其他类课程，满足规定学分即可。

5. 以学科竞赛为引领，助力创新型人才培养

大幅提高实践教学比重，设置学科竞赛学分，实施学科竞赛 A（国家级）、B（省级）、C（校级）三级三类管理模式，从资助、奖励、业绩等层面进行引导和加大激励力度。

（二）学科交叉、专业融合，培养复合型人才

1. 理清专业升级改造新路径

学校现有本科专业三大类，经管类、理工类、文法艺三个非经管类。重点对现有经管专业按照新经济发展需求和新技术发展要求进行再造；理工类专业按"新工科"的要求进行改造发展，重点培养计算机、工程技术、大数据、人工智能等人才，同时发挥对"新经管"课程、师资等的支撑作用；文法艺等非经管类专业融入"新经管"发展中，赋予其经管元素和特质。

2. 以交叉融合的思路改造经管专业

强化宽口径，淡化专业边界，把新信息技术引入经管类专业改造中，通过"互联网+专业"等方式打造特色专业方向，如"互联网+金融""人工智能+会计""大数据+企业管理"等。

3. 积极培育一流专业

学校出台《"一流专业"建设方案》，着力对重点专业进行扶持，充分发挥其示范引领作用。

（三）厚植教师潜心育人"大情怀"

1. 构建教学奖励体系

将教育教学成果按类分项给予奖励。把教师指导学生活动纳入教学工作量，包括社会实践、创新创业、学科竞赛、科研活动、文体活动等。

2. 构筑教师荣誉体系

在原有教师教学荣誉基础上，新出台《"教学终身成就奖""教学卓越贡献奖""教学杰出青年奖"评选及奖励办法》，颁发荣誉证书，分别一次性给予获奖者 20 万元、10 万元、5 万元奖励。

3. 强化教学业绩考核

提高过程教学在考核指标中的比重，考核权重由原来的 2∶8 提升到 3∶7 或者 4∶6，并在教师专业技术职务晋升中施行本科教学工作考评一票否决制。

四、成效：脚踏实地奏强音

自 2018 年 1 月学校提出"安财新经管"发展战略以来，学校在专业建设、课程建设、教学科研和人才培养等方面取得了初步成效，如：《"四位一体"高层次应用型人才培养体系探索与实践》荣获国家级教学成果二等奖；学校学科竞赛评估结果位次和获奖总数年年提升；获得人民网、光明日报、中国教育报等多家媒体多次报道。

安徽财经大学"新经管"发展战略作为高校教育改革的一项探索，不仅是适应高等教育改革发展新形势以及经济社会发展新要求的需要，也是学校在新时代通过内涵建设实现跨越式发展、甚至变轨超车的重要战略。我们将继续努力，在教育改革征程中谱写安徽财经大学"新经管"发展建设新篇章。

谢谢大家！

新技术条件下商科教育教学内容和方法的变革

北京工商大学　谢志华

新技术条件下，新商科教育教学必然面临内容和方法的变革，而这种变革的两个方面又是密不可分的。

教育的本质目的经历了从知识吸纳性—知识运用性—知识创造性教育的转变，如何才能实现这种转变，必须在理念上梳理清晰，教育教学的本质到底是什么？教育教学的目标从表面上表现为传授知识，这样就容易造成大学是知识的殿堂、老师是传授知识的人、学生是学习知识的人的认识，从而形成老师教知识、学生学知识、考试考知识、毕业以后用知识的社会普遍看法。其实教育教学的根本目的是为了认知世界、表达世界和创新世界，这里的世界通俗的条件下是外壳、形式，而知识背后存在的场景，或者专业领域是知识所要表达的对象，在语文上也就称之为语境。所谓认知世界就是要通过学习知识，感受到知识背后所存在的场景；表达世界就是要将自己看到的场景用人类创造的文字语言将其本质和演变规律描述出来；创新世界则是看到了人类迄今为止他人所没有看到的场景，并把它表达为迄今为止所没有的知识。本文主要讨论的教育教学就是要从知识传授与学习向场景化教学与学习转变，就是要通过教育教学让学生能够找到知识背后所对应的场景。

一、回归场景教学：以中美贸易逆差和市场概念为例

（一）中美贸易逆差

为了更好地了解从知识的教育教学向场景的教育教学转换，这里用一些实体的例子来进行说明。在商务部进行咨询的时候，当时部长提出了两个主要的问题：一是为什么用传统的进出口贸易额来衡量中美贸易谁赚了？由于中国是顺差，美国人就说中国人占了便宜，美国虽然是逆差，但我们中国总感觉美国要比中国赚得多得多。二是国内贸易市场在未来应该是个什么样子，与传统的市场有什么差异？显然这两个问题本身就是很具有场景感的问题，如果再用传统的知识

反映现代变化了的场景，就会导致错误的结论，所以，就必须要在教育教学中找回这两个问题的场景状态，并形成新的概念来引导人们的认识和行为。

国际贸易顺差与逆差为什么不能作为当事国之间赚与赔的衡量标准？根本的问题在于，世界各国之间产业之间的联系发生了根本的变化。传统上国家与国家之间的市场是相对独立的，一个产品的价值都是在一个国家内部形成的，美国人生产波音飞机，飞机的全部价值都在美国形成；中国人生产衣服，所有的衣服价值也是在中国形成，以中国人生产的裤子去换美国的飞机，此时所形成的进出口额的差额是完整的两个国家贸易的差额，所以在这种场景下以进出口顺差与逆差来反映哪一个国家赚了赔了是没有问题的。

但是，伴随着全球一体化进程，产业链已经跨越国界在不同的国家之间形成。一个产品的价值也是由多个国家的企业联手共同来创造的，也就是说，一个产品的总价值包括了多个国家所创造的价值。以苹果手机为例，当美国人把标准和关键件卖给中国人时是 600 元，在中国组装后卖给美国人是 1 000 元，如果按照进出口额来算，中国是顺差，美国是逆差；但是如果按照各个国家创造的价值来看就完全不同了，美国出口给中国是 600 元，而中国出口给美国的 1 000 元中包括了美国的 600 元，而中国创造的净价值是 400 元，这样美国人赚了 200 元。所以，产品生产的产业链已经不拘泥于一个国家，而是在多国之间延伸，这样一个场景的变化就不能用进出口总额来衡量，而是要用净价值来衡量顺差和逆差。如果不了解这个场景的变化，就不可能得到净价值的顺差和逆差的概念，也不会出现转移价值应该扣除的要求。

（二）市场

第二个问题相对复杂一些，市场的概念到底是什么？市场就是商品交易的场所。从表面上看，市场从它诞生起就是商品交易的场所，是一个具有空间和时间的物理场所。现在的教科书无一不是对其这样进行定义的。实质上市场是信息互换的场所，这才是它的真实场景。这里不妨简单回顾下市场发展的历史，在自给自足的时代，人们根据自己的需要进行生产，这里需要和生产的信息互换是在一个主体同时发生的。如果没有这样一种需要，人们就不知道生产什么和为什么要生产。在自给自足的条件下，生产的信息和需要的信息完美地结合在一起，而且是一个主体，所以不存在市场；伴随着为卖而买、为买而卖的这样一种经济的产生，在交易过程中面临的最大的问题是什么？就是生产产品的人，不知道谁要他的产品，而需要产品的人不知道谁生产相应的产品。在信息手段不发达的条件下，人们采取了眼见为实、耳听为虚的方式去寻找生产产品的人或需要产品的人。后来为了便于人们寻找，就诞生了一个物理市场，让需要产品的人和提供产品的人在特定的空间和时间见面，这样就形成了早期的杂货铺。为了进一步让更多需要产品的人和提供产品的人进入市场，或者说更多的产品进入市场交易，就必须不断扩大市场的物理空间和延长交易的时间，由此就产生了百货大楼，进一步又形成了超市和奥特莱斯。但是可以想想，全世界哪一个国家可以建立这样一个物理市场，能够把世界上所有提供商品的人和需要商品的人组合到一起去，这是万万不可能实现的事情。原因很简单，物理空间是有限的，时间的延长也是有限的。所以依靠任何物理市场来把全世界所有生产商品和需要商品的人聚集到一起是不可能实现的。从表面上看，市场确实是商品交易的场所，但从本质上看，市场需要让提供商品的信息和需要商品的信息能够组合到一起。实物商品完全不必在物理市场完成交易，但必须要完成供和求之间信息的互换，这才是市场的本质。新技术的出现，特别是互联网的形成，使我们看到了这样一个最基本的事实，市场已经由实体的商品市场向信息的商品市场转换。由于市场是一个供与求的信息组成的无形的场所，信息的无差别性使得组合具有无限化，信息不需要空间性，也使得这种组合可以无限性。人们使用信息的实践不受实体市场的约束，也使得时间的使用变得多样性，结果使得实体市场的空间和时间限制都被打破。阿里巴巴所建立的线上市场，其实是让市场存在的形态进行了一次革命性的实质性的回归，就是市场是信息集中、交汇和互换的地方。而传统市场被认为是商品集中和交换的地方，现在转换为信息集中和交换的地方。伴随对市场的本质这种认知的变化，就必然导致对国内贸易要建立的乃至世界市场的形态也将发生革命性的变化，现在讲市场不是讲商品交易的物理市场有多大，实物商品流通能力有多强，而是讲市场中的供求信息能扩展到哪个地方，市场就可以通到什么地方，信息的无差异化，也就是空间的无差别化和时间的无差异化，可以使市场走向无限，这是和物理市场或者叫线下市场极不相同的场景认识。去年和今年的"11·11"，中国电子商务在跨境电商的销售额占到全世界40%，这还是在强大的贸易保护主义下实现的，这就是信息的无孔不入所带来的必然结果。所以，现在要建立的市场，不是物理市场，而是在线的信息市场，在这样一个市场上所要解决的基本问题是什么样的商品可以上线，什么样的人可以上线，上线以后物流、商流和资金流与信息流怎样实现完美的融合；怎么样建立上市企业或商品的入市和退市规则，怎么样建立市场上买方和卖方的信用体系，都成了未来市场要研究的对象。

二、新技术条件下商科教育教学内容的变革

既然如此，我们现在讨论新商科，就不能不研究这种新的场景状态下所形成

的新的知识、新的理论和新的概念。不仅仅只是研究大数据技术本身，而是要研究大数据技术对已有的新商科所带来的革命性变化的新的具体内容。

比如说会计，大家一直在讲业财融合，但是全中国几乎所有企业都在讲财务共享的问题。而财务共享主要是为了财务的资金共享和会计核算的共享而展开的，这个场景所反映的这样一个专门的概念与业财融合并不是一回事。业财融合是让业务和财务融合，这种融合的本质就是要将业务和财务信息有机地整合在一起，所以业财融合绝不只是财务信息的共享，而是要实现财务和业务信息的打通。实质上就是要将过去由于业务与财务的分工而导致的信息分离的状态全面地改变，通过信息平台把业务信息和财务信息完整地整合到一起。所以在这种场景下，财务共享中心显然不是实现业财融合的基本形式。

此前我在保利集团讲课，该公司的领导问，公司现在所面临的最大风险是什么？当时大家都知道去杠杆是最重要的一个方面，原因在于各个企业的负债比例太高，以这个真实场景为基础，所以才有了去杠杆这样的政策要求。但问题是这个场景并非准确，杠杆的高低根本就不是由企业决定的，是由居民的储蓄愿望决定的，老百姓的储蓄率越高，企业的杠杆就必然高。中国老百姓的储蓄率是48%左右，而美国老百姓储蓄率要比中国老百姓低得多，日本老百姓的储蓄率也很高，老百姓将更多的钱存在银行，企业就必须去银行借钱，老百姓把更多的钱用来买股票，企业的股本比例就会高。结果美国的资本比例高，而日本的负债比例高，都没有出多大的问题，那问题出在什么地方呢？必须要看到，无论是企业的负债，还是资本，到了企业就要转换为资产的存在性，以前没有分配的利润也表现为资产的存在性，所以资产负债表的右边讲的是钱从哪里来，资产负债表的左边讲的是钱到哪里去了，当然是存在各自的资产上，如果资产都能变现，公司就不存在什么风险，如果公司的资产变不了现，风险就必然存在，所以公司借不借债并不重要，重要的是所借的债都能变现，债务就能偿还。从这个视角看，考核资产负债比例肯定就是一个陷阱，似乎负债越高风险越大，其实债务的偿还是天经地义的，负债并未惹祸，而是公司购买的资产不能变现才带来了风险。

再谈谈区块链与金融。区块链最早形成是以数字货币为基础的，是一种非常复杂的算法，有了这种算法，数字货币就难以伪造，人们就愿意用来进行结算，甚至作为炒作的对象。可以设想一下，如果有了数字货币作为结算的手段，还需要现实的流通的货币吗？在整个供应链条上，根本就不需要现实的货币，就用数字货币进行记账，最后只是对各个环节交易的差额用现实的货币进行支付即可。整个交易过程中现实货币的支付消失了。更为重要的是美国人很担心，一旦有一种网络并在这种网络中形成一种大家公认的数字货币，以美元为基础的结算体系就可能被打破，美国要制裁其他国家也就成为泡影，可以想到这种金融体系的关键是网络及其虚拟货币，而在现在的教材中讲的还是传统的现金结算、票据结算。所以，新商科一定要研究在新技术及新技术下的新场景所形成的新知识概念和理论。

三、新技术条件下商科教育教学模式的转变

"新商科"要讨论的第二个问题就是在新技术条件下教育教学模式的变革。刚才教育部的领导谈到了课程思政的问题，课程思政不是简单地把专业内容"马列化"，也不是简单地把课程思政讲成非专业化，这样的结果是专业不再专业化，"马列"也不再"马列化"，两不像。当一个老师把课程讲得非常透彻的时候，真理就再现了，老师能看到现实场景的存在性，实现理论和实践完美地结合在一起，学生难道不相信真理的力量吗？当老师自身看不到现实场景的存在性，也就讲不明白，其结果是"以其昏昏，使人昭昭"，又何以能让学生相信真理的力量。当一个老师讲专业问题的时候，站在世界的视角去看待世界，就具备了世界观；站在历史的视角讲演变的规律，就具备了历史观。所以大学里课讲得好的老师，对学生的影响都是全面的、持久的，这并不是因为他专门讲了"马列"，而是把专业讲到了思想的高度，这才是沁人肺腑的思想教育。任何一个专业讲到一定的高度，就会山高人为峰，人高思想为峰，而思想又以悟性为峰。其实学习的目的正如前面所说有三个：第一是认知世界。所有人来到这个世界就必须要认知这个世界。第二是表达世界，当人们感受这个世界以后，要用人类创造的语言文字表达这个世界，向他人说明这个世界到底是怎么回事儿。哲学经历了三部曲：就是性质哲学、结构哲学和运行哲学，其中性质哲学就是要解决对认知的世界进行表达的问题，其基本特征就是对已有的世界事物进行分类，形成相应的概念。教育部的专业和学科分类就是其表征。第三是创新世界。创新世界就是发现了人类迄今为止没有发现的场景，或者新的领域。就对世界本身这个概念的认知而言，已产生了变化，在过去看到的都是实体的世界，伴随新技术的产生，人们又看到了另一个世界，叫虚拟的世界。虚拟的世界是被人们认知了的世界，认知了的世界是被场景化了的世界，实体世界在人类的大脑中反映出来叫场景，它不是实体本身，但它又是以实体为基础的，这就是场景。认知世界本质上讲的就是语境。也就是任何一个母语中的词，都有一个对应的场景，场景反映到了大脑怎么办，如果仅仅只是放在自己大脑中储存而不能形成知识、概念和理论，就不能成为学问，只有把它传达出去，让其他人理解、共享，才能成为学问。传达出去就是表达世界或者表达场景，当人们进行这种传达的时候就形成了信息世界，这就

是虚拟世界。过去人们感受世界的存在性，所采用的工具是什么呢？早期就是走到特定的时空中去眼见为实、耳听为真。后来人类创造了文字语言，最早的文字是象形文字，月亮的月就是象形文字，这就是对场景的最简单直观的表达。但表音和表意文字的场景化程度就要低得多。尽管如此，语言文字在表达时解决不了速度的问题，也解决不了即时反映的问题，它不能做到实时实地连续动态地反映场景。人们直接使用文字语言表达的社会是信息社会，但不是信息化的社会，还不足以把实体世界很好地反映出来，不能把世界全面动态地，内外结合地，实时动态地反映出来。正是因为这样，所以教育教学面临的根本问题，就是要靠每个老师面对面地把知识、概念和理论讲授出来，讲授本身就是要回归到具体的场景上。所以新技术带给我们教育教学最大的变化，是使人类对实体世界的认知能够达到由表及里、由静至动、由点至面、由过程至结果的全场景状态，并且能够以写真的方式表现出来。如果新技术能让实体世界被再现出来，人们直接就能感受到实体世界的存在性和存在状态，及其演变规律，人们的学习目的不就实现了吗？所以说，传统的教育教学是以传授知识和学习知识为目的，而场景化教育教学是要透过知识的学习让老师和学生都能看到知识背后所反映的世界的真实状态。教育部规划发展中心正在做教育学"智慧工场"，其目的也就是要再现作为商科最重要的现实场景。

四、实现场景教学：以自由和所有权概念为例

其实，任何专业的教育教学都会存在两个逻辑过程：第一个是学理的逻辑过程，第二个是学理背后的场景的逻辑过程。电影就是一方面展示了学理或思想的逻辑过程，同时又以相互联系的场景把这种思想背后的场景状态形象、生动地展现出来，所以学生们看电影总是觉得比老师讲课要有吸引力，就是因为电影有场景感。实体的世界反映到大脑里叫场景，人们再用文字语言传播出去叫信息。

例如，什么叫自由？民间认为自由就是我想干什么就干什么，这是我们对自由这个词的场景的理解。但是自由作为一个外来词，包含了两个方面：一是除了法律不允许的，其他事都可以做；二是如果违法了就会被逮捕，也就是除了法律允许做的事，剩下的都不能做，这就叫没有自由。所以，自由的全场景描述就是，自由是相对约束而言的，现在通过新技术就可以把自由这样一个真实的场景和变迁的历史栩栩如生地再现出来，学生就能把握自由这样一个知识的背后的真实场景状态。

又如，什么叫所有权？所有权是一个概念，在大家的认知里面，几乎没有人一个不认为所有权就是意味着这个财产是我的。按照马克思主义的理解就是对财

产占有、使用、处置、分配的权力，这就是传统意义上人们对所有权场景的理解。其实所有权从根本上说就不是一种自然权利，而是一种法权。法权就是法律上说是你的就是你的，法律上说不是你的就不是你的，这与人们的通常理解完全不同，到底哪一个是正确的呢？以大家熟知的手机为例，在座的各位每个人都有自己的手机，大家对这个手机是否就拥有了所有权呢？为此，先要说明与所有权有关的两个概念，一个叫自然权利，一个叫法权。所谓自然权利，就是各位拿的手机确实是各位的，但凭什么是各位的呢？前者说明的是一种自然权利，而对后一个问题的回答就会引出法权的概念。法权的含义实际上是说你的所有权必须得到法律的认可和保护。当大家每个人手中的手机被自认为是自己的手机的时候，如有人要问，为什么是你的呢？大家会说是我买的。怎么能证明是你花钱买的呢？因为你有发票。这说明手机是不是你的，并不是由你自身来证明，而是由国家的发票来证明，这就是法权的第一个含义。一个人的财产如果没有相应的发票来证明，就可能犯巨额财产来源不明罪，但仅有发票来证明还是不够的。如果有人拿出一支枪对着你要抢你的手机，这个时候他问你的手机是谁的？恐怕你只能说是他的，你乖乖地给他，可能还有一条命，如不给，拿枪的人打死你照样可以把手机据为己有。这就意味着一个你有发票的手机最终要归你，还必须有国家提供的法律保护，所以财产所有权是一种法权的真实场景。如果能把这种场景拍出来，再讲所有权不是一种自然权利，而是一种法权，就很容易理解了。所以，这些年我一直在思考，老师在讲课时是有两个逻辑存在，一个是场景的逻辑，另一个是学理的逻辑，就是概念的逻辑。如只讲学理的逻辑而回不到场景上去，那么这个课听起来就是抽象的；如果只有场景的逻辑，不能上升到概念和理论，这个课就没有高度，没有思想性。只有这两个方面融合在一起，教育教学才是完整的。

　　个人认为，任何一个人都是以四种形态存在的，第一是情感的人，第二是智慧的人，第三是肉体的人，第四是灵魂的人，由此就形成了情商、智商、体商、灵商。这与上述讲场景教学有什么关系呢？第一是情商，就是讲人们对事物的敏感程度，一个人对事物不敏感就不可能知道事物的存在性，怎么可能去创新？也不可能知道不同事物的差异在哪里，也不能创新。所以情商是创新的基础，它是感性思维能力形成的前提。人类最了不起的就是具备了原因思维，人类见到任何一个结果都会问"为什么"，回答"为什么"就是原因思维，找原因就是要回到具体的场景状态，了解事物的真相。动物被蛇咬了，从来不问为什么，一次被蛇咬，十年怕井绳，躲避蛇就完了；人类被蛇咬了一定要问"为什么蛇要咬人"，"人被蛇咬了为什么要死"，正是这些"为什么"和回答"为什么"使人类制造了血清，所以人和动物的分水岭就是人类具备了原因思维。第二是智商，也就是抽象思维能力。简单地说，就是人们用人类创造的语言文字把所看到的事物的本质特征及其演变规律，表达为概念和规律的过程。如果说情商是认知世界的基础，那么智商是表达世界的基础。第三是体商，是指人们对身体不均衡不舒适的感应能力，以及身体的自我修复能力。体商强的人身体的自我疼痒感觉十分敏感，而且也能够迅速地进行自我修复。第四是灵商，主要是灵感和潜意识。牛顿虽然之前天天看到超过空气重力的物质向下掉，但并没有发明万有引力定律，只是那一次看到苹果往下掉而不往上掉，才突发奇想发现了万有引力定律，这个突发奇想就是灵商。

因此，讨论新商科一定既要讨论新技术条件下对于新商科的教学内容所带来的变化，也要研究新技术带给新商科教育教学方法的革命性的变化，两者不可分割。

新文科建设背景下财经高校的
学科布局与发展定位

南京财经大学副校长　时现

2017 年美国西拉姆学院基于跨学科学习的考虑率先提出"新文科"概念。2018 年 10 月，教育部决定实施"六卓越一拔尖"计划 2.0，中国"新文科"开始浮出水面。2019 年 3 月 26 日，教育部在其举行的新闻发布会上明确提出：加强新文科建设，要把握新时代哲学社会科学发展的新要求，培育新时代中国特色、中国风格、中国气派的新文化，培养新时代哲学社会科学家，推动哲学社会科学与新一轮科技革命和产业变革交叉融合，形成哲学社会科学的中国学派。

面对新文科建设的新要求，财经类大学应该有所作为。

一、彰显财经类高校学科特色，实现学科建设新突破

坚持以习近平新时代中国特色社会主义思想为指导，以"瞄准一流、梯级建设、重点突破、协调发展、普遍提高"为学科建设的基本思路，遵循学科建设发展规律，瞄准经济社会发展需求和学校的办学特色，加强顶层设计，科学制定学科建设发展目标，科学统筹和使用各类学科建设资源，建立科学合理的学科评价体系，充分发挥学科建设主体的主动性和积极性，提高学科建设水平。坚持争创一流和协调发展相结合，坚持近期建设和长远建设的内在呼应，构建结构更加合理、优势更加突出、特色更加鲜明的学科体系，为建设有特色、高水平财经大学奠定坚实的学科基础。

积极拥抱新技术，推动高等教育治理体系和治理能力现代化，实现学科建设新突破。人工智能、5G 等新一代信息技术对各行业领域的革新将促生相关学科专业的优化转变，并带动新兴学科专业的衍生发展。高度重视人工智能、5G 等新技术对新时代学科专业建设的深入赋能与高度参与，促进学科专业之间的跨界融合，打破学科壁垒，推动学科专业深度交叉，建立学科专业发展新的增长极。

二、优化学科布局，建立结构合理的学科体系

财经类高校应集中优势学科力量，围绕经济学、商学等相关学科重大理论和现实问题，实现重点突破，瞄准国际学术前沿，分阶段开展建设工作，鼓励交叉融合，推动学科创新，进一步完善学科发展体系。以南京财经大学为例，学校制定的"十三五"规划明确规定：实施"学科布局优化计划"，在稳定发展现有 12 个一级学科硕士学位授权点、14 个硕士专业学位授权点的基础上，新增 2~3 个一级学科硕士学位授权点和硕士专业学位授权点。适应经济社会发展要求和趋势，适时布局人工智能、大数据等新工科学科。以一级学科为主体，进一步凝练学科方向，优化结构。构筑跨学科平台，促进学科交叉。对学科布局实施动态调整。

三、探索财经类大学学科内在规律和逻辑，构建学科群

财经类大学学科之间有着内在的紧密联系，是学科要素在理论基础、实践应用和方法手段的统一。统计学为理论经济学、应用经济学和工商管理发展提供科学的分析手段和方法，在学科交叉融合中具有桥梁作用。理论经济学、应用经济学和工商管理发展中形成的海量数据对统计学学科理论和方法提出了新的要求，工商管理对理论经济学、应用经济学的应用发展起到重要推动作用。同时，在教育部学科目录（1997 版）中，应用经济学一级学科下设置了统计学二级学科，在教育部学科目录（2011 版）中，统计学成为一级学科，但明确了可以授予经济学学位，足见两者的关系之密切。因此，以统计学为学科基础，强化统计学在跨学科联合研究中的核心地位，是"经济学与商学"世界一流学科建设的必然要求。将"经济学与商学"纳入一体进行建设与管理是世界一流大学通行做法，也是国际公认的学科口径。ESI、THE、U.S. News、软科（原 ARWU）等国际权威数据库或排行均采用本学科概念。

注重经济学与商学所涵盖的一级学科与数学等基础学科以及计算机科学与技术、软件工程、马克思主义理论以及法学的交叉融合。我校青年教师学习能力强、知识更新快并已经成为科研主力军，具有利用新知识、新方法、新观点研究新问题的人力资源优势，因此要鼓励学科骨干在学科交叉融合中及时跟踪互联网、大数据、人工智能、云计算、边缘计算、5G、区块链等新技术对数字经济和新业态的影响，加大对"智慧财经""智慧财税""智慧商贸""智慧金融""智慧服务""智慧投顾""数字经济"以及"共享经济"的研究。

四、整体联动，协同创新

财经类大学应紧紧抓住国家"双一流"建设的战略机遇，进一步整合和优化学科资源，以重点突破带动普遍提高、以一流学科建设驱动学科协调发展的体制机制尚未建设，跨学科合作和学科交叉融合难于深入。"补短板、建机制、强能力"是一流学科建设和学科协调发展之必须。

加强顶层设计，加强跨部门政策协调，合力推进学校学科建设；加强学科管理部门、科研处、人事处等职能部门与部院所（中心）之间的沟通协调，形成广泛共识，建立协同推进的工作格局；促进学科建设与院系专业设置、学位点授予申报的联动发展，促进高峰学科、高原学科和辅助学科的协同发展，健全深度合作机制，推动特色专业、精品课程在学科建设等领域的合作共赢，围绕国家重大战略和区域发展需求，选择若干具有发展优势的一级学科形成强强联合、优势互补，整体优化学科结构。

推进学科建设理念、措施和体制机制等方面改革创新；转变学科建设发展理念，建立协同创新的机制与体制，重点突破制约创新能力提升的内在机制障碍，打破院系之间以及学科之间的体制壁垒；调整学科投入机制，完善学科评价体系，建立基于建设绩效的学科动态管理模式；健全师资队伍建设机制，进一步完善青年优秀人才的持续支持政策，完善人才发展和提升配套支撑政策，释放和激发学校学科建设的活力。

创新学科治理机制 强力推动学科建设

董仕节　索凯峰①　陈杰

2015 年 11 月，国务院印发《统筹推进世界一流大学和一流学科建设总体方案》，指明了新时期高等教育重点建设的目标与工作重心。"双一流"建设作为 21 世纪以来我国高等教育研究领域中最具热度的研究议题之一，更是将"学科建设"推到了理论研究的最前沿，获得前所未有的重视，并从政策话语演进成为各自高校的改革实践。近年来，湖北经济学院开展了以学科建设为龙头的综合改革，强化学科组织的管理创新，实施"学科建设方向—PI 团队—科研项目"一体化发展，从"要素投入驱动"向"制度创新驱动"转变，初步形成学科、方向、资源、产出高度匹配的学科治理体系。

一、"双一流"背景下学科建设的改革路向：从"学科建设"转向"学科治理"

大学与学科的关系犹如人体与细胞[1]，大学以学科为基础，学科构成了大学学术生活的基本单元。学科既是一个知识体系，又是一种学术制度，以学科方向、研究平台、学术团队、规训制度与学科文化等为组成要素。从大学与学科的要素构成特点来看，无论是强调一流大学还是一流学科，都可以把大学与学科视为典型的组织形态，并且将学科组织"嵌入"大学组织中。因此，"学科建设"就隐含着对知识体系与学术组织的进一步完善的双重意蕴，其本质应是学科治理，包括学科的顶层设计和战略选择、学科人力资本的积累和配置、学科团队的组建和运行、学科决策制度框架的建立健全，乃至学科文化的培植与建设等[2]，是治理理念在学科事务决策及管理中的体现，也是大学基层组织治理的重要内容。

从"双一流"政策看，以项目制管理为核心的"双一流"建设体系，形成

---

① 作者简介：董仕节，湖北经济学院校长，二级教授，博士生导师；索凯峰，湖北经济学院发展规划处副处长，党委研究室副主任，教育学博士，从事高等教育学、高等教育管理研究。

了政府与高校之间的新型治理体制，并推动高校自主探索内部治理体系与治理能力现代化建设。2017年9月，"双一流"建设高校和学科名单公布，随后建设方案陆续公示。与"大学"和"学科"相比，"建设"的语气明显加重。"双一流"遴选出的并不是已然的一流，而是侧重"建设"成为未来的一流，究竟有没有达到目标，关键还是看"建设"的效果，而建设的过程、手段与方法，均没有在政策层面进行限定，留给高校无限的解释、创意与行动空间。可见，"双一流"建设是对传统高等教育重点建设型资源配置模式的调整与制度创新，它以项目制管理逻辑，在项目推进的过程中打破了常规的组织结构，是一种能够将各层级关系以及各领域关系统合起来的高效的治理模式，同时还是一种促使大学组织得以自主建立的运转机制。[3]而事实上，从各建设高校提交的中期评估文本可以发现，"学科建设"从政策话语已演进成为各高校的改革实践，并固化在大学组织战略中的显要位置。

从大学内部实践看，传统学科建设主要采取用有限的办学资源支持最有发展潜力的学科，倾向于对学科的构成要素进行解析，从师资队伍、办学条件、平台建设、研究成果与社会服务等多个方面提出建设目标，进而期待在单一学科建设上达成集成效应。从表面上看来，学科似乎完成了项目要求的一系列的建设指标，但是这种增长在实质上是否存在内涵上的发展，学科内生的发展逻辑是否得到体现，学科生态是优化了还是被破坏了，对此并未进行绩效评估。这种建设路径已在组织间相互模仿中形成了某种学科建设的路径依赖。只见学科调整、不见顶层设计；只见学科高峰，不见群落生态；只见要素投入，不见内生动力，陷入了一种"没有发展的增长"困境。[3]

从我校实践探索看，尽管以经济学、管理学为主干，法学、工学等相关学科协调发展的学科专业体系已相对完善，建有现代服务业省级优势特色学科群，拥有应用经济学、工商管理、统计学、法学4个省级重点学科，设有"楚天学者"计划设岗学科16个，但学科建设或者说学科治理仍存在突出问题。具体表现在：一是学科组织虚散化和固化并存。一方面，无论是重点学科还是优势学科，大都在学位点或者专业基础上拼合而成，没有脱离原有的行政设置影响，缺乏严格意义上的学科边界，缺乏核心竞争力。另一方面，学科组织存在固化。一是财经类高校普遍存在按一级学科甚至二级学科设立学院，各种资源条块分割，成为跨学科研究的主要藩篱，跨学科的合作难以组织；二是学科关系离散，学科组织内部关联性不强，表现在"学术个体化"，大部分科研基础较好的教师都是散兵游勇，少数教师则成为学术"盲流"，大部分团队也是有名无实，更谈不上团队与团队之间的融合。这些现象与学科自然生长规律背道而驰，其后果就是学术成果不成体系，学科方向散杂难以聚焦；三是学术生产力不高，核心竞争力有限，高水平学科领军人物、高端学术平台和标志性的学术成果缺乏，似乎也陷入了"没有发展的增长"桎梏。对此，学校自上而下都认识到学科建设必须由"要素投入驱动"向"制度创新驱动"转变。战略目标的实现既需要资源建设，更需要制度创新。在某种程度上讲，良好的学科制度环境、科学的学科发展机制与健康的学科生态体系是"一流学科"成长的土壤、水分与阳光，内外条件的共同作用方能结出学科建设的硕果（见图1）。

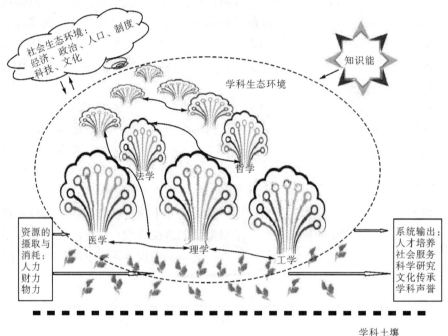

图1　一流学科生态系统示意图[4]

二、扁平化的学科治理体系设计：基于学术组织的变革

我们知道，知识创新的专业性与独特性，使得大学的组织有别于其他组织，是一种柔性化组织，处于"有组织的无政府状态"（organized anarchy）[5]或者松散耦合系统（loosely coupled system）[6]。基于这样的认识，我们尝试以学科组织机构改革为突破口，建立一种新型扁平化的学科治理体系。一流的学科治理需要什么样的学科组织呢？

我们认为，学科组织体系应该是纵横结合的非线性协同关系，而非传统的科层关系。与传统科层模式相比，扁平化模式（见图2）更多是基于科研、教学等需要自发生成的，具有高度的弹性、分权、自下而上的特点。当然，学科组织扁平化的关键要有结构支撑。首先是组织结构的扁平化，强化关联性，即打破人员、资源、平台的使用界限，组成各类行政与学术组织，以解决学科基础研究的核心问题或以国家和区域重大现实问题为着眼点。其次，治理过程的扁平化，包括大学内部沟通、决策、执行和调控的扁平化，改变原有科层权力机构，形成一个面向教师、重在学院、注重分权、具有弹性的扁平型治理体系；最后，学科治理体系扁平化的变革还需要一定的支持体系，包括大学内部"放管服"改革、资源供给、学科文化打造等，保证治理体系扁平化持续有效。

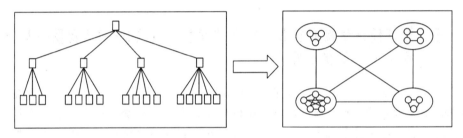

图2 传统科层模式向扁平化模式的转变

科劳恩认为，要发现复杂的科学系统的运行模式，就必须找到与科学系统的形成相关的最基本形式。而在此之前，还必须确定科学家的合作机构，找到科学组织系统的基本行动单位。在他看来，"这个基本行动单元就是研究团队（research group），后者通过包容/排除机制确定和保持自己的个性和边界。"[7]据此，每个研究团队就是学术生态最基本的构成细胞。矩阵式科研组织模式（见图3）以研究团队为交叉点，既有垂直联系，又有平行联系，呈扁平化形态。以学科为纵轴，将相近学科人员组合在一起，主要从事传统学科建设、科研及社会服务工作；以项目或重大攻关课题为横轴，根据研究需要，组合不同学科人员，主要从事具体课题项目的研究以及探索性、原创性的科研活动，解决重大问题。纵向由学科负责人（PI）负责，横向由项目负责人负责，学科负责人对纵向学科研究团队与横向项目组负责，负责总体设计、资金使用、研究分工、资源统筹，等。这种模式一方面保留了传统学科科层管理体系，同时更有助于横向系统协同，满足学科研究需要，促进学科融合创新。

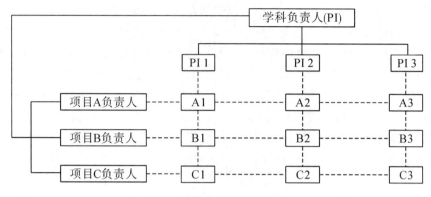

图 3　矩阵式科研组织模式

三、湖北经济学院的实践：实施"学科建设方向—PI 团队—科研项目"一体化发展

近年来，学校实施"学科方向—PI 团队—科研项目"一体化发展，旨在打通学科组织内部的任督二脉，破除学科间壁垒，实现学科交叉融合，推动学科建设快速发展。在全校范围内确定学科发展层级、各学科发展重点方向，鼓励教师聚焦重点方向组建 PI 团队，学校资源向 PI 团队建设重点倾斜，建立了以学科方向为引领、绩效为导向、校内培育项目为纽带的 PI 团队高效运行机制，初步形成学科、方向、资源、产出相匹配的学科建设体制机制。具体做法如下：

（一）凝聚学科方向

确定学科发展重点，明确学科方向。充分考虑学科发展的未来趋势和历史传承，以学位点和现代服务业省级学科群主干学科（应用经济学、工商管理）、支撑学科（法学、统计学、管理科学与工程），以及校级学科群所涉学科（信息与通信工程）和学科门类（文学与艺术学）等为基础，凝练出学科方向和层次。其中，选择若干学科方向为学校学科建设的"优先"方向，肩负率先在全国同类学科中形成优势和特色的任务，是学科建设的先锋队；选择若干学科方向为学校学科建设的重点方向；其他学科方向是学校学科建设的支持方向。最终形成学校"学科方向目录"。（见表 1）

表1　湖北经济学院重点发展学科方向目录

一级学科/学科门类	二级学科/一级学科	学科方向
应用经济学	区域经济学	长江经济带高质量发展△
	金融学	区域金融风险管理*
		中小金融服务*
		金融科技△
	财政学	服务业财税政策*
		中国社会安全保障网的现代化*
	气候变化经济学	低碳经济学△
工商管理	企业管理	现代服务业组织、企业文化管理与创新*
		自贸区发展研究*
	会计学	公司治理与公司财务*
		审计与风险控制*
		会计理论与实践创新*
	旅游管理	区域旅游发展*
	物流与供应链管理	智慧物流与应用△
法学	经济法学	营商环境与资源环境法治保障△
统计学	社会经济统计学	商业大数据分析方法及支撑技术
管理科学与工程	信息管理与信息系统	商务智能与管理创新
信息与通信工程	通信与信息系统	下一代移动通信技术及商业应用
		移动互联网网络安全研究
文学与艺术学	外国语言文学	商务英语翻译研究*
	新闻传播学	新媒体传播与运营
	设计学	数字艺术创意设计与研发

注：带"△"号学科方向是学校学科建设的"优先"方向，肩负率先在全国同类学科中形成优势和特色的任务；带"*"号学科方向是学校学科建设的"重点"方向；其他学科方向是学校学科建设的"支持"方向，是形成第三个主要学科门类的增长点。

（二）组建学科团队

根据"学科方向目录"设定的学科方向，组建学科 PI 团队（以应用经济学为例，见图4）。PI团队的作用定位于持续加强学科内涵建设，促进学科交叉融合，倡导和培育团队精神，形成优秀人才的团队效应，培养一批高水平的学术带头人和优秀创新人才群体，提高科学研究水平和人才培养质量，构建高水平学科平台，促进国际交流，产出标志性学术成果，提升学科建设水平。

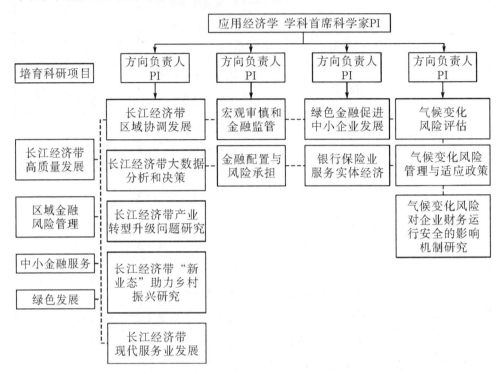

图4　应用经济学学科方向—PI团队—项目一体化发展示意图

（三）PI选聘及管理

PI实行学校、学院、学科、学科方向四级管理模式。学校以学科立项建设目标为导向，与学院、学科及PI签订目标协议，明晰建设任务，明确建设责任，层层抓落实；学院作为学科建设责任单位，负责完成各PI团队教学任务分配工作，为所属PI团队开展工作提供便利条件，督促所属学科首席负责人、方向负责人、PI开展工作；学科首席负责人负责凝练学科方向并按方向分解目标任务和经费预算，指导、统筹并督促本学科内方向负责人和PI开展工作；方向负责人负责分解各PI年度建设目标及经费安排，指导、统筹并督促本方向内PI开展工作；PI围绕建设目标，全力组织团队成员开展具体建设工作。这种管理模式分工明确，权责明晰，有利于提高运行效率。

实施选聘、管理、考核三位一体建设模式。在人员选聘上，采取自由开放的原则，PI 可从学校现有人员或引进人员中选聘，也可以通过学校直接对外招聘。为提高 PI 团队科研积极性，学校给予 PI 充分的权利，包括：团队运行经费的审批权，大型和重点科研项目经费的使用分配权，对团队研究成果、优秀名额、研究生指标等的分配权以及推荐进修培训、出国访学、项目申报、引进人员等权利，同时也对 PI 的主要职责及经费的管理和使用进行了详细规定。学校对 PI 绩效进行年度考核，并制定了相应的考核指标。考核结果作为年度绩效分配和下年度 PI 建设经费的依据。

（四）培育科研项目

高水平学科团队建设需要以项目为依托，有大的项目，才会产生高水平的学术成果，围绕重点学科发展战略和现代服务业学科群，学校分别设定指定性旗舰项目和编制学校竞争性科研培育项目指南，引导不同学科方向的 PI 团队承接指定性旗舰项目或竞争指南内的科研培育项目。各项目的培育周期为 2 年。

实行旗舰、重点、一般三类科研项目管理。旗舰培育项目的定位是结合学校重点学科，面向科学前沿和国家经济、社会、科技发展重大需求中衍生的重大科学问题，超前部署，开展多学科交叉研究和综合性研究，充分发挥支撑与引领作用，有可能获得国家级基金资助的重大项目。重点培育项目的定位是结合学校重点学科，在一定时期内，针对前期研究基础及团队条件较好，又符合国家社会经济发展重大战略需求，有可能获得国家级基金资助的重点项目。一般项目的定位是指结合学校学科建设需要，在一定时期内，针对研究基础较好及已经取得一定的研究成果，有可能获得国家级基金资助的项目。

此外，学校对项目结项等级优秀的团队给予奖励，以此提高团队项目申报建设的积极性，激发团队竞争意识，培育高水平的项目，产生优质的项目成果。

具体如图 4 所示。

（五）初步成效

当前，学校学科建设思路、学科方向、学科团队、科研项目协同发展的态势已经形成，在全校范围内，围绕应用经济学、工商管理、法学等学科的重点方向，通过强强联合、优势互补、交叉融合等形式组建了 46 支 PI 团队。PI 团队以培育项目为纽带，聚焦国家和湖北经济社会发展重大课题开展，精准推进科学研究，形成良好的学术文化氛围。学校基本实现了人人有学科归属及平台支撑，人人有研究方向、人人进团队、人人有学科目标的良好局面。

参考文献

［1］别敦荣. 论大学学科概念［J］. 中国高教研究，2019（9）：1-6.

［2］谢凌凌，陈金圣. 学科治理：地方高校学科建设的核心议题［J］. 教育发展研究，2017，37（7）：38-45.

［3］何晓芳. 学科嵌入式治理：一流学科生成与发展的制度逻辑［J］. 中国高教研究，2019（9）.

［4］宋亚峰，王世斌，郤海霞. 我国一流大学建设高校的学科布局与生成机理［J］. 江苏高教（9）：9-15.

［5］罗伯特·欧文斯. 教育组织行为学［M］. 孙绵涛，译. 武汉：华中师范大学出版社，1987：30-38.

［6］WEICK，KARL E. Educational Organizations as Loosely Coupled Systems［J］. Administrative Science Quarterly，1976，（21）：1-3.

［7］赵万里，李军纪. 知识生产和科学的自组织［J］. 哲学动态，1999（4）：33 -33.

民办大学的教育故事

广东外语外贸大学南国商学院执行校长　　王华

大家下午好！前面大家听的都是公办大学的教育故事，现在我讲讲民办大学的教育故事。我从公办高校退下来三年多了，这期间有多家民办高校邀请我去任职，我都没答应，主要是因为我对民办高校不熟悉，不敢贸然试水。这三年里我走访了很多企业，跟企业家们进行了广泛交流，让我感受良多，也促使我对高等财经教育进行反思。我觉得，现在大学的课堂教学、人才培养跟企业家的需求相去甚远，企业对科技发展的敏感性、对科技脉搏的把握、顺应科技的潮流，在企业管理流程的改造和商业模式创新等方面已经大大超越了大学教师所能想象的程度。我们做高等财经教育的，的确应当走出校门，更多地和企业接触，让企业告诉我们怎样的人才是他们需要的。正是基于这个想法，我觉得可以去民办高校做点什么，于是答应来了南国商学院，来这个学校两个月，感觉还不错。南国商学院是一所办得很有特色的学校。

前面的公办高校领导说的话题都很有体系，包括整个学校的发展定位、学科建设，以及人才培养体系建设，等等。我只谈大学人才培养中的一个内容，就是关于产教融合的问题。

我认为产教融合、协同育人是一个不容置疑的选择，尤其在财经院校。上周在四川传媒学院参加中民协高专委的一个年会，我发现四川传媒学院的产教融合做得非常到位，完全是市场化的运作，把传媒人才的培养和市场需求、政府力量，乃至整个高科技发展紧密结合在一起，达到了一个非常高的水平。虽然那个模式我们财经类院校可能目前还做不到，但是这条路必须走，不走就没出路。但怎么走呢？我先说几个问题。

第一，从民办高校的角度看，人才培养有两个不足：一个是不够用，另一个是不实用。所谓不够用是指结构性短缺，现在高端财经人才和重点产业领域的人才严重不足，以会计专业为例，企业很缺乏高端会计人才，那些"精会计、会管理、懂科技、通市场"的复合型人才尤其短缺。但残酷的现实是，民办高校培养的大多是中低端会计岗位的人员，这些岗位已经或将很快被人工智能替代。所谓不实用是指学校培养的人才到企业以后经过再培训或重新学习以后才能适应企业的岗位要求，学校教的知识在企业是用不上的或者说是脱节的，这种问题严重存在。

第二，高校和企业的疏远。过去很多高校都是部门行业管理的，这个部委或那个部委都有自己管辖的学校，联系非常紧密，而且学生未来服务对象也很明确，将来就是到这个行业工作。现在行业管学校的模式已经结束了，而是由教育主管部门来统一管理高校。而教育系统恰恰和行业企业的联系非常少，所以从高校本身来说，它和企业的联系相当疏远了。而且高校在人才培养的问题上，往往是过于自信，总觉得人才培养应该这样，应该那样，总是从学科角度、从知识体系角度去理解人才培养，其实我们没有走出校门到社会上去了解，到企业去找到人才培养真正的目标，这个问题也是严重存在的。

第三，企业缺乏用人的社会责任意识。大家都知道，学生要想到企业去实习很难，一般企业都不会接收，即便通过关系接收也是极少量的。有的企业希望最好不要解决实习生的住宿问题，不要给相应的报酬。很多企业只想用人，不愿意投资人，缺少用人的社会责任意识。由于这个原因，企业既要求把新员工可上岗工作前的所有教育培训由大学来完成，但是又不愿意承担人才培养的相应社会责任，这就是目前的状况。令人欣喜的是，现在很多教育培训公司，在积极对接学校的人才培养，尤其在财经类人才培养方面做了很多工作。这些教育公司利用自己的经验和平台，有针对性地研发各种职业方案，帮助学校解决了很多线上线下不能结合、教与学分割、理论与实际脱节的问题。

对于产教融合，我想就我所经历的两所不同性质的大学来做一个简单的梳理。

第一个就是关于产教融合的模式。其实产教融合的教育模式在 20 世纪 50 年代开始在美国和加拿大就有了，美国辛辛那提大学最早把产教融合作为整个学校的办学策略，现在我们提倡的都是人家 20 世纪 50 年代就有的东西。加拿大滑铁卢大学在这方面也是走在前面的。还有，在中国，20 世纪 80 年代上海工程技术大学就开始产教融合教育模式了，这种模式把定岗工作、过程监督、全面考核等都与大学教育融为一体，那个时候上海工程技术大学就已经与 1 000 多家企业保持密切联系，并且有 64.4% 的学生参与定岗与半定岗工作。还有刚才提到的四川传媒学院，实行城市、企业、学校联动，共建产教融合平台，抢占行业制高点，在成都的传媒硅谷里面就设有学校校区和实验大楼，这个"传媒硅谷"已经成为其学校的一个组成部分。

我工作过的广东财经大学进行产教融合选择的是与高顿教育公司合作（简称

"高顿")。为什么？因为经过考察，了解到"高顿"有相当的实力，它是英国特许注册会计师、注册金融分析师、风险管理师，还有美国管理会计师、加拿大注册会计师的金牌培训机构。而且多年来它开发了完整的教育体系，包括财经云平台、高顿财智、SMARTSCHOOL、GLIVE、EP智能学习平台等，既方便老师教，又方便学生学。更重要的是，他们与大学的财经教育深度融合，开发了包括教学内容和课程体系革新、师资培训、创新创业教育为一体的完整系统，并为合作学校提供实践条件和实践场地建设项目，等等。既能够和高科技融合，又能体现以学生为本的学习过程，实实在在帮助财经类院校的人才培养上一个台阶。广东财经大学会计学院ACCA项目中心、ACCA实验区，已经成为广东省教育厅国际化人才培养的一个省级基地，还开办了ACCA卓越（周末）班，ACCA认可师资培训中心以及学业职业发展平台，构成了一个完整的体系。

同样，广财的金融学院引进了高顿的CFA项目中心，把特许金融分析师的课程嵌入金融专业的课程体系中，还开办了CFA研修班，以及学业职业发展平台等，为金融专业学生提供了很好的平台。现在金融专业的学生培养面临很大挑战，前面有一位校长说了，银行里面95%的业务都可以机器办理，银行缺乏的是后台大数据分析人员，眼下的金融专业培养不出这样的人才，这就要求我们把金融专业放到科技发展的平台上进行改造重构。还有，财经类专业的学生要进企业实习太困难了，而那种"自谋生路""放养式"的所谓实习，根本起不到很好的实习效果。而特许金融分析师这个课程恰恰弥补了现在金融专业学生培养的短板，这是非常好的产教融合的模式。

我再说说南国商学院。南国商学院有一个美丽的校园，它是成立于2006年的一所民办独立本科学院，至今只有13年历史。当然在它之前还有10年的发展历程，从做职业培训起步到中专再到大专整整十年，然后又升到了本科。我觉得民办高校有几个特点，第一个特点就是师资队伍是哑铃型，老的老，少的少，即退休返聘教师加刚入职的硕士毕业生，中年骨干教师少。一部分民办高校的教师有一种打工的心态，没有长远的打算，因而缺乏教书育人的情怀。年轻教师教学经验不足，要靠老教师去带，但是如果让一个打工者心态的退休教师去帮带青年教师，我觉得这是非常危险的，会带偏路的。第二个特点是领导班子里老头老太太多，大多数是退休的原公办大学的校、处级领导。年纪大点爱学习还没问题，如果碰上了不爱学习新东西、总喜欢照搬经验教条的领导，用旧思维办现代大学，那问题就大了。第三个，一般来说，民办高校的校址都在城市远郊，因为市区里找地办学困难。因为远离市中心，和其他高校的学术联系就会少，加上经费拮据，教师外出学习交流的机会也不多，这就更加剧了它的封闭性。第四个很关键，不管承认不承认，民办高校的地位比公办高校要低。

正是因为这样，民办高校办得不容易。前面大学领导的报告中都提到一个重要话题：学科建设。学科建设是龙头，学科建设带动学校整体发展，这是常识。但在高职院校、大专院校里是不讲学科，只讲专业建设，这是学校层次的区别。而民办本科高校理应进行学科建设，但从实际情况看，一些民办高校既不知道什么叫学科，对专业建设也很糊涂，眉毛胡子一把抓，往往是用专业建设代替了学科建设，这就是一种差距。但是有一点不可否认，就是民办高校的人才培养比较接地气，比较注重学生的能力和技能培养。

南国商学院坚持"以教师为根，以学生为本，以品学树人，以特色立校"的办学理念，实行"通基础、精专业、强外语、重实践"的培养要求，按照国务院《深化产教融合的若干意见》《广东省教育厅关于推进本科高校产业学院建设的若干意见》，积极开展产教融合育人体系建设，推进产业学院合作对接。广东省教育厅公布了全省高校的产业学院建设名单，我们的"跨境电商产业学院"名列其中。作为省级产业学院，我们将按照教育厅的要求，进行全面高质量的建设，真正在应用型人才培养体系中起到重要作用。还有一个值得一提的案例是，南国商学院与广东省会计师管理会计师协会（GAMA）合作举办的管理会计创新实验班（简称"GAMA创新班"）。GAMA与广东省的多家民办高校进行了管理会计的实验班合作，明年就有第一届毕业生。南国商学院的"GAMA创新班"按照管理会计的创新理念结合科技发展来设置课程体系，由名校名师老师给学生上一些重要课程，并且实行双导师制，即学业导师（由高校老师担任）和实践导师（有实务界高管人员担任），为这些学生进行学习、研究的指导和实践、实习的指导和帮助。利用GAMA这个产学融合的平台，给学生带来了很多学校见不到的新鲜内容、新的思维和实务发展态势，像企业的CFO（财务总监）做学生的实践导师，高校名师成为学生的学业指导老师，等等，都是一般学校的学生享受不到的福利。

南国商学院有一个突出特点就是外语特色非常鲜明。学校设有英国语言文学与文化学院、东方语言与文化学院和西方语言文化学院，外语专业十分齐全，因而对学生的外语要求特别高，不管什么专业，都要求至少熟练掌握一至两门外语。学校根据外语强的优势，设计了非外语专业的"专业+外语"的培养模式，针对外语专业设计了"外语+专业"的培养模式，还有"专业+小语种"特色班，等等。

南国商学院还对接社会需要，为企业定制人才。这些开设的小语种的双语班都是跟企业合作的，西班牙语也开设了两个专业与企业需求对接，因为现在在广东，西班牙语专业特别热门。像这种小语种的辅修专业，如西班牙语、法语、德国、日语，都有开设。还有，南国商学院和国外数十所高校建立了广泛的合作联系，每年都要派学生出去，尤其是东语学院，像日语、朝鲜语专业的学生是百分百出国进行"第二校园"学习的。

最后，我对高校实行"产教融合、协作育人"，提几点建议：

第一，法律法规要先行，现在法律当中关于产教融合如何育人的法律规定是欠缺的，怎么去规范企业在培育人的问题上承担社会责任的问题，我觉得应当把它立法。

第二，是要重建校企合作的伙伴关系，通过政府引导，通过相关的政策，明确企业高校在产业融合当中所应当承担的责任，广泛吸收企业加入联盟当中，并且建立平台来推动高校和企业的紧密合作。

第三，应当建立专项基金来支持产教融合教育，政府要拿钱出来建设这个基金，让企业愿意在产教融合育人方面履行社会责任。在产教融合方面一是要有平台，二是要有钱，产教融合、协同育人才能有效地进行。

第四，要深化改革高校与企业合作的机制，完善大学体制和制度，其中最主要的是要建立校内校外人员相互流动、薪资体系相互对接的体制机制，这样才能保证产教融合真正实现。

谢谢大家！

新商科教育教学的思考与探索

无锡商业职业技术学院院长　朱琴华

在新兴技术飞速发展且广泛运用的当今时代，商业模式的极速转型使得新商科人才的培养成为无法回避的重大现实问题。无锡商业职业技术学院准确把握新商科专业的内涵与趋势，厘清新商科人才的基本特征与培养要求，积极探寻新商科教育教学的有效模式，逐渐走出一条具有无锡商院特色的新商科人才创新培养之路，为新商科高职教育的未来发展提供了可借鉴的范式和理念。

一、新商业促生新商科专业

作为经济转型发展的新引擎，新商业时代的来临在解构着传统商科专业内涵及形态的同时，也催生出一批跨界融合型的新商科专业。

（一）新兴技术快速发展的时代背景

20 余年来，新兴技术以前所未有的速度向前发展，改变着企业的生存形态和人们的交往模式。自 20 世纪 90 年代起，以信息技术为核心的现代科学技术迅猛发展，尤其是 1998 年互联网在国内的普及使得我国信息化发展进入了快车道。2008 年左右，大数据出现，云计算崛起，并逐渐渗透各个行业。2018 年前后，人工智能、物联网、区块链等新一代信息技术的融合创新，使社会迈入了智能化发展的新阶段，并进一步推动着数字经济发展。正如习近平总书记所指出的，进入 21 世纪以来，全球科技创新进入空前密集活跃的时期，以人工智能、量子信息、移动通信、物联网、区块链为代表的新一代信息技术加速突破应用，科学技术从来没有像今天这样深刻影响着国家前途命运，从来没有像今天这样深刻影响着人民生活。党中央准确把握时代大势，积极回应现实要求，党的十九大报告即强调要建设网络强国、数字强国、智慧社会，推动互联网、大数据、人工智能和实体经济深度融合发展，数字经济、共享经济，培育新增长点，形成新动能。

（二）新技术发展催生新商业

在互联网、人工智能等全新一代技术的影响和改变下，当今时代的产业形态被不断重塑，商业也出现了崭新的范式。从"商业运行的方式及场景"这一维度来看，产品、服务、货币越来越以数字化的形态出现，支付、结算、票据、合约也日益趋向电子化。此外，智能化的管理、资产化的数据、灵动的组织架构，以及自动化的工作流程、泛在化的金融以及平台化的交易，无不颠覆着人们对传统商业的认知。可以说，新商业是在全球化、信息化、智能化、个性化的时代背景之下，以新一代信息网络技术为支撑，实行智慧智能化服务，全球一体、线上线下，跨界融合、交互发展，采用了全新的商业模式、服务方式和管理方式。新商业既涵盖通过技术改造升级和经营模式更新，从传统商业改造及衍生而来的商业形态，又包括伴随信息网络技术发展而直接产生的新兴商业形态。它具有"连接、智能、协同、泛在"的鲜明特征，呈现"跨界、融合""共存、信任"的新态势，正以难以察觉的速度构筑起一套有别于传统商业的全新图景。

（三）新商业时代创生新商科专业

科学技术的发展必然带来教育的变革，新商业时代的来临显然也对传统商科专业的内涵及形态提出了全新的要求。美国高等教育政策的领导者约瑟夫·E.奥恩在其所著的《教育的未来：人工智能时代的教育变革》一书中指出：今天我们正经历又一场革命，这次革命的动力来自新技术，引擎是数字和经济。它增强了我们大脑的能力。在人工智能时代，雇主未来是与机器一起工作，与系统一起工作，与满怀创意的人、具有批判思维和系统思维的人一起工作。新商科专业应运而生，主要包括以下四大类：一是技术支持类的商科专业，例如商务数据分析与应用、云计算技术与应用、大数据技术与应用、电子商务技术、移动应用开发等；二是新商业模式类商科专业，例如：电子商务、互联网金融、移动商务等；三是新商业组织类商科专业，例如中小企业创业与经营、服务外包、商务经纪与代理、品牌代理经营等；四是新广告展示类商科专业，例如数字展示技术、视觉传播设计与制作、虚拟现实技术、展示艺术设计等。总而言之，新商科专业是对传统商科专业进行学科重组交叉，将新技术融入商科课程，用新理念、新模式、新方法来提供综合性跨学科教育的专业。

二、新商科人才的特质分析

新商科专业的出现为当下的高职教育提出了新的变革。把握新商科人才的特质与培养要求，乃是最为核心的课题。

（一）专家观点：基于未来的学习模式

在专家看来，人工智能时代下的新商科人才不仅要能围绕当下的现实需求进行学习，同时也要学会基于未来之可能性自主开展学习，这就需要具备以下几种基本素养：①创造性思维。思想广阔活跃，善于求新（发散），同时也能综合他人思维成果，汲取前人思想精华（收敛）；对新事物具有敏感性，能通过阐释、评估及深入研判实现新的突破。②批判性思维。对事物保持审慎反思的态度，能在仔细观察、理性分析的基础上，对信息提出质疑并展开调研，进而获得对事物本质更为精准全面的认识。③系统性思维。以整体性、结构性、立体性、动态性、综合性等特点见长，能够进行知识的迁移、整合及知识结构的有效构建。④文化敏捷性。能够体验不同文化背景下之个体的感受，具有同理性并且是谨慎的，能够较好解决跨文化问题。⑤新读写能力。能运用不断变化的技术、方法和策略，识别问题、查找信息，并对其内容、方式与价值进行分析、评价、分享，以解决现实问题。⑥认知能力。不仅有科技素养、数据素养、人文素养等新读写能力，还应具备包括批判思维、系统思维、创业精神等在内的高阶认知能力。

（二）业界观点："宽专多能"的复合型人才

在业界人士看来，伴随着产业企业的数字化、智能化升级，以及教育形态的不断重塑，高职院校的新商科人才培养要想跟上时代前进的步伐，实现与市场需求、真实应用、实际要求的有效衔接，就应当着重培养"宽专多能"的复合型人才。新道科技股份有限公司副总裁宋健先生就曾强调，新时代的应用型复合型人才应当具有"四历一本三商"：自身拥有资历、阅历、经历和学历；进入职场后则要具备持续发展的"资本"——核心竞争力；而以上所有均需要智商、情商以及逆商的有效支撑。这样的人才既有技术技能专长，又有广博宽泛的知识结构，同时具有横向协同、纵向传达的能力，能够与数字化领域专家有效沟通，并具备高度的责任意识和高效的问题解决能力。这即是当前急需的"宽专多能"的复合型人才。

（三）笔者观点：更为鲜明的五大特征

基于专家观点与业内声音，笔者认为新商业时代下的新商科人才应当具备以下五大基本特征：

其一，诚实守信的道德特征。数字化、智能化时代的来临让现代商业文明更为发达，商业模式亦更为复杂多样，今天较之以往任何时候都更加需要新商科人才诚实守信，勇于承担创新带来的风险和责任。

其二，跨界复合的知识特征。现代商业经济发展，对从业者的综合素质提出了更高的要求。新商科人才应具有全新的商业技术、专业知识、变通的能力以及跨界复合的知识和能力结构，形成交叉融合的新商业思维。

其三，数据计量的思维特征。在数字化不断深入推进的今天，新商科人才要具备挖掘大数据价值的能力，理性地对商业大数据进行处理和分析，学会根据数据来思考问题、解决问题，实施数据化管理。

其四，更强执行力的情商特征。新商科人才要善于自我认知、能够自我控制情绪，具有较高的沟通能力和较强的执行能力，能够有效处理冲突。

其五，创新性的智力结构特征。新商科人才应创新性、颠覆性、前瞻性地拥抱新商业，具备很强的学习能力，善于接纳新事物。

三、无锡商院新商科教育教学改革的有效探索

面对新商业时代，无锡商院积极开展新商科教育教学改革探索，近年来取得了累累硕果的喜人成绩。2015 年无锡商院被确定为全国首批现代学徒制试点单位，2016 年位列全国高职院校创新发展影响力全省第一、全国第四，连续 3 次入选全国高职院校国际影响力 50 强单位，2018 年入选全国职业院校"育人成效 50 强"，喜获"国家级教学成果一等奖"；2019 年位列全国高职高专综合实力排行榜财经类院校第四。2017 年学校成功入选江苏省高水平高等职业院校建设单位。2019 年学校被确定为中国特色"双高计划"立项建设单位，跻身"国家优质高职院校"行列。

新时代、新征程、新使命，无锡商院继续以办人民满意的学校为己任，围绕新商科创新卓越人才培养为中心，找准定位，精准发力，稳中蓄势，聚力攻坚，围绕"新商科卓越技术技能人才培养""高水平新商科专业集群建设""新商科卓越师资队伍建设""产教深度融合""信息化建设""国际化办学"六大任务，打造"新营销""互联网+会计金融""现代旅游服务""商业展示设计与传播""新商业技术"五大专业群，对接"智慧商业""现代旅游""文化创意"三大服务板块，形成"新商科专业集群建设""新商科人才培养""产教融合""国际化办学"四大高地，努力把学院建成国际有影响、国内一流商科领军高职院。

探索一：着力推进新商科"4443"人才培养模式改革。构筑四大体系：以立德树人为中心的"大思政"教育体系、以"新商业文化+职业文化+创新创业文化"为核心的文化育人体系、以"知识技能跨界、思维交叉融合、擅于沟通协作、长于学习创新"为重点的核心能力培养体系、以"教学·实践·服务·文化"驱动的创新创业教育体系；强调四大维度：实习实训、企业实践、竞赛磨炼、创新创业；培养四种能力：新商业技术能力、大数据思维融合能力、人际交往协作能力、可持续发展能力；推进三项改革：新商科现代学徒制改革、完全学分制改革、主辅修制改革，致力发展型、复合型、创新创业型新商科卓越技术技

能人才培养。

探索二：系统重构新商科专业集群和课程体系。以商科特色为导向，以跨界协同为突破，以产教融合为抓手，面向流通、生产和生活服务领域，按照"商业+智能+服务"的思路，综合构建以新营销专业群为龙头，以互联网+会计金融专业群、现代旅游服务专业群为骨干，以商业设计与传播专业群为特色，以新商业技术专业群为支撑的新商科专业集群。遵循"专业+共享+人文"的理念，开设面向全校学生的通识教育课程模块、专业群内融合课程模块、集群共享课程模块（跨界）、专业核心课程模块，有效服务高素质技术技能人才培养，力争建成紧贴行业发展、校企深度合作并在国内深有影响的品牌专业，开发、制定新商业职业标准及国家专业教学标准，建成国家级专业教学资源库，在线开放课程等。

探索三：开展"1+X"证书制度试点工作。学校认真贯彻、落实《国家职业教育改革实施方案》，高度重视"1+X"证书制度试点工作。专门成立"1+X"证书制度试点工作领导小组，组建试点办公室，强化组织领导，将"1+X"证书制度试点与专业建设、课程建设、教师队伍建设、实训基地建设等紧密结合。进一步联合行业龙头骨干企业共建专业、共育师资、共建基地、共编教材、共商标准、共同育人。学校现有物流管理、BIM 建筑信息模型技术、电子商务数据分析、云计算平台运维与开发、智能财税、网店运营推广、工业机器人操作与运维7 个项目入选教育部"1+X"证书制度试点项目，参与"1+X"证书制度试点的二级学院覆盖率超过 70%。今后将进一步以教育部"1+X"证书制度试点项目为依托，积极开展"1+X"证书制度试点探索，按照高质量发展要求，坚持以学生为中心，不断提高人才培养质量。

探索四：科学实施新商科卓越师资队伍建设"三大工程"。围绕新商科高职应用型卓越师资队伍建设中心任务，以"商科领军师资队伍建设"为引领，以"高水平商科双师队伍建设"为突破，以师资队伍专业与创新能力提升为要旨，重点实施"三高人才领航工程""双师2.0工程""青年教师进阶工程"；同时强化师资发展平台打造以及教师发展机制创新，通过校企协同共育师资、平台搭建发展师资、高端引培带动师资、机制创新激励师资，建设一支适应新时代高职教育发展要求，德技双馨、理实兼备、专兼结合、创新有为的具有国际化视野和新商科思维的卓越师资队伍，为学校全面培养高素质新商科技术人才，建成科技社会服务新高地奠定坚实的师资基础。

探索五：集团化引领产教深度融合新发展。坚持最高行业组织、最强商业企业、最优商业院校"三强"联合，积极发挥全国商贸职教集团、中国新商科实践育人产教联盟的组织功能。构建新商科专业领域技术技能数据平台，形成财经、文化旅游、信息技术三大技术技能积累基地；集聚人才优势，强化与地方政府、产业园区、行业企业的密切合作，建设商业模式创新研究、商务数据分析应用、全域旅游规划、新媒体新思政研究四大智库，为政府决策和行业发展提供高端智力支持；校企合作共建"物联网+"商贸流通、智慧旅游运营管理、"互联网+"会计金融、视觉交互设计、工业电子商务五大协同创新中心；创新校企共建共管共赢的产业学院建设机制，与新道科技股份有限公司、科大讯飞股份有限公司等共建产业学院，共促产教深度融合，实现学院建设与产业企业协同发展。

探索六：政行校企协同推动建设"智汇商谷"——数字商业产教深度融合集成平台。按"政府+商业行业组织+数字商业龙头企业+商科职业院校"进行数字商业产教主体集成；按"优势商科专业+新兴技术专业"进行专业集成；按"基地+中心+谷地"进行载体集成，按"商业通用能力教育+数字商业专业核心能力教育+数字商业拓展能力教育"进行教育模块集成；按教育教学、科技研发服务、社会培训、创新创业、国际合作与交流进行功能集成；按场景化、数字化、智能化、开放化、系统化、模块化建设要求，推进"服务高水平数字商业专业群、复合型人才培养高地、高水平'双师'教学创新团队、标准化实践案例和课程资源、产学研用技术创新高地、区域共享实训结合社会培训高地，集成平台建设运行创新、国际合作与交流"重点建设项目集成，努力探索平台建设运行新范式，力争服务 2.25 万名学生，研制 10 项国际化专业（课程）标准、职业技能培训标准等，实现 10 000 人次以上的国际职业培训，更好地为数字商业全球一体化发展提供强有力的高素质技术技能人才支撑。

探索七：深入推动新商科教育国际化发展。瞄准世界一流商科高校，深化与职业教育发达国家的合作与交流，积极引进和借鉴国际先进的教育资源，重点打造四大联盟：美国高等教育国际化联盟中国（无锡）中心、中德高等职业教育合作联盟（江苏—柏林）、澳大利亚职业教育国际联盟中国（无锡）教学中心，力争新增 3 个中外合作办学项目，引进 20 门以上国际优质课程、5 项国际通用职业资格证书，海外学习经历学生达 3%，海外研修教师达 50%，全面提升新商科国际化人才培养水平。服务国家战略，联合红豆集团西哈努克港经济特区有限公司合作共建西哈努克港工商学院，将其建设成一所产教深度融合，集"学历教育、职业培训、科技服务、文化交流"四位一体的区域性知名高校和服务"一带一路"输出中国职教优质资源的示范性高校。

参考文献

[1] 习近平. 决胜全面建成小康社会 夺取新时代中国特色社会主义伟大胜利：

在中国共产党第十九次全国代表大会上的报告（2017 年 10 月 18 日）［M］. 北京：人民出版社，2017.

［2］习近平. 在中国科学院第十九次院士大会、中国工程院第十四次院士大会上的讲话［EB/OL］. 新华网. http：//www. xinhuanet. com/2018－05/28/c_1122901308. htm，2018－05－28.

［3］陆春阳，刘全宝. 新商科建设专家笔谈［J］. 无锡商业职业技术学院学报，2019（5）.

［4］杨建新. 全面发展理念：高水平高职院校建设的人才培养模式新特征［J］. 中国职业技术教育，2019（5）.

［5］约瑟夫·E. 奥恩. 教育的未来：人工智能时代的教育变革［M］. 李海燕，王秦辉，译. 北京：机械工业出版社，2018.

深化高等财经院校综合改革
推进新常态下"六型校园"建设

哈尔滨商业大学校长　郑秋鹍

以习近平总书记新时代中国特色社会主义思想为指导，落实习近平总书记在黑龙江省考察时和在深入推进东北振兴座谈会上的重要讲话和重要指示精神，坚持"以本为本"，推进"四个回归"，全面深化学校综合改革，调动广大教职工的积极性，推进学校"一流大学"和"一流本科"建设，加强"一流学科"和"一流专业"建设，建设高水平的人才培养体系，全面提高人才培养质量和办学水平，提升服务区域经济社会和行业发展的能力。

哈尔滨商业大学以"六型校园"建设为统领，全面深化学校教育教学改革，强化内涵建设和高质量发展，重点推进学科专业建设、科学研究和社会服务、师资队伍建设、校园文化建设、国际交流合作、办学基础条件等方面工作，加强产教融合、信息化与教育教学的深度融合，改善办学条件，优化育人环境，打造一流学科专业，建设高水平的师资队伍，全面提高人才培养质量和服务经济社会发展的能力，建设高水平的、商科特色鲜明的商业大学。建设"六型校园"，就是建设质量型、服务型、智慧型、平安型、文明型和节约型校园。

一、建设以"提高人才培养质量、教研科研学术水平、校园管理与服务质量"为核心的质量型校园

（一）建设高水平的特色鲜明的一流学科

（1）进一步完善一流学科建设规划，整合资源，加大投入，面向行业和产业需求优化和凝练学科研究方向，强化学科队伍建设，提升科学研究与社会服务的水平，扩大国际合作与交流，提高高层次人才培养质量。积极推进省级工商管理一流学科建设，加大应用经济学、食品科学与工程和中药学等一级学科博士点建设，力争建成省级一流学科。发挥一流学科龙头作用和引领作用，推动15个一级硕士学科点和16个专业硕士学科点的内涵建设和高质量发展。

（2）引进和培养高水平的学科带头人和学术骨干，打造高水平的学科队伍。做好学科带头人遴选工作和学科创新团队建设工作，发挥一级学科建设委员会和学院学科建设委员会的作用，着力推进学科队伍建设和学科内涵建设。召开学科建设工作会议，统筹规划学校学科发展和建设。

（3）积极准备第五轮学科评估，跟踪学位授权点合格评估工作进展，整合学科建设资源，做好学位授权点的动态调整工作，实现学科水平的全面提升。

（二）打造一批"一流专业"和"一流课程"

（1）积极实施学校《关于深化本科教育教学改革，全面提高人才培养能力的实施意见》《哈尔滨商业大学"一流本科"建设行动计划》，紧紧抓住国家"双万计划"建设的契机，加强专业内涵建设，打造特色鲜明、适应区域和行业需求的优势特色专业。建设15~20个省级一流专业，争取建设5~7个国家级一流专业。

（2）加快建设高水平的人才培养体系。推进新闻学专业、法学专业和工程类专业实施卓越教育计划2.0和新工科、新商科建设，改造传统专业，加大物联网工程、机器人工程、数据科学与大数据技术等新专业建设，积极开展工科专业工程教育认证，提高卓越人才、商科人才和工程人才的培养质量。

（3）深化教学综合改革，落实"四个回归"，从严教学管理，建立教师教学准入和退出机制，开展教学方法变革和课堂教学革命，加大信息化与教育教学的深度融合，打造"金课"，全面提高教学水平和人才培养质量。建设30门校级在线课程，打造3~5门国家级、15门省级在线精品课程。

（三）加强一流教师队伍建设

根据哈尔滨商业大学发展战略，制定学校一流师资队伍建设规划，事业编制优先保障教师队伍发展需要，落实《哈尔滨商业大学本科教学领军人才培养计划实施方案》，加强师资队伍和基层教学组织建设，引进和培养高层次、高水平的教学和科研领军人才，全面提高教师队伍的学术水平和专业能力，建设一支素质高、能力强、结构合理、数量充足的师资队伍。

（1）出台《高层次高水平人才引进暂行规定》，加大优秀人才、高层次引进力度，加强教学、科研领军和骨干人才培养，满足学校高层次人才、领军人才和学科专业骨干专业人才的需求，配齐四个一级学科博士点和15个一级学科硕士点的学科带头人，配齐65个本科专业的带头人，支撑一流学科和一流专业建设。

（2）持续开展教师教学能力和专业水平提升工作，建立教师教学准入和退出机制，完善教师教学绩效考核和科研水平评价标准，建立教师教学能力提升、国内外访学与进修和培训、学历提升相关制度，改善教师国际化背景，引导教师准确把握高等教育基本规律和发展趋势，树立科学的教育教学理念，提升教学能力和学术水平。培育 50 名教学领军人才，打造国家级教学名师，新增 3~5 名省级教学名师。

（3）加大基层教学组织，做好教研室主任换届工作，选拔高学历高职称的优秀人才担任教研室主任。加大优势特色教学团队和科研团队建设，建设 20 个校级教学团队，建设 10 个校级科研创新团队，培育国家级和省级教学团队和科研创新团队。

（四）大力提高科学研究和社会服务的能力和水平

（1）完善科学研究与社会服务激励机制和制度，加大科研平台、新型智库和学术团队建设，提高科学研究水平与服务社会的能力，增加国家级、省级项目、校企合作项目等数量和高水平成果。

（2）重点实施"3311"发展战略。强化寒地特色资源食品工程技术研究中心、烹饪工程技术研究中心、抗肿瘤创新药物国家地方联合工程研究中心三个中心建设，开发龙江特色食品、功能食品、保健产品，弘扬龙江饮食文化，助推我省经济发展；加强商业经济研究院、管理创新与智慧供应链发展研究院、哈尔滨新区研究院和公共政策与现代服务业创新智库建设，为区域发展提供决策咨询和智力支持，推进哈尔滨商大科技园建设，为龙江经济社会发展提供科技服务与支撑。

（五）加大国际交流合作，提高国际化办学水平

依托哈尔滨商业大学办学特色和优势，拓展与国外大学的交流合作，积极开展国际合作办学项目。加大教师国际访学交流，积极聘请国际知名专家学者来校讲学。建立学生国际交流学习机制和学分互认办法，扩大学生校际访学交流，拓展来校留学生数量。办好商务部国家援外短期培训项目和援外硕士学历班，提高学校国际合作与交流水平。

（六）积极推进"双创"教育改革

加快建设哈尔滨商业大学创新创业教育管理办公室和科技创新创业园，完善创新创业相关制度，推动创新创业教育与教育教学的融合。加大国家"互联网+"大赛、"挑战杯"大赛和教育部学科专业竞赛的管理和经费投入，激励教师和学生积极参与创新创业活动，提高学校创新创业工作的水平。加大毕业生就业的指导和服务，推动大学生就业率、就业质量全面提升。

（七）强化学校管理与服务质量提升工程

（1）深化综合改革，完善两级办学管理机制，强化学院办学主体地位，完善各部门职能划分，构建科学高效的管理体制和机制，推进学院制管理试点，调动学院办学的积极性和主动性。

（2）加大学校争取财政资金支持办学力度，出台激励政策，推动二级学院创收开源，促进各部门争取专项资金顺利进行。做好学校资金使用预算编制与执行工作，优化使用方案，加强财务信息化建设和学校内控制度建设，保障学校资金使用效益。

（3）发挥内部审计为哈尔滨商业大学保驾护航的积极作用，强化审计监督和绩效考核，防范经济风险。

（4）强化资产管理，实现物有所用、物有所值，提高资产使用效益。建立学生一站式服务中心和教师教学科研等相对集中服务平台，使师生少跑路。

（5）根据国家和黑龙江省新出台的《关于分类推进人才评价机制改革的指导意见》和《黑龙江省事业单位绩效工资总量核定暂行办法》，加快修订完善《专业技术职务评聘办法》和《绩效工资分配实施办法》，完善以"质量和贡献"为导向的多劳多得、优劳优酬、公平合理的激励机制，稳步增加科研绩效资金总投入，激发人才活力和学校发展潜力。

二、推进以"服务人才培养、科技成果转化、社会服务和智力支持"为核心的服务型校园建设

建设以"服务人才培养、科技成果转化和经济社会发展需求的三位一体服务体系"为核心的产教融合服务型校园。

（1）建立服务教学、服务教师、服务学生发展的一体化综合服务平台，为师生提供科学、高校、便捷的高质量育人服务。加强教书育人、管理育人、服务育人、文化育人和协同育人等工作，实现全面、全方位和全过程育人的新格局。

（2）主动融入龙江经济社会发展，加大科学研究与社会服务力度，提供人才、科技和智力支撑服务，推进产教深度融合，建立 1～2 个产业学院；实施"一品牌，十基地，百人师生服务团队"等产教融合发展战略。

（3）推进"两个行动计划"的实施。实施服务区域发展助力工程，突出"立足龙江、感知龙江、服务龙江"的责任担当，聚焦龙江全面振兴全方位振兴，全面实施《哈尔滨商业大学服务龙江振兴发展行动计划》《哈尔滨商业大学服务哈尔滨新区建设行动计划》。围绕省委做好"三篇大文章"、抓好"五头五

尾"的部署，在黑龙江省产业发展、农产品精深加工、营商环境优化、对俄经贸等领域主动作为，在"绿色食品""商贸流通""冰雪产业""健康产业"中找准我校服务龙江的切入点和着力点，深度融入共建"一带一路"、自由贸易区建设、乡村振兴战略等新龙江建设重大任务。强化学科特色优势和科技助力作用，构建立足龙江辐射全国的行业优势与特色服务体系，持续提升学校服务社会发展整体水平。

（4）不断深化校地、校企实质合作。依托同哈尔滨市、双鸭山市、黑河市、齐齐哈尔依安县等市县的校地合作，推进具体合作项目的有效实施。积极拓展与企业的横向科研合作，完善激励机制，鼓励教师和科研人员主动走进企业，主动对接企业需求，围绕企业发展中需要解决的问题，与企业联合申报课题，参与企业的技术创新与管理服务，打通教育链与科技链和产业链的融合，实现校企深度合作。

（5）加大科技成果转化。加强政策引导，推动科研成果的产业化进程，提高科研成果转化率、水平和质量。以现有的工程研究中心、科研基地、重点实验室等成果转化平台，以我校长期积累的科研成果为转化重点，建立全方位、多角度成果推介渠道，推动科技成果的产业化和市场化进程，提升学校服务区域和行业经济社会发展的贡献力。

（6）加强大学科技园和大学生双创基地建设。整合资源，加强校企校地合作，尽快建立大学科技园和大学生双创基地。加大对教师和学生创新创业的培训和政策扶持，出台奖励激励制度，孵化科技型企业，培养创新创业人才，提升我校在龙江经济社会发展中的影响力。

（7）加强新型智库建设和服务龙江发展工作。切实加强哲学社会科学研究的战略谋划，树立"商大智库"品牌，为地方经济社会发展提供决策咨询和智力支持。在做好"公共政策与现代服务业创新"省级重点培育智库建设基础上，围绕黑龙江现代物流创新发展，积极申报黑龙江省新一批省级重点培育智库，为推动龙江绿色农产品物流现代化，加快跨境物流发展，推进龙江智慧物流进程，促进黑龙江商贸物流提档升级和完善供应链金融做贡献。鼓励教师申报参与政府组织的各类专家库并发挥咨询作用。建立多元化成果报送渠道，提升决策咨询成效。

（8）持续巩固和拓展各类服务载体。重点依托现有教育部全国重点建设职教师资培养培训基地、继续教育学院和 MBA（MPA）中心等，发挥各学院师资优势，开拓各类职业教育、职业技能培训、企事业单位人力资源培训等项目，着力打造学校培训和服务品牌，为学校创造更大的经济效益和社会效益。

三、建设以"科学、高效、便捷、共享"为核心的智慧型校园

加大信息化与教育教学和管理的深度融合，积极建设智慧校园，加大在线课程、虚拟仿真实验项目和智慧教室建设，推进"互联网+课程+教学"的教学模式改革；整合教学、财务、人事、后勤服务等管理职能，优化服务流程，建立一站式教师和学生网上办事大厅。

（一）推进智慧校园建设

贯彻落实《教育信息化2.0行动计划》，实施信息化水平提升工程，坚持以人为本，信息资源共享，依托高起点、高标准、高投入的网络基础条件建设，打造智慧型校园，推动有线网络、无线网络全覆盖。构建以大数据、云服务、智慧化为核心的资源数字化、教学智能化、应用集成化、服务一体化的信息化支撑环境。通过基础信息库的建立与监管、人力与学术资源数据库、工作服务平台数据库等全方位交互共享，实现"智慧教学""智慧管理""智慧办公"，更好地为学校日常管理、教师的教学科研、学生学习与课余文化生活等方面提供科学化、信息化、高效化的服务。

（二）打造高质量信息服务保障体系

构建全校统一的数据交换服务中心，对现有的 OA 系统及各种信息管理系统进行资源整合，实现数据共享。建设面向全校师生、涵盖学校相关业务的"一站式网络办事大厅"，让数据多跑路，让师生少跑路，全面提升服务效能。做好大数据分析，提升精准管理和服务水平。推进本研一体化教务管理、智慧教室及教学资源管理系统建设，建设学生宿舍、图书馆人脸识别闸机通道及管理监控系统，建设平安校园智能管理平台等。加强校园网用户精细化管理，通过升级改造一卡通系统、有线无线一体化接入、提供云桌面服务、安全隔离与防护、实名认证与信息溯源等，更好地为师生服务。

（三）加快智慧教室和图书馆建设

整合资源，统筹规划，建设覆盖全校的教学状态监控与管理系统和智慧教室，实现信息技术与课堂教学的深度融合。在全校推广"云班课""雨课堂""学习通"等教学软件使用，建立学习新时空。搭建智慧图书馆平台，将学习资源和服务要素整合为一体，建立以图书馆"空间智慧"为核心的"空间感知与构建"的信息共享空间，为读者提供舒适的图书馆学习与交流环境，并捕获读者行为数据。为全校师生在科研、学习、教学、管理等方面提供个性化、多元化服务。

四、建设以"强化高校意识形态和人身财产安全"为核心的平安型校园

加强精神文明和政治生态建设，打造质量文化，推进文化育人、诚信育人和环境育人工作，巩固全国文明单位和文明校园建设成果。

（一）加强意识形态和思想政治工作

提高政治站位，强化阵地意识，推进实施意识形态工作网格化管理，压实意识形态工作责任制，不断增强社会主义意识形态凝聚力和引领力；加强网络舆情监管与宣传阵地建设，牢牢把握宣传阵地话语权，坚持积极正面的舆论导向。贯彻落实全国、全省高校思想政治工作会议精神，实施思想政治工作质量提升工程，积极构建全校大思政工作格局，推进"十大育人"体系建设，完善大学生思想政治教育、心理健康教育、生命价值教育等学生成长成才服务保障体系，把"三全育人"要求贯穿始终。加强思想政治理论课建设，推进习近平新时代中国特色社会主义思想"四进四信"工作，传播马克思主义中国化最新理论成果。着力推进精准思政、强化课程思政和专业思政，推动思想政治工作体系贯通学科体系、教学体系、教材体系、管理体系。遵循"六个下功夫"，培养新时代青年。

（二）加快完善学校"人防、物防、技防"现代化防范体系

树立校园安全观念，清晰全面地认识高校安全所面临的各种风险与挑战，建立以数字监控、防盗报警、无线对讲、GPS巡更、人脸识别、大数据速通门、交通管理联动为一体的综合技术安全防范系统，全面建设安防智慧指挥平台。完善风险防控和隐患排查双重机制与动态管理机制，集中开展专项整治行动和安全大检查，精准识别风险源，消除安全隐患，提升隐患排查和应急处置能力，全面保障全校师生人身财产安全。加强校内消防安全整治，加快小型消防站、集成消防监控室建设。精准研判维稳形势，深刻把握高校安全管理的规律性和规范性，建立完善预警体系与预警机制，落实校园安全责任，完善协作联动机制，做好重要时段和敏感节点期间的维稳工作。开展安全工作责任目标考核，构建完善的安全宣传教育体系，加强安全教育、安全培训，营造安全的文化氛围。

（三）加快省教育厅网络安全智能化处置示范项目建设

做好省教育厅网络安全智能化处置示范项目二期建设，提升校园网威胁自动感知与智能分析处置能力，切实保障校园网络运行安全。

五、建设以践行"社会主义核心价值观"为核心的文明型校园

加强精神文明，打造质量文化，推进文化育人、诚信育人和环境育人工作，巩固全国文明单位和文明校园建设成果。

（一）突出价值引领

培育和践行社会主义核心价值观，彰显价值引领，始终把对学生的价值观引导放在首位，把"立德树人"的要求内化到大学建设和管理的各个领域。秉持"求真至善，修德允能"的校训，深入实施榜样工程，宣传在教书育人、科学研究、管理服务等领域表现突出的教师先进典型和在自强不息、爱国奋斗等方面表现突出的学生先进典型，激励、引领广大师生见贤思齐、奋发有为。

（二）突出文化引领

构建文明校园创建机制，深入开展群众性精神文明创建活动，培养师生形成优良的校园文明习惯，全力做好"全国文明校园"创建工作。大力加强校园文化建设，打造质量文化和诚信文化，推进"一院一品"文化品牌建设，充分挖掘、精准凝练我校办学治校的价值追求、文化理念和精神内核，形成引领我校发展的校园文化。有效发挥文化育人、环境育人功能，统筹规划校容校貌、文化环境的格局、格调，推进校园景观建设，优化美化校园文化环境。

（三）突出制度引领

深入实施诚信档案制度建设，主动融入社会信用体系构建，夯实诚信文化育人，引领师生员工强化自我约束。强化干部目标责任制考核，增强责任感和使命感，提高工作效率和成效，推动领导干部勤政廉政，以身作则，身正为范，全校上下形成爱岗敬业，无私奉献的新风尚。强化师德师风、学风建设制度，推进干部作风、师风、学风建设进入互促共进的良性循环，形成"校风好、师风正、学风浓"的新局面。

六、建设以"资源科学、精细、集约、规范利用"为核心的节约型校园

（一）全面提高资源配置效益

坚持学校教育事业的发展规模、结构、质量、效益协调发展，科学规划学校的办学格局和需求，整合办学资源，坚持勤俭办学，强化节约意识，实现资源共享，提高资源利用率和效能最大化。建立资源优化配置机制，以提高公共资源使

用效益和办学效益为重点，加强各类资源的统筹、整合与共享，强化精细化管理，合理高效地配置、管理和使用各种办学资源，最大化地盘活国有资产，努力降低办学成本。加强资源使用的考评，将资源消耗作为评估内容，将资源节约责任和实际效果纳入目标责任制和干部考核体系，提高办学效益。

（二）定岗定编优化人力资源结构

深化综合改革，优化管理职能，进一步完善定岗定编，保障思政教师和辅导员队伍充足，精简管理服务人员，探索后勤服务岗位目标管理和服务外包，实现人力资源向教学科研岗位倾斜。

（三）节资增收，发挥资金使用效益最大化

科学编制预算，坚持勤俭办学，开源节流，压缩行政办公费用和后勤保障服务性经费，保障教学经费，用足用好事业财政拨款，做好经费使用的绩效评估，实现资金使用效益最大化。拓展资金来源渠道，增加纵向科研项目经费、横向课题和成果转化经费，提高校办产业和社会服务创收能力，反哺办学经费的不足。加大国际合作办学、校企合作办学的力度，争取更多的办学资源和经费。

（四）科学规划校区功能布局和教学设施

编制学校中长期发展规划，科学规划南北校区的功能定位和布局规划，整合资源和优化办学布局，提高办学效益。统筹学校办公用房、实验室用房和教学设施等资源，按国家标准和要求配置房屋资源，发挥学校资源在教学、科研及社会服务等方面的基础作用，提高房屋资源使用效率。推进闲置房产和体育场馆等设施的综合利用，加强商服网点出租管理，盘活资源，实现创收。

（五）强化后勤管理与服务

继续加大校园维修改造力度，计划 2020 年再投入 1 500 万元，优化办学条件和校园环境。推进后勤管理与服务改革，在部分业务实行社会化服务运营模式的同时，规范学校劳动用工岗位管理，制定科学工作流程体系，探索小时工、短期工、长期工的合理配置，提高人力资源管理效益。进一步完善学校水电暖等设施，加强运行管理，建立节约型管理服务目标体系，实现节能减排。开展全校水电暖等资源利用情况普查并建立数据库，查找节能减排薄弱环节，制定短期、中期、长期的目标，优化使用方法，降低学校运行成本。

"新文科" + "应用型" 院校协同育人探索

——基于"企业家课堂"的
校企协同育人体系的探索与实践

北京物资学院校长　刘军

国务院《统筹推进世界一流大学和一流学科建设总体方案》（国发〔2015〕64号）中强调要深化产教融合，促进高校学科、人才、科研与产业互动。国务院《关于深化产教融合的若干意见》（国办发〔2017〕95号）中指出，深化产教融合的主要目标是，逐步提高行业企业参与办学程度，健全多元化办学体制，全面推行校企协同育人。党的十九大报告也提出：深化产教融合、校企合作，加快一流大学和一流学科建设，实现高等教育内涵式发展。《教育部关于深化本科教育教学改革全面提高人才培养质量的意见》（教高〔2019〕6号）中提出，进一步强化实践育人，深化产教融合、校企合作，建成一批对区域和产业发展具有较强支撑作用的高水平应用型高等学校。发改委、教育部等六部门印发的《国家产教融合建设试点实施方案》（发改社会〔2019〕1558号）指出，深化产教融合，促进教育链、人才链与产业链、创新链有机衔接。2019年4月29日，教育部等13部委启动"六卓越一拔尖"计划2.0工程，全面推进新工科、新医科、新农科、新文科建设，打赢全面振兴本科教育攻坚战，提高高校服务经济社会发展能力。高校参与"六卓越一拔尖"计划2.0必须具备的基础条件之一就是：不断完善协同育人和实践教学机制，着力推进与政府部门、企事业单位合作办学、合作育人、合作就业、合作发展，强化实践教学，不断提升人才培养的目标达成度和社会满意度。对于以经济管理类专业为主的地方应用型高校来说，面临着在众多应用型本科院校中如何突破禁锢，办出特色和水平的问题。经过多年的实践探索，北京物资学院紧抓物流与流通特色，通过实施"一来二去"对外开放办学的政策，将产教融合与校企协同育人作为应用型人才培养改革的主要突破口，以"企业家课堂"为载体，探索并构建了基于"企业家课程"的校企协同育人体系，为地方应用型高校人才培养提供思路和参考。

一、基于"企业家课堂"的校企协同育人体系构建

1. 基于校企协同育人的人才培养模式构建

转变传统理念，主动敞开校门，借力与中关村国家自主创新示范区、中国物流与采购联合会为代表的行业协会、全国商务系统、期货行业系统以及地方政府在内的"五大合作"，实施"一来二去"对外开放办学的政策。"一来"，即邀请专家、知名企业家来校开办讲座、担任兼职教师，参与人才培养；"二去"，即组织青年教师到政府、企事业单位去挂职锻炼，并带动学生到企业、社会去参加社会实践。充分整合、利用学校和企业两种不同的教育环境和教育资源，以培养学生的实践动手能力和青年教师的实践教学能力为重点，通过校企共建实验班和订单班、合作开发课程、开设"企业家课堂"、共建实践教学平台和校外人才培养基地等措施，实现生产、科研、实践有机结合的校企协同育人培养模式。加大企业在人才培养全过程的参与度和影响力，在人才培养方案修订中邀请企业全过程参与论证，及时将社会需求融入培养方案调整，并在实习实践中去检验培养方案调整的方向性和准确性。将企业真实案例引入学校教学，与企业共同开发实践课程，逐步提高实践课程的教学水平。将企业技术难题引入学校教师科研，带动学生参与科学研究，并以此作为毕业论文选题，逐步提高学生科研研究的连贯性和延续性。建立校企联动协同育人授课模式，紧密联系合作企业共同开发"企业家课程"，邀请企业高层亲身参与企业家课程教学，进一步促进学生提升专业认知度、强化专业自豪感、激发专业责任感与使命感。

2. 基于"企业家课堂"的实验班与校企合作课程共建

深化校企合作，与企业联合共建实验班和订单班，联合参与人才培养，合作共赢构建人才培养链。树立校企合作实验示范班，全面推进"实验班""国际班""卓越班"培养计划。在实验班订单式人才培养成功经验的基础上，加强专业之间交流，分享经验，以点带面推广，逐步形成规模化的校企实验班，带动更多专业和学生受益。邀请业界专家和企业家共同参与实验班、订单班人才培养方案制定和论证，共同合作研发专业课程设计和课程建设，企业家参与专业课程讲授和深入企业指导实践，使教学与行业无缝对接，使培养链形成"源于企业高于企业"的良性循环。根据学校各专业培养方案的要求，增进学生对社会前沿与企业实际需求的了解，提高学生的实践认知水平，在实践教学周开展"企业家课堂"教学活动，各专业邀请组织具备高级职称，或企业（事业单位）的高级管理人员，融合企业家经历和课程思政要求，共同开发"企业家课堂"的教学内容，面向全校开放。"企业家课堂"配备具备企业挂职经历的校内青年教师作为

助教全面参与授课过程，及时反馈课程授课情况，与企业家共同总结，不断调整和改进授课内容。

3. 校企协同师资队伍建设

为了学校人才培养方案、课程体系、教育教学改革以及成果转化满足社会与企业实际需求，进一步提升学校应用型人才培养的效果，学校通过实施"一来二去"政策，通过校企合作，从两方面加强校内外师资队伍建设。一方面，借力学校"五大合作"基础，邀请和聘任行业专家、知名企业家、管理人员和专业技术人员来校担任兼职教授、兼职导师，共同参与人才培养方案的修订和论证，实践实训课程开发、"企业家课堂"授课，开展讲座论坛，帮扶创新创业辅导，为学科发展、专业建设、课程设置等提供决策咨询意见。另一方面，为校内教师拓展研究渠道，通过实施挂职锻炼政策，打通与企业和社会的联结纽带，将企业和社会的真实案例引入教学，实现理论和现实的真正融合，促进教师教学改革的实效性和真实性，从而进一步提高教师的实践能力和教学能力。为鼓励教师尤其是青年教师主动走出校门，走进企业去调研、实习、积累教学经验与收集企业案例，学校制定和实施了《青年教师社会实践办法》《青年教师挂职锻炼实施细则》，将挂职锻炼列为教师职称晋升的必要条件，对参加挂职锻炼的青年教师生活上给予额外补助，且在职称评定、晋职方面在同等条件下优先考虑，为教师挂职锻炼和提高实战教学技能提供制度保障。学校及时发布挂职企业岗位信息，根据教师个人专业背景和研究方向，向教师推荐合适的挂职企业，要求教师从了解企业、把学生带到企业去、与企业合作申请项目、引进企业的项目等"四个层次"开展挂职工作。通过以上政策，逐步建立起有效的专业教师和企业技术人员的交流机制，在开发优质课程、指导毕业论文、开展实培项目、申请横向课题、开展技术创新和推广等方面全面合作，不断提升专业教师产学研合作水平和实践能力，同时也打造出一支专兼结合的双师型实践教学队伍。

4. 创新创业实践教学平台建设

大力推动创新创业教育，创建大学生创业园，积极搭建大学生创新创业实践平台。通过校企合作共建实验室、搭建校内创新实践基地，为校内创新实践教育教学活动提供基础保障。依托学校的物流产业研究院，通过与企业联合，打造大学生创业孵化园，用于向大学生创业提供孵化服务，扶持大学生创业。企业通过资本注入、资金扶持、项目合作等形式，支持大学生创办和参与创办企业，高校通过师资和设备来支持大学生创业。利用实践教学周，分批组织学生参观中关村国家自主创新示范区展示中心，开展"走进中关村，学做创新创业人"活动，大批学生走进企业、走向社会参加社会实践，锻造具有学校特色的学生职业价值观。联合合作企业，举办"高新技术企业案例采写大赛"，学生自由组队，联系挂职教师，通过采访中关村高新技术企业的真实案例，形成调研报告，邀请企业高管参评案例采写大赛，并向企业反馈调研结果。

5. 校内外协同实践教学基地建设

以"五大合作"和"一来二去"为基础，与企业资源优势互补，触发校企联动机制，不断深化产教融合，建立高质量校外人才培养基地，在组织学生实践、共建实验班、联合开发课程、推广管培生培训、开展学术交流、从事科学研究、协同技术开发、推广技术转化等多方面利益点探索和开展深度合作，并制定相关制度，明确校企双方责、权、利的划分，在互惠共赢、优势互补中建立良性循环的校企合作机制。

二、基于"企业家课堂"的校企协同育人体系成效

1. 全方位合作的校企协同育人体系形成

为实施校企协同育人培养模式，满足学校培养高素质应用型人才培养目标的需要，学校提高了实践教学学时学分在人才培养方案中的比重。在人才培养方案修订过程中，吸收相关学科、专业的专家教授和行业、企业专家参加，每个专业对人才培养方案必须开展校外专家论证工作，论证校外专家不少于 5 人，且至少包含 1~2 名熟悉专业人才社会需求的行业企业专家，保证实现培养目标与社会需求的有效对接。人才培养方案中设置 10 学分的"实践教学周"，集中开设暑期国际学校、企业家课堂、企业百家行等实践课程与活动，丰富实践教学的内容、方式，提高学生实践和创新能力。

通过不断深化与企业的合作，逐渐形成全方位合作的校企协同育人模式。学校与企业达成人才资助计划，设立奖、助学金，奖励优秀学生，资助贫困学生，增强学生学习动力。在此基础上，通过产教融合，逐步建设校外人才培养基地，逐步形成定制化人才培养基地，共建校企合作实验班，定向就业。先后与中都物流有限公司联合开办"中都物流经理班"，与日通物流联合开办"日通物流实验班"，将学历教育与执业资格能力教育相融合，建立了"ACCA 实验班"，签约SAP 全球大学联盟成立了"SAP 实验班"，组建"中美联合培养物流拔尖人才国际课程班"和"中外联合培养商科人才国际课程班"等。物流管理专业探索的中都物流经理班项目在全国形成了示范作用。2012 年以来，累计输送到中都物流并走上物流经理人岗位的学生达到 46 人。

2. "企业家课堂"课程建设成效显著

北京物资学院在 2004 年，以特色专业物流管理专业为抓手，首次邀请企业

联合开发和开展"物流实务"课程，在此经验基础上，逐年增加开设出了"行业物流""物流名家讲堂""物流冷链人讲座"等校企合作"企业家课堂"。在物流管理专业试点的基础上，其他专业陆续开设出了"期货大讲堂""资产评估实务""法律诊所""法律大讲堂"等拓展课程。2018年学校试点单独两周时间开出企业家进课堂5门课，19个课程模块。2019年秋季学期利用2周实践教学周时间，面向全校实施企业家进课堂39门课，165个课程模块，课程涵盖法律、金融、电子商务、物流及供应链、领导力、创新创业、大数据、互联网+等领域。本次"企业家课堂"，共邀请到167位企业家授课，其中企业董事/总经理66位，总监及部门经理53位，研究院专家30位，行业专家18位，同时学校选调40名青年教师担任企业家课堂助教共同参与课堂授课。

3. 专兼结合的双师型实践教学队伍形成规模

2019年学校邀请近200余名企业家到学校进行人才培养方案修订和论证、"企业家课程"授课、毕业论文和创业项目指导等工作。学校先后共有182名青年教师走出学校进行挂职锻炼，通过参与企业的生产经营和管理，让广大青年教师眼界得到开阔，专业领域得到拓展，业务能力也得到大幅提高，同时将大量企业案例和成功失败经验引入课堂教学，使教学与现实更加贴近，学生的学习兴趣也得到极大的提高。

4. 依托创新创业实践教学平台创新创业教育成果显著

学校成立"大学生创新创业实践基地"，遴选优秀创业团队提供专用办公场地和专项资金扶持；校内孵化成熟的团队直接推荐到学校创新园运营管理。以北京青年汇有限责任公司为例，获得"宏泰基金"和"悟远基金"风险投资，年营业额超过2 000万元。以"物友递"等校园明星创业项目为榜样，学校先后成功孵化15个优秀团队注册成立公司，并入住学校大学生创新园，逐渐形成了规模效应。其中2个创业团队被评为2014年北京市优秀学生创业团队，1个创业团队被评为2015年北京市优秀学生创业团队。3个创业团队在2016年北京市大学生创业设计竞赛中分别获得一、二、三等奖；2个创业团队在2016年"创青春"首都大学生创业大赛中分别获得银奖、铜奖；3个创业团队获2019年北京市优秀大学生创业团队一等奖2个、二等奖1个；学校荣获2019年北京地区高校大学生优秀创业团队评选"优秀组织奖"。由我校辅导推荐的团队获得中国物流学会第四届"日日顺物流创客训练营"金奖。经过学校创新创业教育与训练，毕业五年内学生创业人数达43人。

5. 校内外协同实践教学基地建设水平取得显著成效

学校不断深化校企合作体制改革，以共建校外人才培养基地为抓手，推进建立完善的校企合作制度。为保障校企合作顺利推进，取得良好效果，通过共建校外人才培养基地，制定相关制度，明确校企双方责、权、利的划分，使企业有效参与学校人才培养过程并进行实战指导。学校先后共建设国家级校外大学生校外实践教育基地1个、北京市高等学校校外人才培养基地5个、北京市高等学校校内创新实践基地2个、校级校外人才培养基地122个。

6. 应用型人才培养效果显著

大学生科学研究与创业行动计划项目逐年持续增长，历年累计立项2 170项，评选校级优秀项目158项，累计投入经费1 215 000万，惠及学生7 000余人。2016年9月共选送创新训练项目7项、创业实践项目2项、学术论文1项、校企合作典型案例1项参加了第三届北京市大学生创新创业教育成果展示与经验交流会。2016年11月共有2项创新项目、1项创业项目入围并参加了第九届全国大学生创新创业年会。

大学生学科竞赛市级及以上获奖年年提升，近五年累计获得各级各类学科竞赛近700项。充分发挥各专业学术社团及协会作用，激发学生参与科研和学科竞赛的积极性，学科竞赛参与人数和获奖逐年增多，典型代表有：主要由机器人社团成员参与的各项机器人大赛累计获得市级及以上奖项133项，主要由企模社成员参与的企业竞争模拟类竞赛累计获得市级及以上奖项144项。

本科毕业论文（设计）选题紧密结合当前社会经济热点问题、高新技术发展趋势、社会生产实际情况、教师科研项目，以及来自大学生科学研究与创业行动计划项目、实习和实践中的实际课题，尤其是引导有挂职经历的指导教师将挂职单位的真实案例或真实课题引入毕业论文（设计）选题和指导工作中，提高"真题真做"类题目的比例。2019届本科学生论文选题来源于企业实际的达到36.24%。

北京市高水平人才交叉培养"实培计划"项目，遴选优秀学生进入国内知名科研单位、市级校外人才培养基地、国家大学生校外实践教育基地等校外教学实践基地，以解决问题为目标，让学生在真实环境中锻炼实践创新能力和解决实际问题的能力。目前"实培计划"项目累计获批项目155项，累计获批经费660万元，学生通过参加"实培计划"项目，公开发表论文29篇，获批国家专利8项，考取研究生14人，成功创业1项。

弘扬红船精神 传承商科传统 着力建设有特色、善创新、高水平的地方应用型大学

嘉兴学院　　卢新波

一、学校基本情况

嘉兴学院办学所在地嘉兴是浙江省地级市，是中国共产党梦想起航地、长三角中心腹地、江南文化发祥地、世界互联网大会永久举办地、新发展理念践行示范地，2018 年全市地区生产总值 4 872 亿元，财政总收入 895.3 亿元、列浙江省第三，农村居民收入连续 15 年居浙江省第一，城乡居民收入比为 1.676∶1，是我国城乡发展最为均衡的地区。

嘉兴学院是 2000 年由原浙江经济高等专科学校和嘉兴高等专科学校合并组建的省属普通高校，实行"省市共建共管、以省为主"的管理体制。原浙江经济高等专科学校前身是 1914 年创建于宁波鄞县的宁波县立甲种商业学校，新中国成立后，学校经历数次迁址、更名，曾先后隶属于重工业部、冶金工业部、中国有色金属工业总公司，1998 年划归浙江省管理。办学 105 年来，学校为社会培养了近十八万人才，涌现出了原浙江省省长沙文汉，中国科学院院士任美锷，俄罗斯社会科学院院士袁恩桢，中国人民银行副行长、国家外汇管理局局长潘功胜等一批知名校友，为地方经济社会发展做出了重要贡献，被誉为中国有色行业培养经济管理人才的"摇篮"。

学校现有越秀、梁林、平湖三个校区，占地面积 1 800 亩。有全日制在校本科生 23 500 余人（含独立学院），教职工 1 800 余人。设有本科专业 56 个，其中国家级、省级特色优势专业 17 个。拥有教育部人文社科重点研究基地、省一流学科、省级重点实验室等一批科研创新平台。学校面向全国 30 个省、市（区）招生；与美、英、澳、德、日、韩等 18 个国家（地区）的 62 所高校合作培养研究生、派遣交换生等；从 2003 年开始，学校同浙江师范大学、江西理工大学等17 所高校联合培养研究生；学校毕业生就业率连续多年保持在 96% 以上。

2004 年，时任浙江省委书记习近平同志到学校视察，并在学校 90 周年校庆时发来贺信，要求"努力把学校办成一所有特色、善创新的综合性大学"。多年来，学校师生牢记嘱托，充分发挥在党的诞生地办学的政治优势、与有色行业联系紧密的传统优势、地处长三角中心腹地的区位优势，大力弘扬"红船精神"，牢固树立"立足地方、服务地方、贡献地方"办学理念，主动对接地区产业、企业发展需求，深入推进产教融合、校企合作，坚定不移走特色发展、创新发展、内涵发展之路，学校教育事业实现了又好又快发展，成为一所"红船精神"育人特色鲜明、百年商科积淀深厚、应用型办学优势突出的本科高校。学校连续 4 年在浙江省教育厅普通本科高校分类评价中列同类院校第 1 名，在"2017 中国大学声誉榜"中位居财经类大学第 17 位，"2019 自然指数中国内地高校排行榜"位列第 167 位。

二、学校应用型大学建设

从 1914 年建校时的宁波公立甲种商业学校到如今的嘉兴学院，学校始终秉承百余年服务有色工业行业和地方经济社会发展的办学优良传统，将培养高素质应用型人才作为一以贯之的办学使命，围绕有特色、善创新、高水平的地方应用型大学的办学定位，致力于培养具有社会责任感、创新精神和实践能力的高素质应用型、复合型人才，全面实施"重点突破、内涵提升、人才优先、协同创新"四大发展战略，努力提升应用型人才培养能力、社会服务能力、文化传承与创新能力，取得了显著成效。

（一）坚持以文化为引领，"红船精神"育人特色不断彰显

2005 年 6 月 21 日，习近平同志在《光明日报》发展署名文章，首次概括并阐述了"红船精神"：开天辟地、敢为人先的首创精神，坚定理想、百折不挠的奋斗精神，立党为公、忠诚为民的奉献精神。作为建立在"红船精神"发源地的大学，学校深入挖掘"红船精神"的丰富内涵和育人价值，探索以"红船精神"为核心的红色文化育人模式，把"红船精神"融入人才培养全过程，大力培养具有"红船精神"特质的时代新人。

学校为教育部全国高校思想政治理论课教师社会实践研修基地、浙江省高校党员干部教师革命传统教育培训基地、浙江省重点马克思主义学院建设单位、浙江省高校二级学院党委领导下的院长负责制试点单位、浙江省高校文化校园建设首批试点单位、浙江省"三全育人"综合改革重点支持高校。

1. 构建"红船智库+红船课堂+红船名师"三位一体的教书育人新模式

（1）建红船智库。依托"嘉兴学院红船精神研究中心"、教育部人文社科重点研究基地——中国共产党革命精神与文化资源研究中心、浙江省重点人文社科基地和浙江省红色文化研究与传承协同创新中心等平台，致力于"红船精神"和红色文化研究。近五年来，相继获批和主持完成 50 余项国家社科重大、重点和省部级以上项目，发表高质量论文和出版研究专著 100 余篇（部），为学校推进红色文化育人提供智力支撑。（2）建"红船课程"，面向全校学生开设"红船精神与时代价值""红船精神与当代大学生"等必修课与选修课，开设"红船领航中国梦"形势与政策课专题，组织编写《红船精神领航中国梦》《红船精神的时代价值》等系列教材，形成了红色文化特色教材体系。（3）建"红船名师"，组建由校领导、校讲师团成员、马克思主义学院教师、校外专家学者构成的开放式"红船精神"名师库共 50 余人，近三年来开设相关课程 42 门次，修读学生达 16 000 余人，马克思主义学院入选浙江省重点马克思主义学院建设单位。学校南湖干部学院成为浙江省高校党员干部教师革命传统教育培训基地，培训来自全国高校、政府部门及企事业单位党员干部 3 万余人。

2. 开创"红色仪式+红色志愿者+红色基地"三位一体的实践育人新格局

建"红色宣誓仪式"。将南湖红船边作为新党员入党宣誓地点，共有 10 000 余名学生党员的政治生命从南湖红船边启航；将"红船精神"教育融入学生党员教育全过程，持续开展以"参加一次党史报告会，瞻仰一次南湖红船，聆听一堂红船党课，重温一次入党宣誓，参加一次党员奉献日，做出一次先锋承诺"为内容的"六个一"的红色主题活动，补精神之钙，铸信念之魂。建"红色志愿者队伍"。着力开展以培养学生奉献精神为主的志愿者活动，全校注册志愿者 13 135 人，志愿服务组织（协会 49 个），年开展各类志愿服务活动近千项，年志愿服务时数近 26 万小时。三年来，共有 20 人投身志愿服务西部项目和我省山区、海岛、边远地区计划志愿者项目，800 余名志愿者服务世界互联网大会、G20·杭州峰会、亚洲田径大奖赛（嘉兴站）等重大峰会赛事。建"红色实践基地"，有相对固定的 24 个省级和校级大学生社会实践基地，10 个思想政治理论课实践基地，涵盖了红色革命纪念馆、嘉善习近平同志县域科学发展示范点、桐乡"三治融合"示范地及乡村振兴典型等，采取"辅导报告+分组研学+调研考察+实践体验"的方式，扎实推进理论与实践教学的结合。

3. 构建"红色学院+红色家园+红色精品"三位一体的文化育人新形象

建"红色学院"。2008 年 4 月，成立浙江省新世纪人才学院南湖分院，围绕"弘扬红船精神，争当青年先锋"目标，形成"红船领航"主题教育、"红船塑魂"经典研讨、"红船溯源"党史教育和"红船励志"志愿服务等四大"红色系列"项目群，突出"首创、奋斗、奉献"三大特色主题，实施青年马克思主义者培养工程，近4 000名学生被列入青年马克思主义者种子库成员培养序列。建"红色家园"。2010年9月，试点建设以"密切师生关系、打造温馨家园、引领学生成长"为导向的"机电家园"，启动生活德育模式探索，将思想政治教育延伸至学生公寓，将学生工作重心下移至学生公寓，打造学生全天候成长高地，生活德育"隐形课堂"的教育浸润与惠及10 000余名学生。截至目前，全校已建立"家园制、书院制、社区制"三大公寓文化育人体系，构建了全天候生活德育模式，显示了有温度的红色文化育人气象。建"红船精品"。将"红船精神"内容纳入浙江省首批文化校园建设中，重点打造"红船启航"主题雕塑文化地标、中共"一大"代表人物事迹展陈墙和五四新文化运动现代艺术造型的"红船文化园"；重点建设以红船精神为主题的红色文化项目，推出了"红船旁的道德讲堂"；创作了舞蹈《红旗颂》、大型歌舞《南湖望月》《南湖红船》和话剧《初心》等一批红色文化精品。《初心》被央视、《光明日报》等多家媒体报道，剧组成员在红船精神的感动下，有13位同学向党组织递交了入党申请书。《"红船先锋营"——嘉兴学院以红船精神打造青年先锋育人平台》荣获全国高校校园文化建设一等奖，《分层·融合·协同：高校文化育人模式的建构与实践》荣获2016年浙江省教学成果奖二等奖。学校学子先后荣获团中央"中国青年志愿服务金质奖章"、连续三届"浙江骄傲"、浙江省十佳大学生、浙江省首届感动校园人物等荣誉。

（二）坚持以改革促发展，百年商科办学优势不断彰显

学校按照"做强经管"的办学思路，以培养"专业能力强、岗位适应快"的高素质应用型商科人才为目标，加大教学改革力度、加快学科平台建设，深化与行业、企业合作，积极打造与区域经济社会发展需求相接轨的新商科。学校应用经济学被列为浙江省一流学科，经济学专业、会计学专业被列为国家特色专业，经济管理实验中心为国家级教学实验示范中心，"循环经济与浙江转型发展"团队被评为浙江省创新团队。

1. 打造订单式人才培养新模式

学校充分发挥原有色行业联系紧密优势，深化与中国铝业、中国黄金、五矿证券等有色行业大型企业合作，举办中铝会计班、中金会计班、金融学（期货方向）班等实验班，与中信建投、中保人寿等央企合作培养人才，推动应用型人才订单式培养。《专业·企业·行业：经管人才校企协同培养体系的探索与实践》获得2016年省级教学成果一等奖，商科学生在"中金所杯"全球高校大学生金融及衍生品知识竞赛特等，荣获全国"挑战杯"大学生创业计划竞赛金奖等荣誉。学校 2019 年全国"挑战杯"积分排名 56 位，成功进入"挑战杯"全国发起高校行列。

2. 打造互联网+商科改革示范地

充分发挥学校地处世界互联网大会永久举办地的资源优势，2016 年与中国会计教育专家委员会和正保远程教育集团合作，在全国率先开展"互联网+会计教学一体化改革"，依托"大智移云"现代网络技术，整合会计专业各环节教学资源，建立"会计专业教学一体化平台"，实现线上线下深度融合，推进会计教学互联网化、教学管理信息化，全面提升会计专业人才培养质量。改革成果已经辐射至全国 20 多所高校，对全国高校会计学专业教学改革起到重要示范作用。与中国互联网科技领军企业之一阿里巴巴集团合作，设立阿里巴巴—嘉兴学院产学研基地，促进应用型人才创新培养。

3. 打造地方党委政府智囊库

主动服务长三角一体化发展战略，着力促进地区城乡高水平融合发展、城市高质量发展，先后与地方政府部门共建长三角一体化发展研究中心、浙江省全面接轨上海研究中心、嘉兴公共财政研究中心、嘉兴市地方金融发展研究院等智库平台。五年来，承担地方经济社会发展对策研究课题 700 余项，制定各类事业发展规划 100 余项，杭州湾水污染防治等 24 项人文社科成果获省市主要领导批示，其中《嘉兴新经济统计核算方法》在杭州金砖国家统计局局长峰会宣讲，《浙江亚特电器有限公司的会计案例》咨询报告获时任浙江省省长车俊批示。

（三）坚持以需求为导向，应用型人才培养体系不断完善

1. 深入对接地方产业发展需求，着力优化应用型学科专业结构

紧密对接浙江省十大战略性新兴产业、嘉兴市"八大千亿产业""十大产业链"，实施一流学科建设计划和应用型特色学科专业培育计划，着力打造符合地方经济社会发展需求、优势明显、特色突出的应用型学科专业。6 个省级一流学科与嘉兴全市规模以上工业行业中前 5 大行业高度关联，21 个学科与嘉兴市重点发展的高新技术产业和战略新兴产业高度契合，形成信息技术、机电一体化、纺织服装、生物医药化工、绿色建筑节能、时尚设计、现代服务业 7 大特色专业群。56 个专业中应用型专业有 42 个，占比达到 76.36%，应用型专业学生占在校生比例达到 86.20%，前 8 位应用型专业就读学生数占在校生数 33.09%以上，基本形成服务嘉兴区域主导产业和特色产业的学科专业体系。

2. 深入推进产教深度融合，着力打造校政企协同育人新模式

与地区行业企业开展全方面战略合作，积极吸纳行业企业和其他社会力量参

与办学，先后与中兴通讯股份有限公司成立嘉兴学院中兴通讯 ICT 学院，与温州商会嘉兴分会合作成立"嘉兴学院温商学院"，与嘉兴市南湖区合作成立"嘉兴学院互联网金融学院"，与亚特电器合作设立亚特机电学院，与北大青鸟合作设立创意设计学院，与嘉兴司法系统合作设立了律师学院等 30 余个集人才培养、科学研究和社会服务一体化的产教融合平台，推动应用型人才协同培养，年均受益学生 5 000 余人。搭建实验、实训、实践与创新、创业、创意相融合的"三实三创"创新创业教育平台，形成校内实践园与校外产业园"双园"对接孵化、同乡商会与同行协会"双会"融资扶持、校内外导师"双师"协同指导的"三双"创新创业助推模式。学校校企合作育人成果获得省级教学成果一等奖 2 项、二等奖 1 项，38 个校企合作项目被教育部认定为全国高校产学研合作协同育人项目；学校成为"中国高校创新创业教育联盟"首批联盟成员、全国大学生KAB 创业教育培训基地，大学生创业实践园被评为国家级众创空间，荣获"中国校企合作好案例奖""中国产学研合作促进奖"。

3. 深入实施人才强校战略，着力建设高水平应用型师资队伍

坚持以高水平师资队伍支撑高水平应用型人才培养，围绕学校重点建设专业、平台和嘉兴市区域主导特色产业，加大人才引进培育力度。深入实施海外高层次人才引进计划、高水平师资柔性引进计划，引进或培育了一批包括院士、国家"百千万人才工程"入选人才在内的高层次人才与学术团队；开展南湖学者特聘教授、勤慎学者、百青、起航等人才培养计划，应用型师资培养体系进一步完善；推进"双能型"师资队伍建设工程，拓展校企应用型人才双向流通渠道，不断提高应用型学科专业教师的工程应用能力和社会实践能力。目前，学校拥有博士学位教师 620 余人，全职院士 2 人、双聘院士 5 人，国家"百千万人才工程"入选人才等国家级人才 3 人，省"万人计划"教学名师等省级高端人才 9 人；专任教师中"双师双能型"和具有行业企业实践经历的教师占比为 70.31%。

4. 深入参与区域发展战略，着力提升服务地方社会发展能力

学校依托学科专业人才优势，与地方企业共建 G60 科创走廊产业与创新研究院、浙江省嘉兴光伏应用技术创新服务平台、浙江省嘉兴市毛衫产业科技创新服务平台、浙江省芳烃磺酸工程技术研究中心等 50 余个创新服务平台和载体，大力协同开展科学研究、技术攻关与成果转化。五年来，累计与政府企事业单位签订重要合作项目 146 项，承担委托课题 1 434 项，到校横向经费每年以 50% 的速度增长，为浙江地区的皮革、毛衫、光机电、光伏等地方特色产业集群发展提供有力支持。其中学校研发的"排汗、吸水、低模量聚酯纤维"项目实现了工业

化生产，年销售吸水、排汗涤纶纤维 5 000 吨，产值达 5.8 亿元；秦益民教授研究的海藻酸（盐）医用辅料填补了国内空白，被中央电视台《新闻联播》报道。

嘉兴学院为地方经济社会发展提供源源不断的人才支撑和智力支持，地方政府、社会和嘉兴人民对学校的认同感也越来越高。2018 年 10 月 18 日，嘉兴市委常委会议在我校召开，做出了大力支持嘉兴学院创建嘉兴大学建设一流应用型高校的重大决策部署，设立 9 亿元创建嘉兴大学专项经费，推出了一系列超常规举措，支持嘉兴学院加快创建嘉兴大学、建设一流应用型高校。

当前，嘉兴学院全体师生员工正坚持以习近平新时代中国特色社会主义思想为指导，全面贯彻落实全国教育大会精神，不忘办学初心、牢记育人使命，抢抓机遇、趁势而上，争先创优、追梦奔跑，全力以赴创建嘉兴大学、建设一流应用型高校，力争以优异办学成绩向建党 100 周年献礼。

破解高校治理的"哥德巴赫猜想"

——山西财经大学"学院办大学"改革的实践与探索

山西财经大学　刘维奇

第十届中国高等财经教育校长论坛以"新时代·新文科·新财经：高等教育新常态"为主题，专家们紧扣新时代高等教育发展规律，从不同的切入点对新文科、新财经、新经管的发展进行了深入阐述，为进一步明晰财经高校的发展方向起到了拨云破雾的重要作用。

我也常常思考新文科建设背景下财经类高校发展问题：一是，财经类高校如何打自己的特色牌，实现特色发展？二是，财经类高校如何用网络化、数字化、智能化牵引传统学科发展，实现依托一流学科建设一流学院、依托优势学科建设一流专业？三是，新的科学技术已经从经济基础层面对新产业、新业态开始产生重大影响，财经类高校如何在上层建筑层面实现"新"，建设新经管、新财经，培养出知识更复杂、学科更融合、实践能力更增强的卓越财经人才？

围绕这些问题，我们山西财经大学把"新文科"建设作为学校改革创新的"催化剂"，把"学院办大学"作为激发学校内生动力的"阿基米德支点"，取得了一些成效。

一、"学院办大学"改革的动因

国内外一流大学改革有一个共同点，那就是：以解决主要问题带动学校内部管理的系统改革。对于山西财经大学这样一个地方财经类高校来说，主要基于四个方面的考虑：

一是"大学之治"。党的十九届四中全会从党和国家事业发展的全局和长远出发，深刻回答了"坚持和巩固什么、完善和发展什么"这个重大政治问题，明确了坚持和完善中国特色社会主义制度、推进国家治理体系和治理能力现代化的总体目标。高校治理体系和治理能力现代化是国家治理体系和治理能力现代化的重要组成部分，是新时代中国大学推进内涵式高质量发展、提升综合竞争力的内在需求。推进大学治理体系和治理能力现代化既是贯彻十九届四中全会精神，也是落实国家"放管服"改革要求，更是积极深化学校综合改革的重要目标。

二是"穷则思变"。为什么说穷呢？首先，物理空间的极度匮乏已经成为制约地方高校发展的瓶颈之一。其次，是人才短板，高端人才非常缺乏，在"人往高处走"的自然选择下，地方高校的人才战惨烈异常。再次，是平台短板，在国家级平台布局中，地方高校几乎没有优势。最后是经费短板，教育部公布的直属高校年度决算总经费，经费的"集聚效应"相当明显，"拳头高校"仍然占据着大量的资金资源；"强者愈强、弱者愈弱"的马太效应不但没有减弱，反而呈加强的趋势，东部地区高校优势明显，中西部地区高校处于弱势地位。如中西部地区年生均经费拨款仅有 1.2 万元左右，年生均缴纳学费控制在 4 000 多元，合计只有 1.6 万多元；而东部发达地区高校和部属高校年生均经费拨款可达 2.5 万多元，差距相当大。当然，和部属财经类高校、东部地方高校去比客观条件是不理智的，但我们必须创造自己的优势。

三是"中等水平陷进"。近年来，山西财经大学在可比关键办学指标上大幅度提升，在日趋激烈的高等教育竞争中，这十分不易。在中国校友会网发布的"2019 中国大学综合实力评价排行榜"中，山西财经大学位列全国高校第 246 名，全国财经类高校第 13 名，分别比 2018 年提升了 53 名、7 名。所以，通过一些核心指标的分析，得出的结论是：山西财经大学还处于中等发展水平且发展不充分不平衡。可以说，山西财经大学目前正处于"船到中流浪更急、人到半山路更陡"的关键阶段，且发展不充分不平衡，核心的就是如何迈过国内一流财经大学建设路上的"五道坎"：四年一次的学科排名；每年国内外大学排行榜排名；每年新增的国家级奖项和"国字号"人才；每年获准立项的国家级科研项目数及经费；每年的招生分数段和就业率。这"五道坎"是我们回避不了的。

四是"二八原理"。大家都知道，越好的学校追求一流的人就越多，比如说国内一流大学，百分之七八十的人都在追求一流，人的内生动力那是不一样的。而越往下走的学校，大部分就是"二八原理"，也就是前 20% 的人在追求一流，后百分之二三十的人在追求安逸，中间在随波逐流。所以，就要有激励机制，怎么样让更多的人走在前面去，去做更大的事、更高水平的事，又让后面的人也不掉队。只要过半，就可以形成不可逆转的正能量，如果超过了 2/3，那就是一流的大学了。

所以，必须走出一条适合自己的发展道路，这条路对于我们来说就是"学院办大学"改革之路。

二、"学院办大学"改革的过程

2018年9月以来,山西财经大学陆续颁布了《机构改革和调整方案》《校院两级管理体制改革实施办法》,贯彻国务院"放管服"改革精神,贯彻山西省委"三个调整优化"要求,落实学院办学主体地位,为地方高校治理体系和治理能力现代化提供了生动实践。

1. 做好顶层设计

面对新的形势和要求,地方高校发展如何"螺蛳壳里做道场",跨越"中等水平陷阱"?这是迫切需要思考和谋划的课题。

总体目标。构建"学校目标管理、部门协调服务、学院实体化自主运行"的管理体制,打造"以院为基、因院施策、部门协同、全员发力"的命运共同体,推动学校发展动力机制从"火车模式"向"动车模式"的根本性转变。

总体思路。坚持以"学校给原则、学院给细则、学科和专业给特色"为导向,以加强顶层设计和摸着石头过河为方法、以责权划分和考核评价为重点、以资源配置和全额预算为关键,让学院、学者和学生成为自主办学、自主育人和自主学习的主体。

基本原则——权责利一致。按照"在学校权限范围内能放则放,能激发学院办学活力则放,能调动教师积极性则放"下放权力,按责分权,按事理财。放管服结合,按照"职能处室围着学院转,学院围着教师转,教师围着学生转"去行政化,学校腾出精力谋划关系学校发展的重大项目,职能部门逐步把工作重点转为对学院工作进行指导、协调和服务,增强学院在学校内部治理中的地位和作用。

2. 做好关键改革

在优化治理效能的背景下,管理重心的下移是一个显著的趋势,从政府放权到大学、从大学下放到学院。但实际上,一些"核心权力"和"管理重心"并未真正到达学院,如人事、财务、科研、教学等,这严重影响到学院办学的积极性。如何利用"放管服"改革契机,实现关键环节改革的破冰,激发学院"中场发动机"作用?

(1)规范规则,构建学院科学决策的有效框架。一是健全学院党委会、党政联席会议、院长办公会议制度。凡涉及重要事务以及"三重一大"事项,均由党政联席会议研究决定;党政共同负责以外的事项,由党委和行政分别根据职责,以党委会议、院长办公会议研究决定。二是整合学院学术委员会、学位委员会学术管理职能,组建教授委员会,真正做到"学术的事,多听教授的""上课的事，多听老师和学生的"。三是建立二级教代会制度，事关教职工切身利益的绩效工资改革、考核聘任等制度须经教代会审议通过后执行。

（2）紧扣关键，扩大学院人事管理自主权。一是自主编制人力资源规划，明确人才队伍的规模、结构以及高层次人才引育计划。二是自主制定教职工聘用及考核细则；自主评聘讲师专业技术人员，自主认定硕士研究生导师资格，自主设置内部机构和选聘科级及以下行政人员和内设机构负责人。三是自主分配学校核拨的绩效工资与自筹奖励经费。四是自主制定具有学科特色的荣誉体系和工作奖惩体系。

（3）聚焦核心，扩大学院财务管理自主权。一是学校将人才培养、科学研究、学科建设、队伍建设等归口部门管理的专项经费整体配置给学院，并根据执行绩效逐年调节，扭转部门经费年底用不完而学院"揭不开锅"的现象。二是学院实施全额预算管理，可以在合理范围内打通使用，让有限的经费产出最大的办学效益。三是学校制定社会服务收入分配及使用管理办法，让学院多渠道筹措经费。这些激励体系的健全意味着学科建设越好、人才培养质量越高、社会服务能力越强的学院，从校内外获得的经费就越多。

（4）突出重点，扩大学院人才培养及学科建设自主权。一是自主制定培养方案，扩大课程建设自主权；自主开展评教活动；自主优化专业结构、升级改造传统学科专业。二是二级学科带头人由各学科方向和研究生专业所在学院负责遴选和管理。三是自主开展奖助学金评审，自主制定评审细则。四是自主制定本科生推优、保研标准，自主制定研究生复试方案、考核内容和录取办法。据统计，2020年考研人数，我校列全国高校第17位，财经类高校第2位。

（5）重心下移，扩大学院科研管理自主权。一是自主设置和管理学院内部的学术机构；二是建立科研成果的申报机制和相应的奖励办法，给予科研人员更多的自主权；三是提升科研服务水平，不让科研人员把精力用在填写各种表格、考虑如何报销这些细枝末节的问题上。2019年我校国家级项目立项52项，同比增加27%，位列全国财经类高校第11位。

（6）凸显特色，扩大学院国际交流与合作自主权。一是自主开展与国际知名高校二级学院的科研合作，自主举办高端国际学术会议。2019年，我校加入中俄经济类大学联盟，申请加入中巴经济走廊商学院联盟；会计学院、工商管理学院分别成为AACSB、AMBA会员，信息学院、金融学院举办了多场国际学术会议。二是自主开展国际化人才培养，重点拓展学生批量化、常态化的海外学习项目。2019年，我校派出首批45名学生赴捷克奥帕瓦西里西亚大学留学；开设了暑期国际小学期；中德学院建成了3个学生海外实习基地。三是完善学院国际学生招生与培养，建设具有我校特色的国际学生课程和教学体系。2019 年，我校留学生人数同比增加 73.3%。

（7）强化保障，扩大学院资源配置自主权。一是建立以绩效和贡献为导向的资源配置机制，扩大学院采购自主权，自行通过网上商城一次性采购 10 万元以内的项目，提高采购效率。二是扩大学院资产处置权限，学院资产使用、管理更加灵活。三是推进物业管理改革，建立学院水电气使用自主管理机制。

2019 年 9 月以来，累计下放权限事项近 80 项。在这场改革面前，不仅职能部门第一次感到了被"削权"，而且各学院也感到"压力山大"：人才培养、科学研究、队伍建设、成百上千师生吃喝拉撒等难题，不可能再退回去交给学校解决。可以说，学院从等吃"大锅饭"开始向主动出击"找饭碗"转型，更重要的是以学校简政放权的减法运算赢得学院办学活力得以激发的乘法效应。

3. 实施配套改革

如何在学校与学院之间设计一套完备的保障体系，确保管理重心下移后学校层面和学院层面都能顺畅高效运转？

（1）推进"以党的领导为统领、以学校章程为核心"的制度改革。2019 年，出台了《关于进一步明确办学定位等重大问题的意见》，提出"办学方略 13 条"；第六届教代会讨论、党委常委会审议通过《山西财经大学章程修订稿》，确立了与"学院办大学"相契合的治校理念，形成了"党委领导、校长负责、教授治学、民主管理"的治理格局，构建了"以党委领导下的校长负责制为核心，以职能部门和专业学院为依托，以学术委员会、教代会、理事会等为支撑"的治理体系，实现以"大学之制"推动"大学之治"。

（2）推进"分类考评、智慧考评、激励考评"改革。出台了《年度工作综合考核评价办法》，构建以贡献为导向、以结果论英雄的考评体系。按照学院不同发展定位，实施差异化绩效考评；建立综合考评信息系统，推动"最多填一次"改革；建立"1+4+4"（1 项综合考评奖、4 项重点专项奖、4 项考评挂钩）考评奖励机制，推动工作节奏由"闲庭信步"走向"快马加鞭"。

（3）推进"以学科建学院、依托学科办专业"改革。2019 年 1 月，学校开启了合校 22 年来涉及学院调整最多、学科专业调整最多的一次改革。涉及更名学院 6 个，优化调整二级学科 13 个、本科专业 9 个；解决了同一学院内学科与专业跨度过大、相关度不高、互补性差，同一个一级学科相关专业被分设在不同学院，部分学院学科专业单一，少数学院专业设置无学科基础等五大难题，确保学科专业自身发展的"小逻辑"服从于经济社会发展的"大逻辑"。

（4）推进"功能再造、流程再造"管理服务改革。一是功能再造，让一个个条块分割的"小部门"合并成协同高效的"大部门"，将业务范围趋同的工作归口管理，共撤并处级机构12个，重新调整、划分了机构职能共计382项，着力克服管理过程中的"布朗运动"现象。二是流程再造，建立由管理责任清单、服务职能清单和负面清单组成的部门清单，大幅简化办事环节和程序，目前已实现近80%事项"最多跑一次"。

三、"学院办大学"的经验启示

如何走出"一放就乱、一收就死"的循环怪圈？主要做法是分阶段有序推进，形成良性闭环效应。

第一阶段，形成"权力下放"清单。职能部门将会更加清晰自己到底有哪些权力、怎么用好这些权力，需要承担什么样的职责。总体而言，对职能部门来说，转变思想观念，"法无授权不可为"，"要把权力关进制度的笼子里"，做到对学院的建议多一些包容和考虑，少一些"事无先例不愿为"，为学院干事创业搭建广阔的舞台。

第二阶段，厘清"权责边界"。明确学院承担三项责任：人才培养、学科建设、科学研究和社会服务的学术责任；与人、财、物相关的经济责任；与党风廉政、安全稳定相关的政治责任。总体而言，对学院来说，"法无禁止即可为"，要主动出击、履职尽责、雷厉风行。

第三阶段，实施"因院施策"。学院根据学校总体办学目标，制定符合自身实际的改革方案，提出需要学校保障的资源投入以及具体政策事项，学校组织论证，实施"一院一策"。

四、结语

目前，山西财经大学"学院办大学"改革开始步入"深水区"、迈入重要攻坚期，虽然会遇到很多困难，但我们改革的决心是坚定的。我们坚信：在习近平新时代中国特色社会主义思想的指引下，深入学习贯彻十九届四中全会精神，把中国特色社会主义的制度优势转化为办学治校的实际成果，"学院办大学"的改革探索必将成为地方高校努力提高现代治理水平与治理能力现代化的鲜活样本！

参考文献

[1] 袁占亭.治理体系和治理能力现代化："双一流"大学建设的重要保证 [J].

中国高等教育，2019：22.

［2］刘祖源.怎样优化内部治理结构［J］.中国高等教育，2016：19.

［3］周浩波.地方高等教育：新时期推进高等教育现代化的重点与关键［J］.中国高教研究，2019：11.

［4］刘国瑞.高等教育改革的"双重属性"与动力机制优化［J］.中国高教研究，2019：08.

［5］王建华.人才竞争、资源配置与理念重审：关于"双一流"建设的若干思考［J］.中国高教研究，2019：01.

［6］钱颖一.大学治理：美国、欧洲、中国［J］.清华大学教育研究，2015：09.

［7］刘恩允.治理理论视域下的我国大学院系治理研究［D］.苏州：苏州大学，2019.

第三篇

书面发言

新时代高等财经一流学科建设的逻辑与路径

西南财经大学 校长　卓志[①]

摘要："双一流"建设是引领新时代我国高等教育高质量内涵式发展的国家工程。"双一流"建设的核心在于学科建设。学科本质上是知识的生产、再生产及其体系化的过程。对学科发展的动力来看，必须坚持问题导向需求牵引的知识创造逻辑；对学科形成发展历史而言，必须突出交叉融合协同创新的建设原则；从学科建设的内部属性来看，必须落实立德树人、育人为本的根本导向。学科建设的着力重点在于提升人才培养能力、原始创新能力、服务社会能力、思想文化引领能力、国际竞争能力。立足于"强起来""大变局"两个时代背景，高等财经教育面临建设思路的"转换期"、学科优势的"释放期"和创新发展的"关键期"，主动引领"新财经"是中国高等财经教育改革创新以及新时代高等财经一流学科建设的必由之路。

关键词： 高等财经教育　中国特色世界一流学科　新财经

"双一流"建设是引领新时代我国高等教育高质量内涵式发展的国家工程。当前，"双一流"建设已进入"加速期"，在新的时代背景下，"双一流"建设肩负新的使命担当以及新的时代特征。学科是大学核心竞争力的主要源泉，反映出一所大学的历史传承、办学特色和综合实力。"双一流"建设加速推动了学界对"学科"研究与认知的成熟，学科建设已经超越了过去经验主义的阶段，必须正视学科发展内在逻辑，不断创新学科建设基本理念，特别是要开辟学科建设的发展路径。

2019年4月30日，"六卓越一拔尖"计划2.0启动大会召开，正式提出发展新文科。吴岩指出，新文科"要应新时代哲学社会科学发展的新要求，建设具有新时代中国特色、中国风格、中国气派的先进文化，培养新时代社会科学家，推进哲学社会科学与新一轮科技革命和产业变革交叉融合，形成哲学社会科学。"

①　卓志，西南财经大学校长、党委副书记，教授，博士生导师。

由此可见，新文科是关系中国高等教育改革创新未来的重大战略举措，也是加快推进中国特色世界一流学科的关键一招。高等财经教育是中国高等教育体系的重要组成部分，作为新文科发展重要分支的"新财经"教育创新发展也势在必行。本文立足于"大变局""战略全局"，进一步审视"双一流"建设的时代使命，并从学科建设的视角深入探讨"学科"的内涵以及学科发展的基本规律、着力重点，同时围绕"新财经"展开讨论，希望以"新财经"引领高等财经教育改革创新以及新时代高等财经一流学科建设。

一、"双一流"建设是中国高等教育的时代使命担当

教育是国之大计，党之大计。中国高等教育与中华民族从站起来、富起来到强起来的复兴历程相伴相生，经过近百年的发展，在世界高等教育体系中已经从跟跑、并跑向领跑跨越，必须直面"世界百年未有之大变局"和"中华民族伟大复兴战略全局"，承担新的历史使命。

一是勇担民族复兴时代使命的客观需要。从世界范围来看，大国崛起总是伴随着高等教育的快速发展以及优秀人才的优先储备。习近平总书记指出，"我们对高等教育的需要比以往任何时候都更加迫切，对科学知识和卓越人才的渴求比以往任何时候都更加强烈。"站在新的历史方位，加快推进"双一流"建设必将为提高我国高等教育发展水平、增强国家核心竞争力奠定坚实基础，为建设富强、民主、文明、和谐美丽的社会主义现代化强国提供人才保障，也才能让高等教育不断同党和国家事业发展要求相适应、同人民群众期待相契合、同我国综合国力和国际地位相匹配。

二是深度融入高等教育强国战略的主动选择。回溯我国高等教育的发展进程，从 1995 年启动"211 工程"（重点大学、重点学科）、1999 年开启"985 工程"（一流大学、一流学科）、2011 年实施"2011 计划"（协同创新能力）、2015年实施"双一流"建设（中国特色世界一流大学与一流学科）。20 多年来，中国高等教育领域的重大战略层出不穷，尽管表述上略有差异，但本质上其目标都指向建设一流大学和一流学科。立足高等教育发展趋势，只有主动融入中国高等教育根本战略，才能在激烈的竞争中应对现实挑战实现跨越发展。

三是坚持走高质量内涵式发展道路的必然要求。中国高等教育正在从规模扩张向内涵式发展转向，这意味着发展目标、发展方式、治理方式都在发生着深刻变化。就发展目标而言，核心任务是提高质量，提升全球竞争力和人民满意度；就发展方式而言，规模扩张并不意味着质量和效益增长，必须要实现高等教育规模、结构、质量与效率四者的和谐共进；就治理方式而言，迫切要求高等教育治

理方式和治理能力的现代化。在此背景下，"加快一流大学和一流学科建设，实现高等教育内涵式发展"是我国高等教育发展的必由之路。

二、科学把握建设具有中国特色的世界一流学科的基本理念

学科是大学核心竞争力的主要源泉，反映出一所大学的历史传承、办学特色和综合实力。"双一流"建设的核心在于学科建设，特别是要以一流学科建设引领学校全面创新发展。就中国高等教育整体状况而言，"双一流"建设加速推动了对"学科"的研究与认知。学科建设已经超越了过去经验主义的阶段，必须正视学科发展内在逻辑，不断创新学科建设基本理念。

1. 深刻理解"学科"的丰富内涵

从学科形成和发展的历史来看，学科源自人类生活的扩展，源自知识和教育的丰富以及分类意识的产生。随着人类知识的迅速增长，"学科在知识发展中被赋予了更多的意义，经历了从无到有、从虚到实、从内到外的嬗变"。我们倾向于认为，"学科"原意指一定历史时期形成的规范化、专门化的知识体系（branch of knowledge），即知识分支；延伸为由规范化、专门化知识群体结成的学术组织，它为规范化、专门化知识的生产与再生产提供平台；也隐含着为实现知识的专门化、规范化，对研究对象与门徒予以规训和控制的权力技术的组合。

综上所述，学科本质上是知识的生产、再生产及其体系化的过程。学科首先是一种知识体系，如果没有持续的知识创新，这门学科就没有生命力，因此强调知识创新是世界一流大学的重要特征。其次，学科是知识生产平台，知识生产平台运行方式包括了教学活动、科研活动、社会服务等大学的活动，让学生参与知识创新活动也是研究型大学的显著特征。再次，学科是促进学科知识生产和再生产有效运行的制度体系，包括学术评价、知识生产活动组织等制度体系，因此健全有利于促进知识生产及其体系化的体制机制是学科建设的重要内容。总之，透过学科的内涵与外延，一流学科建设应围绕学科知识生产能力、学科组织（活动）体系、学术制度体系展开，这是我们的基本判断和逻辑起点。

2. 科学把握学科发展基本规律

从学科发展的动力来看，必须坚持问题导向需求牵引的知识创造逻辑。知识生产的动力在于满足人类认识和改造客观世界和主观世界的需要。当今世界面临百年未有之大变局，正在不断改变着整个人类社会的生存形式和生活方式；中国特色社会主义进入新时代，社会主要矛盾、发展理念、发展目标等都发生了重大变化。这些为科学研究提供了广阔而丰厚的学术土壤，也对人类解释世界的有效知识的生产提出了新的要求。因此，必须坚持以解决问题为导向的学科建设思

路，扎根中国大地解决中国经济社会发展重大问题，服务国家区域行业重大战略需求。

从学科形成发展历史而言，必须突出交叉融合协同创新的建设原则。量子论创始人普朗克指出，"科学是内在的整体。它被分解为单独的部门不是取决于事物的本质，而是取决于人类认识能力的局限性。"世界本身的复杂性和人类认识能力的有限性导致了学科边界的形成及其不断被突破，并孕育新的有生命的学科的过程，这是学科形成和发展的自然辩证法。以财经领域为例，金融科技、大数据等属于正在成长并要重点培育的新兴学科、交叉学科，尤其要在学科平台、学术团队建设上要有大突破。因此必须体现学科发展趋势，不同类别学科、不同层次学科彼此支撑相互促进，在融合发展中打造学科高峰高地。

从学科建设的内部属性来看，必须落实立德树人育人为本的根本导向。学科在大学中的是包括师生在内的学术共同体，人的因素（师生）是知识生产的决定性因素。在学科的视野中，学科知识体系的应用、发展与创新是人才培养的重要基础，也是人才培养的重要目标。因而人才培养既要培养学科知识的实践者和应用者，又要培养学科知识的传播者和开拓者，直接决定着知识的传承与创新、学科的延续与拓展。因此，要突出人的核心地位，以人才培养为根本，以人才队伍建设为基础，着力创造有利于人才培养、教师发展的软硬件条件。

3. 准确把握学科建设着力重点

从学科建设的视角，学科的建设发展是以学术性为核心、以提升学科水平为目标展开的，但它涵盖了学科平台建设、学科方向建设、学科管理机制、梯队建设、科研与社会服务、人才培养等方方面面，因而是大学中最具全面性和统领性的工作。在学科建设中，落实立德树人的根本任务切实提升人才培养能力是核心关键；强化中国问题、中国研究，提升原始创新能力是基础支撑；瞄准重大战略需求，提升服务社会能力是延伸拓展；推进文化传承，创新提升思想文化引领能力是长远影响；深化国际交流与合作，提升国际竞争能力是综合体现。这些能力是形成大学核心竞争力、综合办学实力、国际影响力的关键所在，这也是建设中国特色世界一流学科的关键所在、目标所在。

基于此，要着重思考以下问题：

（1）从人才培养而言，要培养担当民族复兴大任的时代新人。中国高等教育从精英教育、大众教育、普及教育三个人才培养方面，经历了怎样的变化？有哪些共通性的特征和问题？当前，中国特色社会主义进入新时代，新时代、新征程、新技术、新经济对人才培养、专业建设提出新要求，如何定位人才培养目标？通识教育如何实施？专业内涵建设如何实施？

（2）从科学研究而言，要产出有学术话语权、有影响力和良好声誉的标志性成果，贡献学科体系、贡献人类社会、贡献国家社会。从全世界来看，所有的世界一流大学都是研究型大学，研究型大学都强调知识创新。当前，中国问题世界化，世界问题中国化。我们科学研究的问题要是真问题、大问题，要扎根中国大地解决中国问题。未来我们的研究范式如何转换？原始创造力如何激发？

（3）从服务社会而言，要用知识智力服务和引领社会，出现社会认同的更多思想库和智囊团。服务社会是大学与生俱来的特征，当代有什么新的内涵？我们如何确定我们的服务面向和重点突破的地方？要扎根中国，要服务行业，要真正满足国家区域行业的重大战略需求，要如何平衡与兼顾？

（4）从文化传承创新而言，要让健康积极向上的大学文化浸润时代新人，传播社会主义核心价值观文化。高校是文化传承与创新的摇篮，也应当成为"坚定文化自信，推动社会主义文化繁荣兴盛"的高地。必须要深入思考如何弘扬民族精神、时代精神、大学精神、大师精神。如何引导广大师生树立正确的历史观、民族观、国家观、文化观。

（5）从国际交流与合作而言，要在人文交流与互鉴、学术互访与合作中，开拓国际视阈，用中国故事与中国方案表达中国之声。世界一流大学是众多国际学生和学者青睐的学术中心，是国际学术交流与合作的主要场所，其开放的品格是成就卓越的重要动因。要积极打造国际交流与合作平台，开拓国际教育交流和学术合作，同时要思考和处理好开放与中国特色的关系？

三、以"新财经"引领新时代高等财经教育与一流学科建设

立足新时代，党的十九大举旗定向，习近平新时代中国特色社会主义思想引领中国教育发展新征程，全国教育大会明确了新时代教育发展航向，"新工科""新医科""新农科""新文科"的"四新"战略开辟了中国高等教育改革发展的新视阈、新理念、新路径、新使命。在此背景下的高等财经教育也有了新的特征和方向，那就是作为新文科发展重要分支的"新财经"教育创新发展势在必行。

1. "新财经"的基本内涵

综观高等财经教育发展大势，我们认为，高等财经科学正面临着建设思路的"转换期"、学科优势的"释放期"和创新发展的"关键期"。以数据和技术为核心驱动力的金融科技正在全面影响和改变着财经领域，这种变化使传统财经版图日益模糊，促使传统财经业务与互联网技术深度融合，通过优化资源配置与技术创新，产生新的业态、模式与产品，实现新旧动能转换，推动经济高质量发展。

在此背景下的财经学科建设面临发展思路的"转换期"。高等财经所服务的行业，既是全面建成小康社会和国家现代化建设的重点领域，也是深化改革、构建中国特色社会主义市场经济涉及面最广的领域。在服务国家发展战略、促进经济高质量发展的新阶段，高等财经教育处于学科优势的"释放期"，应顺势而为，当大有可为。习近平总书记关于教育的重要论述为高等财经教育创新发展提供了根本遵循，系统把握"九个坚持"，实施"双一流"建设，产生一批改变人类生活方式、引领未来发展的创新性知识与技术成果，汇聚一批对学术梦想和未知领域执着探索的世界顶尖学者，培养一批能够引领未来发展的复合型拔尖创新人才，高等财经教育正处在创新发展的"关键期"。这些标定了"新财经"的历史方位，也表明了"新财经"的基本特征。

"新财经"是主动适应新文科的战略实践，"新财经"的新是创新之新，而并非新旧之新。综上所述，"新财经"，简言之，就是新时代的财经科学或者财经科学的创新发展，它是相对于传统财经科学而言的，立足新时代教育、经济与科技的交汇点，以构建中国特色、中国风格的经济与管理学学科体系、学术体系、话语体系为根本目标，以培养引领未来的复合型拔尖创新人才为根本任务，以继承与创新、交叉与融合、协同与共享为主要发展建设途径，推动传统财经科学的更新升级，从学科导向转向为需求导向，从专业分割转向为交叉融合，从适应服务转向为支撑引领。

2. 建设"新财经"的发展思路

（1）变革高等财经教育模式。面对"新财经"对复合型人才培养的新需求，跨学科交叉融合与协同创新的新导向，扩大开放共享、参与全球经济治理的新趋势，要主动适应和引领"新财经"的发展理念。一是积极推动对专业、课程、教材等学科要素进行全面重塑，对学生、教师、管理者组成的教育共同体进行深刻变革，并对人才培养、科学研究、服务社会、师资队伍、文化传承创新、国际交流合作等大学功能进行系统优化，推动学校全面创新发展。二是要重点推进新兴文科专业和专业内涵建设，改造升级传统学科专业，提升专业的内涵建设质量，比如结合新技术，对经济学、法学、社会学等传统学科进行整合与升级，从多领域进行综合交叉研究，形成"新财经"建设新格局。三是持续推进全要素"课堂革命"，要重构财经课程体系，更多开设有助于培养学生多学科思维的课程，推进产教融合、科教结合，全面推动教学方法改革，持续转变课程教学范式，提高课程教学质量。

（2）创新学科交叉融合机制。深入研究影响"新财经"发展的重要因素，特别是科技进步、产业变革、经济转型及其对人类社会生活带来的革命性影响。

一要瞄准学科发展前沿和国家重大战略需求建立交叉学科创新平台，推动传统财经与新科技、新产业、新经济有机结合，推动财经学科内部交叉融合、与其他学科交叉融合，打破以传统学科为基础的、院系为单位的条块分割的组织壁垒，打破坐而论道的象牙塔格局。二是着眼增量变革培育新兴学科和交叉学科，比如将金融科技、大数据科学、人工智能等融入财经科学的学科体系构建中，促进多学科交叉，构建文理交叉、文医交叉、文工交叉的"新财经"体系。三是创新制度机制，深化制约学科建设、科研评价、人才培养的机制改革，建立健全大科研、大学科和大教学的融入方式，形成有利于创新、交叉、开放和共享的"新财经"建设与保障机制。

（3）完善"新财经"学科评价体系。长远来看，我们的学科设置和学科分类还难以适应新时代财经科学的发展要求。一是相对于传统财经科学，"新财经"要求分类更加综合，评价方式更为多元，已经到了必须打破原有学科分类中过细过窄的问题的时候，这样才会从"指挥棒"的角度引领新文科走向综合化。二是财经科学基础理论创新并没有直接的线性进步关系，这是人文社会科学的共同特性，人文社会科学领域的评价更要强调时间累计，强调"慢工出细活"，应给予人文社会科学以及财经学者更为宽松的环境。三是衡量"新财经"建设效果也不能简单套用理工科的评价标准和评价体系，要着力构建符合"新财经"学科建设和培养方向的科研评价体系以代替"唯论文、唯职称、唯学历、唯奖项、唯帽子"的传统评价体系。

3. 西南财经大学的探索与实践

在"双一流"建设中，西南财经大学着眼"强起来""大变局"两个时代背景，站在经济、教育和科技的交汇点，提出了"主动适应新文科、主动引领新财经"，围绕"新财经"进行了一系列探索和实践，为"双一流"建设提供了新动能。一是以"新财经"引领学科交叉融合与创新人才培养。学校不断深化财经科学和自然科学、工程技术学科的交叉融合，面向全校本科生开设人工智能、大数据等课程，面向研究生推出金融智能、深度学习、数据科学等人工智能荣誉课程，积极布局精算学、数据科学与大数据技术等新兴专业，开设"金融与人工智能""会计大数据"等实验班，着力培养复合型财经卓越人才。二是以"新财经"引领创新平台建设与学术交流合作。学校将金融科技作为未来学科发展的关键突破口，以创始成员单位身份加入美国加州大学伯克利分校国际风险数据分析联盟 CDAR 实验室，与成都市人民政府、美国道富银行联合创办金融科技国际联合实验室，联合主办两届"国际金融科技论坛——SWUFE & CDAR""成都八零"国际大学生金融科技产品设计与研发大赛，与美国斯坦福大学合作举办两届

"中美经济学家金融科技创新论坛"，国内外影响力持续扩大；组建大数据研究院、中国区块链研究中心、数据科学与人工智能研究中心等学术创新平台，开展金融科技与大数据领域的前瞻性原创性研究，在银行风险识别和国家信用体系建设、供应链金融和数字交易平台建设、医保费用测算等方面取得重要进展。三是以"新财经"推动科研成果转化与产业发展。学校与四川省成都市人民政府共建"交子金融科技创新研究院"重大学科创新平台，打造财经科技成果转化平台并取得系列应用性成果；区块链服务平台等入选我国第一批境内区块链信息服务备案名单；基于区块链技术开发的攀钢供应链金融系统每年将为 50～100 亿元规模的融资项目提供金融科技服务。教育部部长陈宝生、四川省委书记彭清华等多位领导先后到校调研视察，高度评价学校在建设"新财经"方面的创新探索。

参考文献

[1] 吴岩. 新使命 大格局 新文科 大外语 [J]. 外语教育研究前沿，2019 (2)：3-7.

[2] 习近平. 把思想政治工作贯穿教育教学全过程 [EB/OL]. [2016-12-08]. http：//www. xinhuanet. com//politics/2016-12/08/c_ 1120082577. htm

[3] 习近平. 党的十九大报告 [EB/OL]. [2018-03-13]. http：//sh. people. com. cn/n2/2018/0313/c134768-31338145. html.

[4] 谭月娥. "学科"演进的理性审视 [J]. 中国高教研究，2011 (9)：38-40.

[5] 万力维. 学科：原指、延指、隐指 [J]. 现代大学教育，2005 (2)：16-19.

[6] 李喜先. 科学 [M]. 贵州：贵州人民出版社，2013：176.

谈如何正确处理新形势下
高等教育领域四大关系

中南财经政法大学党委副书记、校长　杨灿明

摘要：新形势下，高等教育为实现培养德智体美劳全面发展的社会主义建设者和接班人、办好人民满意的大学这一目标，需要思考和处理好学生与教师、教师与学院、学院与大学、大学与社会四大关系。

关键词：高等教育　人才培养　大学

当今世界正经历百年未有之大变局，全球治理体系重塑，国际格局加速演变。国内外政治、经济形势错综复杂的大环境更加凸显高等教育人才培养提升国家综合国力和竞争力的基石作用。习近平总书记在全国教育大会上指出："培养什么人，是教育的首要问题。要培养德智体美劳全面发展的社会主义建设者和接班人，加快推进教育现代化、建设教育强国、办好人民满意的教育。"① 深入学习贯彻总书记关于教育的重要论述，在新形势下培养德才兼备、全面发展的人才，办人民满意的大学，必须始终以人才培养为中心，始终坚持立德树人，认真思考并妥善处理好高等教育领域学生与教师、教师与学院、学院与大学、大学与社会这四大关系。

一、如何处理学生与教师的关系

"高校立身之本在于立德树人"。人才培养是大学最基本的功能，在任何时候都应该以学生为根本，服务学生成长成才。教师是培养学生成才最为直接、最为关键的因素。学生与教师的关系定位如何、互动关系体现在哪些方面、信任关系靠什么维系等都直接影响到人才培养的目标实现和质量提升。

从人员范围上看，应对教师群体做广义理解，构建最为广泛的"师生关

---

① 《习近平出席全国教育大会并发表重要讲话》，新华社，2018 年 9 月 10 日。

系"，实现育人工作"人人皆教师、人人皆有责"。高校从业人员按照职责与分工不同，一般可以分为教学、科研、管理、服务四大群体，而教师通常指从事教学和科研的专业人员。全员育人包含学校、家庭、社会、学生四个主体，构成"四位一体"的育人机制，学校层面当然不应该仅仅指专任教师。从实现全员育人的角度看，无论是专任教师、党政管理人员、辅导员还是服务人员等，都应该被看作广义的教师群体，都应该成为师德师风工作的客体，成为育人工作的主体，既是高等教育的从业者，更是人才培养的直接责任人。

当前，高校从业者中，对于非专任教师担任的党政管理人员和服务人员，虽然往往也被称呼为"老师"，但在强调人才培养功能时往往把这部分人排除在外。而其自身也大多只认识到要承担和完成的具体工作，与学生的关系定位在服务者、管理者，并没有意识到自己在培养人才、言传身教方面应承担的职责。作为与学生联系密切的高校从业者，都应具备并保持"为人师表"的主动性和责任心，全体高等教育从业人员都必须始终规范自己的言行，严格落实党的教育方针和政策，依法依规办事，自觉成为培育、传播先进文化的一分子，自觉履行起高校一分子必须承担的育人职责。

从关系定位上看，应构建平等和谐的师生关系，实现人才培养的润物无声、水到渠成。师生关系的定位从根本上影响到了教育教学的方方面面，包括课堂教学组织、教学方式改革、思想政治工作方式方法等。师生之间，是"一日为师，终身为父"、刻意地讲求师道尊严，还是"道之所存，师之所存也"、注重启发和互动实现教学相长，这是两种不同的师生关系定位，也是两种不同的人才培养理念。师生之间应该是循循善诱、心悦诚服而不是随意训斥、学生口服心不服。我国教育历史上就提倡教学相长，注重启发式、互动式教学，如孔子和弟子的关系是非常密切的，儒家讲的"弟子不必不如师，师不必贤于弟子""圣人无常师"。师生之间可以交流探讨、彼此争论。高等教育过于强调老师是"演员"、学生是"观众"，这是有偏差的。应该学生是"演员"，而老师是"导演"，要引导、启发学生自主地扮演好自己的角色。学生是学习的主体，老师是学生自主学习的引导者，要完成这个重要理念的转变。如果不注重教育的方式方法，老师越是"大水漫灌"越不能取得好效果，越可能得不到尊重，应该改变为"精准滴灌"、因材施教。

二、如何处理教师与学院的关系

大学是优秀师资的聚合，这在学院层面体现得更加明显，"双一流"战略落脚点在学科建设，学科建设的主体仍然是学院。教师与学院关系的定位，直接影响到了人才引育的环境和具体实施，影响到学科、学院和大学的发展。

从理念上看，学院不是企业，教师与学院不应该是员工和雇主的关系，而应该打造"学院搭建平台、平台助力人才引育、人才成长助推学院发展"的良性互动关系。无论是学校层面，还是学院层面，都不能有"养教师"的观念，特别是与教师引进、培育、发展联系最为密切的学院，一定不能有"学院养教师"的观念，而应该是教师支撑、成就学院。一个学科、一个学院有若干名师，名师带动团队发展，学科、学院的发展就能稳步向前。

当前，在"双一流"战略实施背景下，高校间人才竞争日益激烈，学术大家、优秀师资对一个学科、一个学院的兴衰发展起到至关重要的作用。尽管教育部发文要求"坚持正确导向，促进高校高层次人才合理有序流动"，并明确提出"不鼓励东部高校从中西部、东北地区高校引进人才"①，但一定时期内高校间"双一流"建设的核心仍然是人才竞争。在这种情况下，如果仍然抱着"学院养教师"的错误观念，不能从根本上尊重教师、服务教师，优秀师资的大规模流失就只会进一步加速，并且在马太效应作用下，很容易形成优秀师资招不来、留不住的恶性循环。

从实践上看，学校、学院应该想方设法搭建高水平、完善的人才平台，让人才能够进一步成长。引育人才是一项系统工程，也是一项需要长期投入的工程，特别是青年教师的成长是一个时间较长的过程，不能总是担心"为他人作嫁衣裳"就不想作为、不敢作为，也不能因为个别优秀师资的流出就认为投入没有回报、白白浪费掉了。好的平台搭建和良性的学院建设能让师资的流出在合理范围之内，师资的引进、培育则是水到渠成、事半功倍。

要积极为教师施展才华、实现价值创造良好的条件，健全制度、完善机制、搭建平台、提供帮助，让每一位教师都能对个人的发展有稳定的预期，为教师建功立业提供更广阔的舞台。同时，应深入了解教师队伍存在的困难，下大力气解决好广大教师工作、生活当中的困难，切实增强服务意识，提高服务水平，解除教师的后顾之忧。要改革教师评价体系，加大经费和政策投入，引导广大教师重视教学工作，站稳课堂、授业解惑，在积极投身学术科研的同时避免陷入科研GDP 至上的怪圈。以学院为主体，始终坚守尊重人才的理念，发展人才的平台不断完善，人才评价机制不断健全，人才就会形成聚合效应，最终实现优秀的教师建设一流的学科，一流的学科形成一流的学院。

---

① 《中共教育部党组关于加快直属高校高层次人才发展的指导意见》，教育部，2017 年 7 月 25 日。

三、如何处理学院与大学的关系

学院与大学的关系，最根本的还是要确立"大学办大学"还是"学院办大学"的思路。"大学办大学"意味着学校层面更多的是管理职能，"学院办大学"意味着学校层面更多的是服务职能，两种不同的思路决定了学院的办学自主权存在很大的差异，校院之间、校部之间的关系定位也存在很大的区别。

从关系定位上看，应更多地秉承"学院办大学"的理念来处理好校院、校部之间的关系。过去的理念更倾向于"大学办学院"，出发点更多地集中在学院应该归大学管，大学应该来办这些学院，这在一定时期内对促进高等教育的制度化、规范化，提升整体办学实力起到了积极作用，但也带来了发展过程中的种种问题，比如学校层面确立的发展思路、发展规划很难兼顾到所有学院的不同情况，在制度制定、资源投入、绩效考核等方面往往更多注重公平而忽视了效率，在人才培养方面除专业知识不同外未能体现不同学科的人才培养特色等，最终导致学院层面觉得束缚太多，施展不开手脚，办学积极性不高。

要深入推进校院二级管理体制改革，赋予学院更大的办学自主权，实现管理重心下移。为贯彻落实党的教育方针，统筹协调和妥善应对高校发展过程中存在的各种问题，学校层面保留适当的综合职能是必要的，但必须充分调动、激发学院的办学积极性，扩大学院的办学自主权，鼓励学院结合学科特色和自身情况科学合理地制定发展目标、发展规划，特别是制定符合学科、学院实际的人才培养方案，以学院为主体开展人才引进、对外交流、社会服务等。必须真正建立起针对性强、区别度大的评价考核体系，鼓励、督促学院自主发展，有了学院的良性发展，才有大学的蓬勃发展。

从转变定位来看，要理清校院权责，构建权责对等、协调高效的校院管理服务体系。要从整体上明确学校、学院的权利义务，不能零敲碎打，更不能承担责任但没有相应的权利。确立以学院为中心，学校层面、特别是各职能部门必须从"管理者"定位转变为"服务者"定位，是服务师生、服务学院而不是管理师生、管理学院；学院也必须从"服从者"转变为"主导者"，在发展目标、发展思路、具体实施过程中，不能习惯于看"上面"怎么说、怎么要求，而应该更多地自力更生、自主创业。

理清校院权责，最困难的在于哪些权力应该下放、相应的责任要求是什么，权力下放了学院能不能接得住。这里面既有权力的不愿舍弃，也有学院主动意识的有待增强，如果谋划不妥当、考虑不周全，很容易导致该下放的权力没有下放，下放了的权力学院接不住，最终使学院有怨气，认为是职能部门推卸责任、加大学院的工作负担。而学院办学自主权并没有实质的扩大，这样的改革就会成为烂尾工程。从硬性保障上看，必须在人事权和财权两方面加大学院的自主权，学院对学科发展的实际情况更为了解，对人才队伍建设状况更加清楚，对基于学科特色之上的人才培养更加明晰，应该在基于充足资源投入的基础上将人才引进、职称评定、内部人事任免、考核评优、资金使用等权力下放到学院。学校在更好地服务学院发展的同时，监督学院依法依规办学，督促学院自主、积极地谋求发展，从根本上理顺校院关系，实现以学院为主体的主动式良性发展。

四、如何处理大学与社会的关系

服务社会是大学的基本功能之一，在习近平总书记提出高等教育"四个服务"要求之后，大学更应该不断提高人才培养质量、提升科学研究水平，更紧密地联系和服务社会，服务国家和地方经济、社会发展，为实现中华民族伟大复兴的中国梦提供强大的智力支持和人才保障。

从功能发展来看，大学必须紧跟社会、融入社会。大学的功能从最初的人才培养、科学研究，到后来增加社会服务，到现在又增加了文化传承创新、国际交流合作，很多功能的拓展是从被动到主动发展的过程，特别是工业化、信息化对大学功能的拓展起到了极大的推动作用。从现实来看，自然科学领域许多科技的研究与应用，高校已然落后于企业；而对于社会科学领域很多成果的研究和推广，高校也滞后于社会问题的出现以及理念、政策、解决问题方案的调整。这一方面说明了社会发展的高速度、快节奏，另一方面也说明了大学在关注社会、紧跟社会方面还存在不足。

一定程度上，大学要克服"清高"的姿态，不能抱有象牙塔的虚幻梦想，必须主动接触、融入社会。经济社会的高速发展产生了许多难点问题亟待解决，大学责无旁贷；信息技术的迅猛发展也让民众对于高等教育、终身学习产生极大的需求，这给大学带来了机遇与挑战。国家高等教育的公共机构从定位来看应该具有为公众服务的属性，而随着国家相关政策的调整，高等教育将更多地从社会吸引和整合资源。要能够用社会的营养来滋养大学，大学要密切关注社会的动向，紧跟社会潮流，从社会中汲取必要的养分，利用好大学发展的必要条件。同时，在"互联网+"时代，大学必须要紧跟社会、服务社会、奉献智慧，在办学方式上一定是开放的，大学的智库建设、信息化建设必须与之相关，人才培养也必须更好地与社会对接，符合社会的需求。

从大学作为知识中心的定位来看，大学不能亦步亦趋跟随社会发展的脚步，而应该在时刻关注社会发展的同时保持独立，适当地与社会保持一定的距离。大学是人才的聚合，是智慧的汇聚，一定要有对社会发展、科技进步的反思，更要有前瞻性思考，要在紧跟社会潮流的同时用缜密、科学的思考去引领社会发展的方向，成为时代变革与发展的思想者、先行者。

一定程度上，大学必须保持"清高"的姿态。当前，一些高校在践行人才培养和科学研究的使命中，出现了发展职业技能、培养技术人才的倾向。然而社会大众依然对大学抱有"知识中心"的期待，希望大学在社会问题的研究和解决中发挥作用。一味以社会问题和现实发展为导向会降低大学的独立性，而缺乏独立性和前瞻性思考的高等教育，不可能在世界范围内创建一流大学，这对大学的优秀人才和优秀资源来说也是一种浪费，更会造成大学科学研究、人才培养功能的缺位。此外，与上述情况形成对比的是，一些高校在人才培养、科学研究上存在脱离实际的现象。人才培养质量无法满足社会、行业的需求，科学研究也脱节于社会需求和科学发展现状，缺少应用价值。这样一来，大学在解决问题、服务社会方面尚且不能，更谈不上引领社会的发展。关注社会但要适可而止，保持独立但要避免画地为牢，大学应当为人才提供一个激发、鼓励创新创造的环境，能够接受研究的成果暂时用不上，推动创新性、前瞻性的科研得到蓬勃发展。大学通过前瞻性的理性思考和研究成果，影响、引导社会在健康、公平、合理、高效的轨道内发展进步，这才是"服务社会"功能的应有之义。

当前，党的十九届四中全会吹响了"中国之治"的号角，国家层面正在全面推进治理体系和治理能力现代化建设。加快推进高校治理体系和治理能力现代化，构建中国特色现代大学治理体系，是高校内涵式发展的必要要求，将对推动"双一流"加快建设、特色建设、高质量建设起到积极的促进作用。学生与教师、教师与学院、学院与大学、大学与社会这四大关系的定位也将在现代大学治理体系建设不断深入的过程中进一步丰富和发展，最终形成明晰、科学的发展理念和制度设计，指引高等教育以人才培养为核心的改革发展，实现办好社会主义大学的目标。

参考文献

[1] 习近平在全国高校思想政治工作会议上强调：把思想政治工作贯穿教育教学全过程，开创我国高等教育事业发展新局面 [N]. 人民日报，2016-12-09.

[2] 习近平在北京大学师生座谈会上的讲话 [N]. 人民日报，2018-05-03.

[3] 习近平在全国教育大会上强调：坚持中国特色社会主义教育发展道路　培

养德智体美劳全面发展的社会主义建设者和接班人［N］. 人民日报，2018-09-11.

［4］罗建平，张男星. 新时代背景下建设高水平行业院校的探索与实践：访中外大学校长论坛部分与会专家［J］. 大学（研究版），2018（4）.

［5］杨灿明. 正确处理三大关系 推动"双一流"建设迈上新台阶［J］. 中国大学教学，2019（3）.

以学生为中心 建设一流专业

广东财经大学　于海峰　梁宏中①

摘要： 贯彻落实以学生为中心的教育理念，是促进一流专业建设取得良好成效的重要保证。坚持以学生为中心，不是否定教师的重要地位和作用，而是要以时代和社会对学生成长的期望和要求、学生自我发展的需求为牵引，以学生的学习特点、需求、行为和过程为基准，以学生培养质量和就业创业发展能力、社会贡献度为标准，科学合理地确定专业建设和改革的目标定位、战略步骤和方式方法，更好发挥教师作用。坚持以学生为中心，确定人才培养目标定位，深化人才培养模式和课堂教学方式改革，优化教学管理制度，加强师资队伍建设，培育质量文化，是建设一流专业的重要路径。

关键词： 一流专业　学生中心　专业建设

2019 年，本科一流专业建设"双万计划"正式实施。这是教育部加强本科专业建设、振兴本科教育的又一重大举措。事实上，从 20 世纪初以来，教育部分别推出了名牌专业、特色专业、专业综合改革试点项目评选等一系列措施强化本科专业建设，但是，从总体上而言，本科专业建设质量不够高的问题一直未能彻底解决。产生这一问题的重要原因在于传统的专业建设一直以教师、教学和教学管理为中心，未能以教育的参与主体和对象——学生为专业建设和改革的根本出发点和落脚点。本轮一流专业建设能否彻底摆脱以往国家级、省级专业评选的困境，关键在于能否贯彻以学生为中心的教育理念，真正围绕学生成才需要开展专业建设。本文将首先阐释以学生为中心建设一流专业的重要意义，然后探讨以学生为中心教育理念的内涵及其形成机制，随后再分析这种教育理念对一流专业建设的作用机制，最后结合广东财经大学的探索与实践，阐明贯彻以学生中心的教育理念建设一流专业应当采取的主要措施。

---

①　于海峰，广东财经大学校长，教授；梁宏中，广东财经大学教务处，助理研究员。

一、传统的专业建设理念和方式存在的问题

实现学生全面发展是教育活动的根本价值目标。但是，以往的专业建设主要采取"以教师为中心、教学为主导、项目为动力"的方式方法。教师及其教学活动对专业建设和人才培养的不可或缺作用当然毋庸置疑，然而，教师采取的专业建设措施和教学活动基本忽略了作为学习主体和对象的学生的特点和作用，没有认真研究学生的特点特质、学习规律、成长需求、社会期望，仅仅是把学生当作受动者，未能通过激发学生学习的主观能动性和创造性，提升专业人才培养质量。同时，以往的名牌专业、特色专业和专业综合改革试点项目建设主要是采取项目驱动的形式，在一定程度上影响了专业建设的持续性、实效性。传统的专业建设方式方法产生了一系列问题，不利于专业建设质量的根本提升。这些问题主要表现在以下方面：

一是教师缺乏提升教学水平的动力和技能。一直以来，带有显著"重科研、轻教学""科研硬、教学软"特征的教育体制机制和教师职称评聘机制，引致不少教师对教学工作缺乏投入动力，课堂教学方式单一，主要依靠照本宣科，对学生缺乏吸引力、亲和力和针对性，甚至有一些教师对教学工作基本上是采取敷衍应付的态度。同时，不少教师缺乏系统性、专业性的教育教学技能训练。因此，教师"不愿教好""不会教好"的问题比较突出。

二是学生缺乏学习动力，学习质量不高。由于忽视了对学生特点和学习需要的研究，教师教学不能有效调动学生的积极性和兴趣，学生上课缺勤、专注力和投入程度不足等问题比较严重，对课程知识吸收主要限于机械记忆，消化理解和创新性应用能力较差，学习质量未能有效提升。

三是学生的知识、素质和能力水平无法有效适应社会需要。由于教师教学没有认真研究社会经济发展和用人单位对学生知识、素质和能力的需求状况，学校教育与社会需要无法同频共振，无法为经济社会发展和科技进步供给高水平人才。

四是专业建设质量提升效果不明显。尽管近年来，各级教育行政部门和高校对专业建设非常重视，并采取了很多的政策措施，投入了大量财政资金，但由于这些建设措施具有明显的项目带动特征，导致专业建设质量一直不能有效彰显。各级各类的专业建设项目数量庞大，仅仅依靠各级教育行政部门无法有效管理，因而项目建设存在明显的"重申报、轻建设"问题。同时，项目驱动的建设方式，导致专业建设缺乏持续性，因为项目结项后建设投入和改革措施基本上就会随之终止。

一流专业的一流属性体现在卓越的人才培养质量上。能否培养出适合社会需要的优秀人才，是评价一流专业建设成功与否的根本标准。实现从以教师为中心到以学生为中心、以教学为主导到以学生为主导、以项目为动力到以育人为动力的转变，是一流专业建设真正取得实效的关键因素。这种转变并非否定教师、教学和项目驱动形式的作用，而是说在发挥他们作用的时候，要以时代和社会对学生成长的期望和要求、学生自我发展的需求为牵引，科学合理地确定专业建设和改革的目标定位、战略步骤和方式方法；以学生的学习特点、需求、行为和过程为基准，组织教学设计和过程；以学生培养质量和就业创业发展能力、社会贡献度为标准，评价专业建设和人才培养质量；以高水平人才培养作为贯穿专业建设全过程的根本动力和核心任务，实现专业建设的常态化、长效化，避免以往项目驱动形式引起的短期性、突击性和阶段性问题。这是新时代一流专业建设的重要原则。教育理念的转变是从根本上提升专业建设成效的前提。

二、以学生为中心教育理念的内涵及其形成机制

以学生为中心的教育理念由美国的卡尔·罗杰斯在 1952 年首先提出，后来在 1998 年世界高等教育巴黎会议的大会宣言《21 世纪的高等教育：展望与行动》中得到进一步阐述，并开始逐步为学者接受（朱建芳，2019）。这一教育理念具有丰富的内涵，并有其特殊的形成机制。

1. 内涵

首先，以学生为中心，要求教育的目的在于实现学生的成长与发展。教育是有目的、有意识培养人的社会活动（王道俊等，2016），其根本任务在于立德树人，因此其价值追求应当在于实现学生的成长与发展，帮助学生创造生活，享有幸福快乐的人生，并在此过程中对社会发展做出积极贡献，即有效实现学生的个人价值和社会价值。所以，这种教育理念要求围绕学生的终身发展，科学确定人才培养目标定位、教学体系和培养模式，使学生成为能够开创自己的幸福人生且对社会有贡献的人。

其次，以学生为中心，要求教育过程中充分尊重和发挥学生的主体作用。教师是教育过程的主导者，学生是学习的主体和主要参与者，教师的教学只是一种引导、促进手段，只有充分激发学生学习的自觉性、能动性和创造性，才能有效达成教育的目的和效果。《21 世纪的高等教育：展望与行动》指出，高校教师不应仅仅传授知识，必须着重教学生如何学习和发挥主动精神，把学生及其需要作为关心的重点，并把他们看作是高等教育改革的主要参与者（赵中建，1998）。学生也是教育改革的主要参与者，他们是改革需求的来源者和改革措施的面向对

象，也是改革措施的重要实施者，更是改革成效的主要体验者和反馈者。

再次，以学生为中心，要求教育改革要以提升学生知识、素质和能力的习得水平为导向。大学的使命不是指导，而是让学生掌握知识，是生产知识的机构（Barr & Tagg，1995）。《21世纪的高等教育：展望与行动》指出，高等教育要利用新的教育教学方法，帮助学生获得技能、才干和交往的能力，学会创造性和批判性分析以及独立思考和协同工作（赵中建，1998）。当前高校存在的"水课"和人才培养能力不足等问题，症结就在于学生的知识、素质和能力习得水平和获得感不足。因此，教育改革的方向就是要破除一切阻碍学生知识、素质和能力提升的体制机制和方式方法。一方面，要采取有效手段提升学生对所学知识和技能的掌握、领会和运用能力；另一方面，要完善制度帮扶学习有困难和障碍的学生顺利完成学业。

最后，以学生为中心，要求教育质量评价要以学生的培养质量和发展水平为首要标准。既然教育的目的在于促成学生的成长与发展，那么以学生的培养质量和发展水平来衡量和评价教育质量是应有之义。一直以来，教育质量评价主要具有明显的"投入"导向，即主要围绕教师的投入方式和水平、教学资源的投入来制定评价标准，对学生的成长发展水平重视不足。以学生为中心的教育理念，要求教育评价要坚持"产出导向"，更多关注学生知识素质和能力的习得水平、立德树人成效、毕业生初次就业的质量、毕业生在社会上的发展水平、用人单位对毕业生的评价、招生录取情况等能够综合反映人才培养和学生终身发展质量的指标。

2. 形成机制

以学生为中心的教育理念在广大教师的思想认识中不是自然形成的。它有自身的形成机制。

一是价值塑造。对这种理念具有强烈的思想认同，并将其作为教书育人工作的价值目标和追求，是以学生为中心的教育理念形成的最直接、最根本、最有效方式。只有将这种理念内化为教师的理想追求和行动指针，才有可能自觉按照学生需要开展教学活动。学校应当加强师德师风教育，使广大教师自觉树立以生为本、关爱学生的理想信念，尤其是党员教师更要发挥模范作用，将坚守党员初心和人民中心立场转化为以学生为中心的教育理念和实践导向，让学生中心理念成为贯穿人才培养全过程、全领域的价值引擎。

二是文化浸润。文化是理念与价值观、习惯与行为模式、基本原则与制度以及其物质表现的总和，对个人具有导向、整合、规范和传续作用。文化可分为物质文化、行为文化、制度文化和精神文化四种类型。它通过各种强制性、非强制性约束规范、调控个人和集体行为。文化的作用方式主要是潜移默化的，作用效果是渐进累积的。学校应当通过校园环境建设、制度建设、宣传教育、活动仪式、奖励惩处等方式形成浓厚的学生中心文化氛围，引导、规范教师教学行为，使他们自觉遵循学生成长发展需要教书育人。

三是激励驱动。学校应当按照以学生为中心的教育理念设计一系列激励制度，将育人效果摆在职务职称评聘、评优评先、绩效分配、年度考核等环节的首要位置，使教师自觉将促进学生成长发展作为行为目标。价值塑造和文化浸润等手段主要是通过隐性、软性手段从思想信念层面引导教师树立和践行以学生为中心的教育理念，尽管这是一种根本性的途径，但是也具有见效慢、效果不确定性高等不足，因此，需要建立显性、刚性的外部制度促进教师的教育行为与以学生为中心的教育理念保持一致。

四是制度约束。除了需要作为外部正向引导的激励手段外，对违背以学生为中心的教育理念、对学生成长发展和立德树人产生严重不利影响的行为，也需要有刚性的制度约束抑制和消除。学校需要在教学管理、年度考核、评优评先、岗位聘用、职务晋升、职称评定等环节明确界定教师不端不当行为，并对这些行为制定清晰的惩戒措施，使教师工作不会偏离以学生为中心的正确轨道。

三、以学生为中心的教育理念对一流专业建设的作用机制

1. 以学生为中心确定培养目标定位，提升人才培养与社会需求的契合度

一直以来，高校专业建设和人才培养存在的一个突出问题就是人才供给与社会需求不匹配。贯彻以学生为中心的教育理念确立人才培养目标定位，必然要求人才培养与时代要求、社会需要和学生成长成才需要同向同行。首先，专业结构，人才培养目标、类型和规格要与国家，尤其是区域经济社会发展、产业发展相适应。其次，人才培养目标定位要与学生全面发展、终身发展要求相适应。课程体系、教学内容、培养模式均要围绕人才培养目标深化改革，使学生具有良好道德品质、创新精神、文化素质和专业能力，能为今后的职业发展打下坚实基础。这样，学生才能在就业市场上具有竞争优势，提升就业质量；同时，经济社会发展也才具有良好的人才支撑。

2. 以学生为中心深化教育教学改革，提升学生学习效果

首先，要深化人才培养模式改革。当前，高校人才培养存在着"重理论、轻实践""重知识、轻能力""重灌输、轻创新""重统一、轻个性"等问题，严重影响了人才培养质量的提高。要提升学生学习效果，首先需要以强化实践应用能力和创新创业能力培养为导向，深化人才培养模式改革；同时要深化学分制改

革，为促进学生自主发展、个性化发展创造良好条件。其次，要深化课堂教学模式改革。课堂教学是人才培养的主阵地、主渠道，但是，当前课堂教学无法激发学生的学习兴趣，给予学生厚重的获得感、成就感，教学效果亟待提高。要着力提升课程的高阶性、创新性和挑战度，灵活运用多种教学方式方法，增强课堂对学生的吸引力和培养效能。最后，要深化考核评价方式改革。目前，高校的课程考核重记忆、轻应用，方式单一，科学性、权威性不足，与社会和学生成长成才要求差距较大。要灵活采取多种考核方式，坚持形成性、过程性评价与终结性评价相结合的原则，并逐步推进教考分离，提高考试的科学性和权威性，促使学生真正动起来、忙起来，学有所成。

3. 以学生为中心优化管理制度，激活学生学习的潜能和创造性

目前，学生学习的主动性、积极性和创造性没有充分发挥，严重影响了人才培养质量。一流专业建设需要构建既规范运行也弹性灵活的管理制度，将共性培养与个性发展有机结合，增强学生按照自身兴趣禀赋自我学习、自我管理和自我发展的能力，提升学习效果。首先，要深化学分制改革，拓宽学生自主选课、转专业、辅修等方面的选择空间。其次，要健全学业指导和帮扶机制。构建由学校教学管理人员（主要是教务处）、教学单位分管教学领导、教学秘书、辅导员、学业导师、班级干部等组成的校院两级学业指导队伍，指导、帮助学生熟悉教学管理规定，做出科学正确的学业修读选择，明确专业发展方向，自我搭建成长路径。要建立学业预警和帮扶机制，对学业存在较大困难和问题的学生要及时发现，诊断问题，介入协助。再次，要深化学生社区管理制度改革，通过推动思想教育、素质教育、养成教育、文化教育、自我教育入社区，搭建生活、学习、文化三大平台，促进学生学习方式、学生管理模式、学生培养手段、育人环境变革，实现学生全面成才成长。

4. 以学生为中心加强教师队伍建设，提升教师的育人能力

一流专业需要有具备一流育人能力的教师队伍作为支撑，切实提高人才培养水平。当前，高校教师对人才培养重要性的认识不充分、不到位，投入不足，且育人能力和水平亟待提升。首先，要加强师德师风建设，培育教师对学生的仁爱之心，提高教师专注教学、潜心育人的主观能动性。其次，要完善激励约束机制，加强教育培训，提高教师的教书育人能力。

5. 以学生为中心厚植质量文化，保障人才培养质量

一流专业建设需要形成以提升人才培养质量为核心，自律、自警、自觉、自纠、自励，持续改进的浓厚质量文化，使培养一流人才成为教职员工一切工作和行为的价值目标和追求。学校首先要以精神文化建设为着力点，将培养质量提升

追求融入办学宗旨、办学理念、使命愿景等核心价值中，使质量文化成为引领制度建设、校园环境建设、各类活动的主题主线。其次，要健全质量保障机制，完善目标—监控—反馈—改进的闭环保障模式，优化教学单位和教研室等基层教学组织质量保障机制建设，以制度建设促进质量文化建设。

四、以学生为中心建设一流专业的主要举措：以广东财经大学为例

1. 优化培养目标和专业结构，适应社会需要

广东财经大学作为一所地方高校，通过深入调研用人单位的人才需求，紧扣广东经济社会发展要求，结合自身办学实际，确立了培养具有良好的思想道德、科学精神、人文素养、专业知识和国际视野，勇于开拓创新的应用型高级专门人才的人才培养总目标。良好的思想道德是落实立德树人根本任务与培养德智体美劳全面发展的社会主义建设者和接班人的根本要求。科学精神和人文素质培养充分体现了财经院校文科类专业的特点，既注重以文化人，也讲求文理兼容。良好的专业知识是高级专门人才的客观要求。良好的国际视野凸显了学校地处粤港澳大湾区，区域经济开放程度较高，外向型经济发达的区位特点对人才培养的要求。开拓创新精神是适应国家创新驱动战略、提升学生创新创业素质和能力的体现。为有效落实人才培养目标，学校不断优化人才培养方案。2018年，根据《普通高等学校本科专业类教学质量国家标准》，结合粤港澳大湾区国家战略最新建设要求，全面优化了培养方案。

学校坚持以国家和广东经济社会发展特别是广东现代服务业发展提供应用型高级专门人才支持和高端专业智力支撑为服务面向，形成了以经济学、管理学、法学为主体，多学科协同发展，与广东经济社会发展特别是广东现代服务业发展高度契合的学科专业体系，并根据区域经济发展要求不断优化专业结构。近年来，学校新设了数字媒体艺术、智能科学与大数据技术、大数据管理与应用等专业，适应粤港澳大湾区信息技术和数字文化创意产业发展要求；新设城市管理专业，适应粤港澳大湾区打造世界级城市群需要；在法学专业设置粤港澳大湾区法务方向，培养熟悉粤港澳三地法律体系的跨界人才；使专业结构与区域产业结构紧密耦合。

2. 深化人才培养模式改革，提升学生就业创业竞争优势

一是坚持分类培养。学校根据学生禀赋特长、兴趣爱好、学习能力和发展意愿，构建"一主体、三示范"的人才培养体系，为学生创设了多样化的成长发展路径。"一主体"即学校以专业应用型人才培养为主体；"三示范"是指在专业应用型人才培养的基础上，进行卓越应用型人才、国际化应用型人才和拔尖创

新学术型人才培养。卓越应用型人才培养更加注重企业家精神和素质培养，使学生具有卓越的实践应用能力和创新创业能力，在毕业后能自主创业或较快成长为企业中高层管理骨干。国际化应用型人才培养更加注重开拓学生的国际视野，按照国际标准完整系统地打造涉外工作知识结构与能力体系，使学生具备全球复杂商业环境下的战略思维、统筹决策与创新创业能力，优良的英语语言运用能力和跨文化交流能力。拔尖创新学术型人才培养注重学生的学术研究和创新能力，使学生能顺利进入国内外知名高校升学深造。同时，学校在公共外语课程、经管类数学基础课程和计算机基础课程实施了分层分类教学，按照学生的学习水平差异设置不同课程组，提升学生学习质量。

二是坚持特色培养。首先，学校根据以经管法三大学科为主体学科的特点，大力促进商法融合培养。在专业教育层面，法学专业设置了企业法务方向，培养精通法律且具有商业运营管理能力的复合型人才；经管类专业结合专业特点设置了专业法律基础课程和案例课程，增强学生的专业法律素养。在通识教育层面，开设了法律基础课程，培养学生的法治意识和思维。其次，学校以跨专业综合实验教学为突破口，构建了完整的实践教学课程体系、平台体系和管理制度体系，培养学生的实践应用能力。最后，学校着力推进创新创业教育，健全了创新创业教育的顶层设计，形成了与贯穿通识教育、专业教育并与第二、三课堂教育有机融合的课程体系，构建了由项目、竞赛、品牌活动、培训、孵化等组成的活动体系，搭建了由实验教学中心、创新创业教育基地、孵化基地等组成的教学平台体系，并获批为广东省创新创业教育示范学校，提升学生创新创业能力。

三是坚持协同培养。学校积极与政府部门、行业组织、企业、境内外高校等校外育人主体开展深度合作，协同育人，使学生知识、素质和能力培养与社会需求有效对接。首先，学校与广东省教育厅、佛山市人民政府、佛山市三水区人民政府签订共建协议，四方共建国际商学院、文化创意与旅游学院的电子商务、金融学等多个本科专业。其次，推进校政行企协同育人。与政府部门、企业等共建了国际化应用型会计人才协同育人平台和税收学专业协同育人平台2个省级协同育人平台，获批47项教育部高教司产学合作协同育人项目，选派教师到广州市地税局、美的集团、中旅集团等实践教学基地共建单位锻炼，积极与法律实务部门和新闻单位开展互聘交流"双千计划"，聘任来自法律实务部门和新闻单位专业人士来校兼职或挂职任教。最后，推进与境内外高校的协同合作。与暨南大学、北京印刷学院、上海政法学院等学校开展学生交换学习，与澳大利亚西澳大学、美国佩斯大学等学校共建中外联合培养项目，与70多所境外高等院校和教育机构建立合作伙伴关系，共同推进实施40个国际化教育项目。

3. 深化课堂教学方式改革，提升学生学习效果

学校鼓励教师积极采取多样化的教学方式方法，启动课堂教学革命，扭转课堂教学吸引力弱、难度低、参与度低、获得感不强的状态，激发学生学习的主动性、积极性和创造性。首先，大力推进线上线下混合式教学。学校积极利用blackboard平台开展信息化教学，实施"互联网+"混合式教学示范工程，建设了网络辅助课程1 148门次、省级以上精品资源共享课程、视频公开课程40门，立项建设在线开放课程12门，引进超星尔雅网络视频课程、智慧树平台慕课课程，发挥信息化手段的导学、辅学和促学功能，培养学生自我学习能力。其次，推进模拟体验式教学。开设企业综合运作仿真实习、模拟法庭等仿真实习课程，通过情景体验式、角色扮演、现场观摩与实践学习相结合等多种方法，提高学生吸收知识的效率。再次，推进案例教学。立项资助建设了《经济法案例专题》《商法案例专题》等16项案例课，让学生把自己置入案例场景，开展研讨式学习，让学生通过思考拓宽视野，丰富知识。最后，深化考核方式改革。推动课程考核从"终结性评价为主"向"过程性评价为主"转变，提高平时成绩在课程总成绩中的比例，考试评分坚持"理论成绩与实践成绩统筹""百分制和等级制并行""教师考核与学生考核相结合"和"团队业绩考核和个人业绩考核相权衡"等方法，推进教考分离改革，使分数评定更加科学合理。

4. 深化教学管理机制改革，激发学生学习的自主性和创造性

首先，学校深入推进学分制改革。实施自主选课制，学生自主选择修读课程、修读时间和任课教师，按照培养方案要求，结合自身兴趣爱好和学习情况，形成个性化的课程表。实施辅修制，贯彻"统一课程标准、课程标注、自主修读、终端识别"原则，实现主辅修一体化。实施专业二次选择制度，增加专业二次选择人数。实施弹性学制，在保持标准学制4年不变的基础上，将学业修读年限调整为3~7年。其次，健全学生的学业指导和管理机制。构建贯穿从入学到毕业全过程的学业导师制，为每位学生配备学业导师，加强学生选课和学业发展的指导。持续实施"五早一晚"（早睡、早起、早读、早练、早餐、晚自习）学风建设活动，培养学生勤奋刻苦的优良学风。实施学业预警机制，根据学生学籍考勤、课程修读、学业成绩和违纪处分等情况，按严重程度从轻到重分蓝色、黄色和红色预警三个等级，实行学校、学院、家庭及学生四方联动的预警帮扶模式。

5. 聚焦立德树人能力和育人水平提升，加强师资队伍建设

首先，学校大力加强师德师风建设，使教师自觉将立德树人工作摆在首要位置，专心教学，潜心育人。学校通过主题教育月、入职典礼、岗前培训、荣休仪式、师德师风表彰等多种形式，开展常态化的师德宣传教育活动，并将师德师风

作为教师素质评价的第一标准，在人才引进、职称评聘、考核评优、职务晋升、访学研修等环节严格实施师德"一票否决制"。其次，完善评价考核机制。学校以学生课堂教学评价为基础、综合师德师风、教研教改、指导学生课外活动等因素，建立了教师教学质量综合评价制度。评价每学年组织，并实现了全体任课教师的全员评价、多种要素综合衡量的全面评价和全体教师按同一指标评价排序的一体化评价，评价结果成为教学质量优秀奖、教学名师和职称评审的重要刚性依据。再次，构建分类发展的职称评聘制度。学校将职称类别分成以教学为主型、教学科研并重型等类别，每种类别又按照不同学科性质设置不同的教学科研业绩条件，在硬化教学约束的基础上引导具有不同特长的教师分类发展。同时，健全奖励约束机制。学校将教学单位教学业绩与绩效工作分配紧密挂钩，将教授、副教授为本科生授课、教学事故等作为扣减绩效奖励的依据，并修订奖励办法，将教学奖励分为教学成果奖、教学质量工程奖、教学荣誉奖、教学竞赛奖和指导学生课外活动与竞赛奖五类，扩大奖励面，提高奖励力度。最后，加强教师育人能力的教育培训。学校健全了教师培养的体制机制，成立了教师发展中心，常态化开展教学能力培训活动，并在美国和澳大利亚建立了2个教师海外研修基地，提高教师课堂教学、信息化教学、实践创新教育和国际化教育能力。

6. 以育人效果和产出为导向，培育质量文化

学校坚持以人才培养为中心，以育人效果和产出为导向，不断培育质量文化，促进广大教师和学生自觉将提升人才培养质量和学习效果作为一切行为的价值追求和行动指针。首先，将质量提升的价值目标全面融入学校精神文化建设中，在学校精神、校训、办学理念、治校方略等核心价值理念中充分体现和彰显对人才培养质量的不懈追求。其次，坚持以人为本、育人为先，突出制度的完备性、协调性、人文性和可操作性，树立制度权威，提高广大师生对学校制度文化的认知与认同，健全制度文化建设。突出学生的学习效果和质量，完善教师教学质量评价机制。坚持开展学生座谈会、学情调查、毕业生调查、用人单位调研等活动，充分了解和掌握学生学习效果和用人单位满意度。加强教学单位内部治理，完善教学单位教学督导组织建设，强化教研室建设和管理，激发教学单位提升教学质量的主体意识和责任意识。再次，加强行为文化建设，培育"严谨治学、笃行拓新、倾心育人"师风，"厚德励学、实践创新、奋发向上"的学风和"敬业奉献、协同奋斗、优质服务"管理作风。最后，以质量提升为导向，优化校园环境文化建设。以学生学习生活合理需求和文化育人为导向，加强校园文化空间与景观小品打造，提升品质与内涵，营造有利于传播优秀传统文化和广财文化、有利于沉淀书香文化和身心健康文化、有利于优良行为习惯养成和正确价值

追求的人文校园。

参考文献

［1］朱建芳.“以学生为中心”的高校内部教学质量保障体系研究与实践. 黑龙江高教研究，2019（5）.

［2］王道俊、郭文安. 教育学. 第 7 版. 北京：人民教育出版社，2016.

［3］赵中建. 21 世纪世界高等教育的展望及其行动框架：'98 世界高等教育大会概述. 上海高教研究，1998（12）.

［4］本书编委会. 企业质量战略管理与质量文化建设. 北京：中国质检出版社，中国标准出版社，2018（04）.

［5］ROBERT B. BARR. John Tagg. From Teaching to Learning：A New Paradigm for Undergraduate Education. Change，1995（6）.

新时代高校课程思政实施路径探索
——以西南财经大学为例

西南财经大学 李永强 冉茂瑜①

摘要：课程思政作为一种创新的教育理念，是一种全程性、系统性的教学实践，对培养德智体美劳全面发展的社会主义建设者和接班人具有重要意义，全国高校思想政治工作会议强调，要促使各类课程与思想政治理论课同向同行，形成协同效应。本文以习近平新时代中国特色社会主义思想为引领，以立德树人根本任务贯穿各项工作，通过深入理解课程思政本质内涵，构建培育思路，落实主体责任、挖掘思政要素等对西南财经大学在新时代背景下的课程思政建设进行了积极探索。

关键词：课程思政 主体责任 全过程育人

习近平总书记在 2016 年的全国高校思想政治工作中明确提出，"其他各门课都要守好一段渠、种好责任田，使各类课程与思想政治理论课同向同行，形成协同效应"[1]，把思想政治工作贯穿教育教学全过程，实现全程育人、全方位育人，努力开创我国高等教育事业发展新局面。西南财经大学以此为遵循，按照"统筹布局、分步实施、滚动发展"的思路，先后召开教育思想大讨论、课程思政推进会等一系列研讨会，建章立制，统筹线上线下各方面资源，推动建成了"学校氛围浓、学院特色亮、课程品牌响、成果固化牢、教师榜样强"的大思政工作格局，形成各类课程与思政课程同向同行效应。

一、新时代高校课程思政本质及内涵

课程思政，即将思想政治教育元素，包括思想政治教育的理论知识、价值理念以及精神追求等融入各门课程中去，潜移默化地对学生的思想意识、行为举止

---

① 李永强，西南财经大学副校长，教授、博士生导师；冉茂瑜，就职于西南财经大学教务处。

产生影响，本文从课程思政的目标、理念、方法三个维度来认识和把握其深刻内涵。[2]

1. 课程思政的目标是立德树人

为党育人、为国育才是高等教育的初心和使命。为了实现育人与育才的统一，高校需要培养社会主义的合格建设者和可靠接班人，其中课程思政便充分体现了育人与育才的高度统一，是中国特色社会主义社会人才培养的基本路径。我们党历来高度重视学校德育工作和思想政治工作，探索形成了一系列教育方针和政策，把为培养什么样的人、如何培养人以及为谁培养人作为工作的根本遵循。课程思政将思想政治教育融入学科课程教育之中，始终坚持以德立身、以德立学、以德施教，注重加强对学生的世界观、人生观和价值观的教育，传承和创新中华优秀传统文化，积极引导当代学生树立正确的国家观、民族观、历史观、文化观，从而为社会培养更多德智体美劳全面发展的人才，为中国特色社会主义事业培养合格的建设者和可靠的接班人。[3]

2. 课程思政的理念是协同育人

中国特色社会主义教育是知识体系教育和思想政治教育的有机结合，课程思政所践行的正是将两者有机融通，避免思想政治工作和人才培养形成"两张皮"。把教书育人规律、学生成长规律和思想政治工作规律紧密结合起来，把立德树人内化到学校建设和管理各领域、各方面和各环节，用一流的思想政治教育体系建设引领一流的人才培养体系，融通教师的每一节课，构建"三全"育人的大思政工作格局。课程思政同时也是一项系统性工程，是全校各单位、各部门、各位教师的共同责任，横向需要校内校外多部门的协同配合、互相支持，纵向需要层层激发动力、形成内生共识。

3. 课程思政的方法是显隐融合

人才培养体系是由教学体系、教材体系、管理体系等组成，思想政治教育体系贯穿其中。学校通过改革课程目标、内容、结构、模式等，把政治认同、国家意识、文化自信、人格养成等思想政治教育导向要素与各类课程专业知识、技能传授有机融合，使思想政治教育融入教育教学的各个要素环节，就像盐溶于水，无形无色却又无处不在，实现显性与隐性教育的有机结合，促进学生的自由全面发展，充分发挥专业课程的育人功效，打通学校思想政治教育的"最后一公里"，画好各类课程与思想政治理论课同向同行的最大同心圆。

二、以"四个坚持"为中心的课程思政建设思路

一是要坚持"思想同心"。切实提高政治站位，把正确价值引领、共同理想

信念塑造作为社会主义大学课堂的鲜亮底色，强化顶层设计，发挥学校"大思政"工作格局统筹引领作用，坚持把立德树人成效作为学校一切工作的标准，进一步增强"立德与树人"的"心连心""肩并肩""手牵手"，共同画好思政课程与课程思政"同心圆"。

二是要坚持"目标同向"。以推进学校《课程思政教育教学改革实施方案》落实为契机，完善全员全过程全方位育人体系，强化课程育人"共同体"意识，以社会主义核心价值观教育、爱国主义教育为引领，并贯穿于专业教育全过程。思政教育和专业教育、思政课程和课程思政都统一于"为党育人、为国育才"的初心使命中，都要统一于培养社会主义合格建设者和可靠接班人的培养目标中，实现目标同向。

三是要坚持"育人同步"。学校整体推动思政课与专业课"共建共享"。深度挖掘各学科门类专业课程中蕴含的思想政治教育资源，解决好各类课程与思政课相互配合的问题，发挥所有课程育人功能，构建全面覆盖、类型丰富、层次递进、相互支撑的课程思政体系，使各类课程都有"思政味"。课程思政绝不是生搬硬套，在专业知识中'插播'思政广告。理论功底牢不牢，与专业结合得巧不巧，故事讲得好不好，都对教师提出了一场新的挑战。为此，思政课教师、专业课教师要准确把握育人丰富内涵，积极践行政治要强、情怀要深、思维要新、视野要广、自律要严、人格要正的"六个要"要求。

四是要坚持"质量同优"。真正的教学质量是育人质量，课程思政是实现知识教育、能力培养和价值引领有机统一的重要战略，课程思政让知识富于德行，也是实现"五育并举、全面发展"的关键环节。学校始终坚持高起点、高标准推进课程思政建设提质增效，探索建立"三提机制"——课程思政教师集中研讨提问题、集中备课提质量、集中培训提素质，以学生的获得感为检验标准，有的放矢地设计教学内容、选择教学方法、制定评价标准，保证课程思政实施质量。

三、构建全过程课程思政育人体系

1. 抓机制建设，压实主体责任

学校党委高度重视。学校党委站在党和国家事业发展战略全局高度，切实发挥领导核心作用，确立"根本性举措、全方位行动、持续性推进"的总体方针，把正确价值引领、共同理想信念塑造作为社会主义大学课堂的鲜亮底色，强化顶层设计，发挥学校"大思政"工作格局统筹引领作用，坚持把立德树人成效作为学校一切工作的标准，制定《课程思政教育教学改革实施方案》等系列文件，建立校院党政主要负责干部为学生上思政课的工作机制。进一步增强"立德与树人"的"心连心""肩并肩""手牵手"，共同画好思政课程与课程思政"同心圆"。

夯实学院层面责任。课程思政的建设重心在学院，具体在教师。学校将课程思政工作纳入教育教学改革专项，向各学院部署课程思政建设任务，明确要求课程思政进教材、进课堂、进头脑。全校所有二级学院结合各自情况，均全部开展"课程思政"系列改革。国际商学院出台《专业课程思政育人方案》，坚持开展研讨会、读书会、政治理论学习会和主题教育实践活动；人文（通识）教育学院制定教学指南，明确通识课程对应的思想政治教育价值功能；公共管理学院注重开展文献库、问题库、案例库等课程思政资源建设；经济信息工程学院探索建立以"思想政治教育理论授课"为一体，以"思想政治教育主题分享课"和"思想政治教育主题实践课"为两翼的思想政治教育课程体系；财税学院大力开展书记、院长讲授思想政治理论（专题）课；经贸外语学院着力探索从以往灌输式教学模式向精准式教学模式转变等。

2. 抓体系建设，做实要素挖掘

（1）从人才培养方案入手，统筹谋划课程思政建设

学校人才培养方案明确提出，"全面加强思政课程建设，完善教学设计，加强教学管理，充分挖掘各门专业课程所蕴含的思想政治教育元素和所承载的思想政治教育功能，融入课堂教学各环节，实现思想政治教育与通识教育、专业教育、创新创业教育的有机统一"。学院根据学校人才培养的总目标，在专业的人才培养方案中，要求有反映本专业核心素养要求的育人目标和实现路径的设计与表述；在课程实施方案中，要求有机融入本课程所蕴含的思想政治教育元素和所承载的思想政治教育功能，实现课程育人。

（2）系统梳理思政课程和课程思政核心元素内容，从学科专业特色入手，丰富课程思政育人内涵

围绕习近平新时代中国特色社会主义思想最新理论成果，学校以"政治认同、国家意识、文化自信、公民人格"为重点内容，整体规划和分层设计学校课程思政教育教学内容体系。根据不同学科专业课程性质特点，深刻把握课程思政重点内容：①经济管理类课程：结合专业教育，讲好习近平中国特色社会主义经济思想管理思想，深挖中国经济社会发展和管理实践中的优秀做法和典型案例，不断增强学生"四个自信"，教育引导学生正确认识世界和中国发展大势、中国特色和国际比较、时代责任和历史使命以及远大抱负和脚踏实地。②理工类课程：突出培育科学精神、探索创新精神，明确人类共同发展进步的历史担当，融

入国内前沿科技成果的宣讲教育，增强学生民族自豪感。③文学艺术类课程：培育健康的审美情趣、乐观的生活态度，从爱国、处世、修身三个层次将中华优秀传统文化贯穿渗透到专业课教学中，帮助学生树立民族自信、文化自觉和文化自信。④法学类课程：将习近平中国特色社会主义法治思想融入教育教学全过程，加强公平正义教育，端正社会主义法治观、价值观、是非观，融入廉洁自律教育，强化学生社会责任感和法治精神。⑤公共基础课程、心理健康课程、通识课程应充实和拓展课程思政教育内容，做到育德、育智、育心高度统一，培养学生自尊自信、理性平和及正面积极的良好心态。

3. 抓思政课程，落实全过程育人

（1）扎实推进思政课建设。学校开设中宣部、教育部规定的全部思政必修课和选修课10门；推出"习近平新时代中国特色社会主义思想概论"等8门选修课程；打造"红色讲坛""三分钟形策课""红军长征在四川"等品牌；深入推进四川省"名师工作室""思政示范课""思政课VR实践教学基地"建设。并针对思政课传统教学亲和力不强、忽视实践体验等问题，构建"双循环反哺式"教学模式，"评价"倒逼"教学"的教学改进机制。健全以问题为中心的集体备课和教学研究制度，建立"面对面集体大备课"、暑期（小学期）全院集中一周集体备课与教研室（课程组）平时分散备课相结合的制度，加强思政课教学规律和教学方法研究。

（2）充分发挥专业课程育人功能。学校实施中华文化传承工程，推动中华优秀传统文化融入通识课程教育教学，组织大学生学习中华文化重要典籍。大力建设课程思政教学团队，实施课程负责人制度，通过集体备课、团队研课、相互听课等方式改进教学方法，将习近平新时代中国特色社会主义思想融入课堂教学，"备理论""备热点""备方法"，遵循教学规律，贴近学生特点，使党的理论创新最新成果有计划、分专题地进入课堂，根植于大学生思想深处。学校已立项资助93项课程思政示范课程项目，举办2届课程思政教学竞赛，评选了32名课程思政优秀教师，5门课程获批为四川省课程思政示范课堂。

（3）打造高质量实践课程。学校以"走出去"为基点，"有成效"为目标，多途径拓展校外社会实践教学基地，丰富实践教学内容和形式。完善校内"红色文化走廊"实践教学基地，扩大场地容量，完善基地的实践教学功能。同时，通过暑期社会实践三下乡、学生支教、志愿者活动、中国家庭金融调查、中国小微企业调查等校外实践活动，建立了多元立体化的实践教育平台，帮助学生扎根中国大地，了解中国国情，增强"四个自信"。尤其是中国家庭金融调查，自2011年起，共有1.4万余名在校学生参与，学生调查员先后形成了《八千里路云和月》《礼敬新中国 70 周年——数据见证社会变迁》等五部大型社会调查纪实报告。这一系列调查纪实，不仅铭刻了新时代大学生在社会实践中厚植家国情怀、增长见识才干的成长历程，更是成为开展校情、社情、国情教育的一手教材。

（4）构建精准化课程思政育人体系。学校结合课程思政总体目标，针对不同学科专业，确定相应重点思政资源，面向港澳台侨学生统一开设爱国主义教育、中国传统文化教育、中国国情教育等选修课程，通过文本阅读、档案研究、实地考察、研讨式学习等，加深对中华文明、当代文化经济社会与政治发展的理解与认知；将课程思政融入少数民族预科培养方案，从课程建设源头做起，并在教学实施方案中凸显思政育人目标及相应教学设计与教学案例；针对留学生开展"感知中国""讲述中国故事"等系列活动，组织教师面向留学生开设系列讲座，推广中国优秀传统文化、讲述科技的快速发展以及"一带一路"与人类命运共同体，组织学生开展广泛调查研究，帮助留学生全面深入了解中国社会，融入中国社会。

（5）完善工作机制，严格教材选用和建设。全面推行"马工程"教材教学。成立教材委员会，指导统筹全校教材使用和管理。落实统编统用制度，统一使用"马工程"重点教材，并选派教师参加教育部、四川省组织的"马工程"教材培训。完善教材选用程序，实行"教师个人提交→学院主管本科教学负责人审核→学院教授委员会讨论并通过→党政联席会决策→学校审核"层层把关的教材选用流程，切实加强政治把关，组织教师开展工程教材集体备课、教学观摩等，切实做到"先培训、后上课"。修订相关专业教材，充分挖掘和运用课程蕴含的思想政治教育元素，并作为课堂讲授的重要内容和学生考核的关键知识点。

4. 抓教师思政，构建"交互式"师资培养体系

学校通过"学习、对话、实践与反思"等培训模式，对新进教师与在职教师开展形式丰富的针对性教学培训，邀请国内诸多知名高校的相关专家学者开展师德师风、课程思政专题培训 80 次，参培教师 3 700 余人次。启动建设"西财红色讲坛""名家进思政课堂"，邀请国内思政名家进入课堂讲思政课，首批外聘 10 位专家受聘为我校思政课兼职教授。

2018 年和 2019 年，学校组织全校 18 个本科教学单位连续开展年度教育思想大讨论，从思想研讨到教育调研、师生互动到校外联动等多层面开展积极探索，让全国高校思想政治工作会议、全国教育大会等会议精神在西财校园深入人心，形成"课程思政"的教学文化氛围。

5. 抓协同发展，构建育人保障机制

学校充分整合宣传统战部、组织人事部、教务处、研究生院、学生工作部

（处）、团委等职能部门及各学院，探索课程思政一体化管理机制路径，形成了学校党委统一全面领导、院系具体推进落实、各部门密切协同、教师主体作用充分发挥的大思政工作格局，实现思政教师和专业教师职能互补、优势叠加，做到教育与教学的有机统一。充分保障课程思政研究、宣传等工作的经费资源投入，各职能部门为课程思政工作的全面开展提供制度、技术、数据支持。各学院充分发挥主体作用，承担起相应的职责。

学校课程思政改革经验先后被《光明日报》《中国教育报》等国家级报刊媒体报道，2019年，《光明日报》及光明网刊出大篇幅新闻通讯，深度报道我校紧紧聚焦立德树人根本任务，坚持把思想政治工作贯穿教育教学全过程，深入挖掘专业课程中蕴含的思想政治教育资源，深入推进课程思政改革创新的典型案例和特色经验。教育部网站、人民网等多家主流媒体转载报道。学习强国平台在"教育新闻"频道和"思政与德育"频道的"经验典型"栏目中刊载了报道，如《西南财经大学：将思政元素融入专业课教学》《心系群众 努力办好人民满意的大学》《西南财大十九大精神学生宣讲团在"双向教育"中收获真知》等。经过全校上下各方共同努力，"课程思政"理念已被广大教师所接受，"课程思政"已经成为校园传播的"高频词"，学校已形成课程门门有思政、教师人人讲育人的浓厚课程思政育人氛围。

实践证明，新时代背景下，挖掘用好各门课程思政元素，充分发挥各门课程的思想政治教育功能，是一个长期性、系统性、基础性的战略工程，需要同向发力、协同用力、群策群力。课程思政是一种教育理念、一种思维方式，一种教育实践，更是一个系统工程，从理论上探讨其内在逻辑和运行机理，从实践上探讨其教学设计和课外拓展都是一个长期的过程，需要今后更多的研究和实践，以期突破和提高。

参考文献

［1］习近平. 习近平谈治国理政：第二卷［M］. 北京：外文出版社，2017：378.

［2］刘鹤，石瑛，金祥雷. 课程思政建设的理性内涵与实施路径［J］. 中国大学教学，2019（3）：59-62.

［3］王学俭，石岩. 新时代课程思政的内涵、特点、难点及应对策略［J］. 新疆师范大学学报，2020（3）：50-57.

大学生心理资本对学习投入的影响：
学习倦怠的中介效应

内蒙古财经大学　　杜衍姝[①]

摘要： 本文通过对来自内蒙古10所高校的500名大学生进行问卷调查（有效问卷357份），研究大学生心理资本、学习倦怠对学习投入的影响及学习倦怠的中介效应。结果显示：心理资本与学习倦怠显著负相关、与学习投入显著正相关，学习倦怠与学习投入显著负相关；学习倦怠在心理资本和学习投入的关系中起部分中介作用。

关键词： 心理资本　学习倦怠　学习投入　中介作用　结构方程模型

近年来在校大学生的学习状况不容乐观，厌学、逃课普遍存在，学生不愿将精力和时间投入到学习上，学习倦怠逐渐成为大学生普遍存在的现象，严重影响着大学生的学业和身心健康。方来坛（2008）、罗敏（2011）、王为一（2012）的研究显示，我国大学生学习投入水平中等偏下，学习积极性不高，学习倦怠现象严重。[1-3] 大学阶段的学习对于大学生日后的工作及生活具有重要的影响，因此从心理学角度对大学生学习投入和学习倦怠进行相关的研究和探索，既有利于激发学生的学习兴趣，提高学习动力，也有利于改善大学生的心理健康状况。

一、国内外研究现状

（一）国内外对心理资本的研究现状

企业绩效的提升不仅依靠社会资本和人力资本，员工的心理因素同样会影响企业的发展。积极心理学主要研究积极情绪、积极心理过程等方面，而积极心理学在管理领域的应用促使了积极组织行为学的产生。Luthans 等人（2004）在结

---

① 作者简介：杜衍姝（1984—），女，内蒙古赤峰人，硕士研究生，讲师；研究方向：高等教育。
基金项目：内蒙古自治区高等学校科学研究项目（项目编号：NJSY19122）。

合积极心理学和积极组织行为学的基础上，提出了以强调人的积极心理因素为核心的"积极心理资本（positive psychological capital）"概念[4]。2005 年，Luthans 首次将心理资本定义为"个体一般积极性的核心心理要素，具体表现为符合积极组织行为标准的心理状态，它超出了人力资本和社会资本，并能够通过有针对性的投入和开发而使个体获得竞争优势"。[4]2007 年，Luthans，Youssef 和 Avolio 又对心理资本的定义进行了修正，认为心理资本是指"个体的积极心理发展状态"。[4]本文认为心理资本是在成长和发展中表现出来的积极心理状态。Luthans（2004）提出心理资本包括自信或自我效能感、希望、乐观和坚韧性四个维度并编制了心理资本问卷（PCQ-24）。[4]Page 等人（2004）认为积极心理资本应包括希望、乐观、自我效能感、复原力和诚信五个维度。[5]张阔（2010）编制了包含乐观、韧性、自我效能和希望四个维度的积极心理资本问卷。[6]Luthans 通过对中国员工的实证研究得出心理资本与工作绩效正相关。[4]Larson 和 Luthans 的研究证实员工的心理资本与工作满意度和组织承诺显著正相关。[7]此外，其他研究也从实证的角度验证了心理资本及各维度对领导和员工的组织公民行为有正向作用，对离职和旷工等有负向作用。[8-10]有研究发现我国的大学生心理资本处于中等水平，且发展水平不均衡，在自我效能、韧性、希望和乐观四个维度中乐观得分最高，[11-12]拥有良好心理资本的大学生，他们的学习成就、就业能力、心理健康水平和幸福感的程度都更高。[13-15]

（二）国内外对学习倦怠的研究现状

学习倦怠由倦怠一词演变而来。Pines 和 Katry（1981）首次提出学生倦怠，指学生在学习过程中发生的倦怠现象。[16]Schaufeli（2002）提出学习倦怠并定义为由于过度的学习需求而使学生产生情绪耗竭、疏离学业、成就感低落。[17]连榕、杨丽娴等人（2005）认为学习倦怠是学生对学习没有兴趣或缺乏动力却又不得不承受时，感到厌倦和懈怠，从而产生逃避学习的一种消极行为。[18]综合以上学者对学习倦怠的理解，本文采用连榕、杨丽娴等人的概念。Maslach 和 Jackson（1986）认为职业倦怠包括情绪耗竭、去人性化、低成就感三个维度[19]并编制了工作倦怠量表（Maslsch Burnout Inventory MBI）。Schaufeli 对 MBI 量表进行修改编制了 Maslach 通用倦怠量表（MBI-GS）并在此基础上制订了适用学生的学习倦怠量表 MBI-SS。连榕等人（2005）认为对所学专业的兴趣是大学生学习倦怠的最主要影响因素，由此开发出适合中国国情的三维度（情绪低落、行为不当、成就感低）大学生学习倦怠问卷。[18]此量表具有良好的信度和效度，为广大研究者使用。影响大学生学习倦怠的因素包括学习压力、人格特征、应对方式、自我效能感、专业承诺等。学习倦怠作为因变量，会对学习投入、心理健康、成就动机、幸福感等产生影响。例如专业承诺与学习倦怠显著负相关。[20]自我效能感显著负向预测学习倦怠。[21]大学生的学习倦怠水平越高，其主观幸福感水平越低。[22]

（三）国内外对学习投入的研究现状

在心理学领域学习投入由工作投入发展而来。Schaufeli（2002）等人认为，学习投入是一种与学习相关的、持久的、积极的、完满的情感和认知的心理状态，有活力、奉献、专注三个维度。[17]Kuh（2006）等人认为学习投入是个体在学习活动中所投入的时间和精力及在学习中所付出的努力。[23]目前国内多数学者采用 Schaufeli 的定义，本文也采用 Schaufeli 的定义，认为学习投入是一种与学习有关的、积极的心理状态。Schaufeli 等人在工作投入量表（UWES）的基础上，以大学生为样本编制了学习投入量表（UWES-S），包括活力、奉献、专注三个维度，且具有较高的信度和效度，被国内大多数学者采用。国内也有学者编制了不同维度的学习投入量表。[1,24]影响大学生学习投入的因素主要来自自身内部和外部环境。内部因素包括人口学特征（如性别、年龄、专业）、人格特征、应对方式等。外部因素包括父母教养方式、家庭经济状况、专业承诺、自我效能感、时间管理倾向等。同时，学习投入作为前变量对学生满意度、学习成就、身心健康等有影响。例如专业承诺与学习投入显著正相关。[20]时间管理倾向与学习投入显著正相关。[25]学习投入与社会支持显著正相关。[26]学习投入与生活满意度显著正相关。[27]

（四）心理资本、学习倦怠、学习投入之间的关系研究

有研究证明，大学生心理资本对学习投入具有显著的正向预测作用，[28-29]学习倦怠与学习投入显著负相关，[20-21]大学生积极心理资本与学习倦怠负相关，前者对后者有显著的预测效应。[30-31]

目前国内还没有学者将心理资本、学习倦怠和学习投入三者结合起来进行系统的研究。本文将大学生的心理资本、学习倦怠和学习投入统一起来进行研究，探讨大学生心理资本和学习倦怠对学习投入的影响及作用机制，为提高大学生学习投入提供更完善的理论依据和对策建议，从而促进大学生学业的更好发展。

二、研究设计

（一）研究对象

本文选择了内蒙古 10 所高校大一年级至大四年级学生作为研究对象。共发放问卷 500 份，回收问卷 467 份，其中有效问卷 357 份，问卷回收率为 93.4%，

有效回收率为 71.4%。其中男生 118 名，女生 239 名。大一年级学生 93 名，大二年级学生 85 名，大三年级学生 140 名，大四年级学生 39 名。

（二）研究工具

本文分别采用张阔（2010）编制的积极心理资本问卷，包括自我效能、乐观、韧性和希望四个维度，共 26 个题项；连榕等人（2005）编制的大学生学习倦怠问卷，包括情绪低落、行为不当和成就感低三个维度，共 20 个题项；Schaufeli 编制的 UWES-S 量表，包括活力、奉献和专注三个维度，共 17 个题项。

1. 量表的因素分析

检验建构效度最常用的方法是因素分析法，通过因素分析有效地抽取共同因素。对于心理资本量表，经过 KMO 值分析及 Bartlett's 球形检验，KMO = 0.815，Bartlett 球形检验值在 0.001 的水平上达到显著，表明适合进行因子分析。经过三次因子分析后，题项的共同度都大于 0.5。抽取特征值大于 1 的因素，通过最大变异法正交旋转处理后抽取了 4 个因子，这 4 个因子累积解释变异量达到了 62.209%，4 个因子分别是自我效能、乐观、韧性与希望，因素分析后提取的因子与最初设想的维度构成一致，说明量表的建构效度良好。对于学习倦怠量表，经过 KMO 值分析及 Bartlett's 球形检验，KMO = 0.81，Bartlett 球形检验值在 0.001 的水平上达到显著，表明适合进行因子分析。经过一次因子分析后，题项的共同度都大于 0.5。抽取特征值大于 1 的因素，通过最大变异法正交旋转处理后抽取了 2 个因子，这 2 个因子累积解释变异量达到了 60.152%，2 个因子分别是行为不当和情绪低落，因素分析后提取的因子与最初设想的维度构成基本一致，缺少"成就感低"这一维度，可能与当地的大学生学习状况有关，量表的建构效度可以接受。对于学习投入量表，经过 KMO 值分析及 Bartlett's 球形检验，KMO = 0.851，Bartlett 球形检验值在 0.001 的水平上达到显著，表明适合进行因子分析。经过一次因子分析后，题项的共同度都大于 0.5。抽取特征值大于 1 的因素，通过最大变异法正交旋转处理后抽取了 3 个因子，这 3 个因子累积解释变异量达到了 62.575%，三个因子分别是活力、专注和奉献，因素分析后提取的因子与最初设想的维度构成一致。

2. 量表的信度检验

心理资本量表的自我效能、乐观、韧性与希望的 Cronbach's Alpha 系数分别为 0.686、0.635、0.612 和 0.736，各分量表的信度可以接受。学习倦怠的情绪低落与行为不当的 Cronbach's Alpha 系数分别为 0.651 和 0.745，各分量表的信度可以接受。学习投入量表的活力、奉献与专注的 Cronbach's Alpha 系数分别为 0.726、0.657 和 0.623，各分量表的信度可以接受。

3. 量表的验证性因素分析

本文采用 AMOS24.0 对三个量表进行验证性因素分析，如表 1 所示。综合来看，三个量表拟合数据水平较高，具有较高的结构效度。

表 1　量表的验证性因素分析

量表拟合指标	c^2	c^2/df	RMSEA	GFI	CFI	AGFI	PGFI
心理资本二阶潜变量模型	135.647	2.826	0.072	0.939	0.897	0.901	0.578
学习倦怠二阶潜变量模型	15.682	1.960	0.052	0.986	0.979	0.962	0.375
学习投入二阶潜变量模型	93.257	3.886	0.090	0.947	0.906	0.900	0.505

三、结果分析

（一）相关分析

从表 2 可以看出，心理资本的自我效能、乐观与学习倦怠相关不显著，其他维度与学习倦怠显著负相关；心理资本与学习投入的专注相关不显著，心理资本与学习投入的其他维度显著正相关；学习倦怠与学习投入的专注相关不显著，与学习投入的其他维度显著正相关。总体上看，心理资本与学习倦怠显著负相关，与学习投入显著正相关，学习倦怠与学习投入显著正相关。

表 2　各维度的相关分析

	希望	自我效能	乐观	韧性	行为不当	情绪低落	活力	专注	奉献
希望	1								
自我效能	0.265**	1							
乐观	0.150**	0.342**	1						
韧性	0.210**	0.118**	0.319**	1					
行为不当	-0.288**	-0.016	-0.012	-0.123*	1				
情绪低落	-0.231**	-0.007	-0.072	-0.347**	0.339**	1			
活力	0.220**	0.247**	0.167**	0.149**	-0.289**	-0.242**	1		
专注	0.028	0.036	0.035	0.022	-0.027	-0.018	0.350**	1	
奉献	0.404**	0.316**	0.167**	0.187**	-0.264**	-0.238**	0.508**	0.275**	1

注：* 在 0.05 水平（双侧）上显著相关，** 在 0.01 水平（双侧）上显著相关。

（二）回归分析

前一部分的相关分析说明了心理资本、学习倦怠与学习投入之间存在显著的相关性，但分析结果并没有显示出三者之间有怎样的因果关系，通过进一步的回归分析能够揭示出三者之间的关系方向，并利用回归分析探讨心理资本各维度对学习倦怠、学习投入各维度的预测作用。本文的回归分析采用逐步回归法。

1. 心理资本对学习倦怠的回归分析

将心理资本各维度作为自变量，学习倦怠各维度作为因变量进行回归分析，分析结果如表3所示。

表3　心理资本对学习倦怠的回归分析

因变量	顺序	自变量	R^2	调整后的 R^2	β值	T值	显著性水平
行为不当	1	希望	0.083	0.080	−0.343	−5.666	0.000
情绪低落	1	韧性	0.121	0.118	−0.313	−6.227	0.000
	2	希望	0.147	0.142	−0.165	−3.292	0.000

从表3可以看出，以心理资本作为自变量预测学习倦怠的行为不当维度时，能够进入回归方程起到预测作用的是希望维度。调整后的 R^2 为0.083，说明希望维度对行为不当有8%的预测能力，并且对行为不当有负向的预测作用，标准化回归方程为：行为不当=−0.343×希望。

以心理资本作为自变量预测学习倦怠的情绪低落维度时，能够进入回归方程起到预测作用的是韧性、希望维度。韧性维度对情绪低落有11.8%的预测能力，希望维度对情绪低落有2.4%的预测能力，并且对情绪低落都有负向的预测作用，标准化回归方程为：情绪低落=−0.313×韧性−0.165×希望。

2. 心理资本对学习投入的回归分析

将心理资本各维度作为自变量，学习投入各维度作为因变量，进行回归分析，分析结果如表4所示。

表4　心理资本对学习投入的回归分析

因变量	顺序	自变量	R^2	调整后的 R^2	β值	T值	显著性水平
活力	1	自我效能	0.061	0.058	0.203	3.847	0.000
	2	希望	0.086	0.081	0.166	3.147	0.000
奉献	1	希望	0.163	0.161	0.344	7.030	0.000
	2	自我效能	0.210	0.206	0.224	4.582	0.000

以心理资本作为自变量预测学习投入的活力维度时，能够进入回归方程起到预测作用的是自我效能、希望维度。自我效能对活力有5.8%的预测能力，希望

对活力有 2.3% 的预测能力，并且对活力都有正向的预测作用，标准化回归方程为：活力 = 0.203×自我效能 + 0.166×希望。

以心理资本作为自变量预测学习投入的奉献维度时，能够进入回归方程起到预测作用的是希望、自我效能维度。希望对奉献有 16.1% 的预测能力，自我效能对奉献有 4.5% 的预测能力，并且对奉献都有正向的预测作用，标准化回归方程为奉献 = 0.344×希望 + 0.224×自我效能。

学习投入中的专注维度没能被心理资本的维度预测，这与前面的相关分析结果相一致。

3. 学习倦怠对学习投入的回归分析

再次将学习倦怠各维度作为自变量，学习投入各维度作为因变量，进行回归分析，分析结果如表 5 所示。

表5　学习倦怠对学习投入的回归分析

因变量	顺序	自变量	R^2	调整后的 R^2	β 值	T 值	显著性水平
活力	1	行为不当	0.083	0.081	-0.227	-4.375	0.000
	2	情绪低落	0.107	0.102	-0.173	-3.040	0.000
奉献	1	行为不当	0.069	0.067	-0.207	-3.846	0.000
	2	情绪低落	0.094	0.089	-0.167	-3.114	0.000

以学习倦怠作为自变量预测学习投入的活力维度时，能够进入回归方程起到预测作用的是行为不当、情绪低落维度。行为不当对活力有 8.1% 的预测能力，情绪低落对活力有 2.1% 的预测能力，并且对活力都有负向的预测作用，标准化回归方程为活力 = -0.227×行为不当 - 0.173×情绪低落。

以学习倦怠作为自变量预测学习投入的奉献维度时，能够进入回归方程起到预测作用的是行为不当、情绪低落维度。行为不当对奉献有 6.7% 的预测能力，情绪低落对奉献有 2.2% 的预测能力，并且对奉献都有负向的预测作用，标准化回归方程为活力 = -0.207×行为不当 - 0.167×情绪低落。

学习投入中的专注维度没能被学习倦怠的维度预测，这与前面的相关分析结果相一致。

（三）中介效应检验

根据温忠麟等人[32]（2014）关于中介效应分析的方法，本文运用结构方程模型对学习倦怠在心理资本与学习投入关系间的中介效应进行检验。

本文首先检验心理资本对学习投入的总效应，建立模型，如图 1 所示。

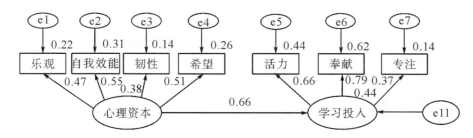

图1　心理资本影响学习投入的结构方程模型图

运用 AMOS24.0 运行数据，适配度指标值分别为：$c^2 = 15.017$（p = 0.090），$c^2/\mathrm{df} = 1.669$，RMSEA = 0.043，GFI = 0.988，NFI = 0.960，CFI = 0.983，表明模型拟合良好，心理资本对学习投入总效应的路径系数为 0.66。

其次，检验加入学习倦怠后心理资本对学习投入的总效应，建立模型，如图2所示。适配度指标值分别为：$c^2 = 29.126$（p = 0.033），$c^2/\mathrm{df} = 1.713$，RMSEA = 0.045，GFI = 0.982，NFI = 0.947，CFI = 0.976，表明模型拟合良好。心理资本对学习倦怠具有负向的预测作用，学习倦怠对学习投入具有负向的预测作用。加入中介变量学习倦怠后，心理资本对学习投入的路径系数由原来的 0.66 变成了 0.53，仍显著（p<0.001），学习倦怠的加入导致了心理资本对学习投入的作用力下降但没有改变二者关系显著性的结果，说明学习倦怠在心理资本对学习投入的影响中起部分中介作用。

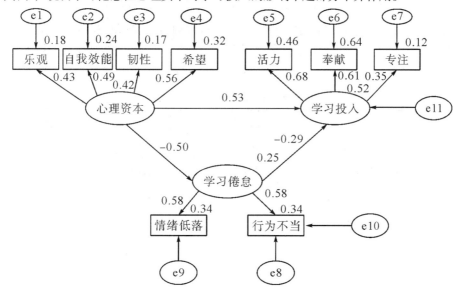

图2　心理资本、学习倦怠影响学习投入的结构方程模型图

（四）路径分析

为了进一步明确心理资本如何通过学习倦怠影响学习投入，建立了心理资本、学习倦怠与学习投入之间的路径分析图，如图 3 所示。通过 AMOS24.0 分析，适配度指标分别为：$c^2 = 93.401$，$c^2/df = 1.762$，RMSEA = 0.046，GFI = 0.964，NFI = 0.900，CFI = 0.953，模型的拟合程度较好。该模型各条路径的回归系数都达到了显著水平。

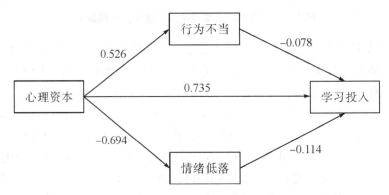

图 3   心理资本、学习倦怠与学习投入的路径分析图

从表 6 可以看出，在心理资本对学习倦怠的影响中，心理资本对情绪低落的影响效应大于对行为不当的影响；在心理资本、学习倦怠对学习投入的影响中，心理资本除了可以直接预测学习投入外，还可以通过行为不当和情绪低落间接影响学习投入，并且心理资本通过情绪低落对学习投入产生的影响效应大于心理资本通过行为不当对学习投入产生的影响。

表 6   心理资本、学习倦怠和学习投入间的效应值

	总效应	直接效应	间接效应
心理资本→行为不当	−0.526	−0.526	—
心理资本→情绪低落	−0.694	−0.694	—
心理资本→学习投入	0.857	0.735	0.12
行为不当→学习投入	−0.078	−0.078	—
情绪低落→学习投入	−0.114	−0.114	—

四、研究结论与建议

（一）研究结论

（1）大学生心理资本水平较高，其中希望维度的得分最高，说明大学生的心理状态较好。学习倦怠水平较低，通过进一步走访发现，当前大学生的学习任务普遍较轻，学习压力较小，因而学生可能只需要在临近期末时加强复习就能通过考试。学习投入水平适中，说明大学生还有进一步挖掘的学习潜力，学校可以采取一些措施促进学生学习投入水平的提高。

（2）相关分析表明心理资本与学习倦怠显著负相关，与学习投入显著正相关，学习倦怠与学习投入显著负相关。回归分析表明，心理资本能预测学习投入，学习倦怠对学习投入也具有预测作用。说明大学生的心理资本水平越高，学习投入水平越高，其中希望和自我效能维度对学习投入水平的预测要高于其他维度；大学生的学习倦怠水平越低，学习投入水平也越高。

（3）中介效应检验发现，学习倦怠在心理资本对学习投入的影响中起部分中介作用，中介效应与总效应之比为$-0.5×（-0.29）/0.66×100\%＝21.9\%$。

（二）研究建议

1. 加强对大学生心理资本的研究和开发

Luthans（2005）提出的心理资本干预模型，通过树立希望、培养乐观精神、提升自我效能感和增强复原力等各项措施，个体的心理资本水平会有显著的提高，工作绩效也会有大幅度的提升。[33]很多文献研究表明，心理资本干预模型在企业的员工中已经得到了较好的应用。同样，心理资本干预模型也可以适用于大学生，由于心理资本具有类状态（state-like）的特点，因此大学生的心理资本具有可开发性，在开发大学生心理资本时，也可以通过提升自我效能、希望、乐观和韧性来提升大学生的心理资本水平。目前，将大学生的心理资本作为自变量、中介变量或调节变量的相关研究较多，但是对大学生心理资本的形成机制、干预研究相对较少，这就导致心理资本的实践应用受到限制。因此，一方面应加大心理资本在大学生全面发展中的应用研究，另一方面学校或教育部门应提高大学生对心理资本的认知并正确引导大学生利用和提升自身的心理资本。

2. 降低大学生的倦怠感

虽然本文中大学生的学习倦怠状况并不是很严重，但是根据进一步的走访调查，这种状况可能跟学业压力小有关。有文献研究表明任务量的大小与时间上的压力与倦怠存在高度相关，任务超负荷会导致个体产生倦怠感。[34]如果学业压力增大，大学生的学习倦怠状况可能会加重，有必要介入对大学生学习倦怠的干预。倪士光等人（2009）采用认知行为互动取向团体辅导的方法对大学生的学习倦怠进行干预取得了较好的效果。[35]因此，大学生学习倦怠的干预研究可以成为以后研究的重点，同时，学校可以从教学方式、授课内容等多方面降低学生的倦怠感，加强与学生课堂上的互动，提高学生对课程的兴趣程度。

3. 设计问卷本土化

国内的研究一部分是应用国外的工具，一部分是在国外研究的基础上做了一些修改，本文的学习倦怠问卷最后采用的维度与学者研究出来的维度略有不同，这就说明对大学生的研究应该本土化。特别是我国的教育体制明显不同于西方国家，因此无论是研究大学生的心理资本、学习倦怠、学习投入还是其他方面，应尽量采用本土化的问卷或设计符合当地大学生的问题，这样的结果才更具有说服力和针对性，研究才有意义。

参考文献

［1］方来坛，时勘，张风华. 中文版学习投入量表的信效度研究［J］. 中国临床心理学杂志，2008，16（6）：618-620.

［2］罗敏. 军校大学生学习投入及其与心理韧性、积极情绪的关系研究［D］. 长沙：湖南师范大学教育科学学院，2011：25-30.

［3］王为一. 地方本科高校学生学习行为和学习投入的问题与对策：基于H省五所地方本科院校的实证分析［J］. 湖北社会科学，2012（12）：165-169.

［4］LUTHANS F, LUTHANS K W, LUTHANS B C. Positive psychological capital：Beyond human and social capital. Business Horizons，2004，47：45-50.

［5］PAGE L F, BONOHUE R. Positive psychological capital：A preliminary exploration of the construct ［R］. Working Paper of department of management of MonashUniversity，2004.

［6］张阔. 积极心理资本：测量及其与心理健康的关系［J］. 心理与行为研究，2010，8（1）：58-64.

［7］LARSON M, LUTHANS F. Potential added value of psychological capital in predicting work attitudes. Journal of Leadership &Organizational Studies，2006，13：45-62.

［8］AVEY J B, PATERA J L, WEST B J. The implications of positive psychological capital on employee absenteeism ［J］. Journal of Leadership&Organizational Studies，2006，13（2）：42-60.

[9] 仲理峰. 心理资本对员工的工作绩效、组织承诺及组织公民行为的影响 [J]. 心理学报，2007，39（2）：328-334.

[10] COOKE D K. Discriminant validity of organizational commitment questionnaire. Psychological Reports，1997，80：431-441.

[11] 许海元. 大学生心理资本发展现状的评估与分析 [J]. 中国高教研究，2015，7：79-83

[12] 方可. 大学生心理资本状况调查与统计分析 [J]. 高教探索，2016，10：123-128

[13] 胡烨妃，骆宏. 心理资本在学习领域中的研究进展 [J]. 中国校外教育，2010，4（8）：4-5

[14] 王雁飞，李云健，黄悦新. 大学生心理资本、成就目标定向与学业成就关系研究 [J]. 高教探索，2011，27（6）：128-136.

[15] 励骅，曹杏田. 大学生心理资本与就业能力关系研究 [J]. 中国高教研究. 2011，26（3）：54-56.

[16] PINES A，ARONSON E，KAFRY. Burnout：From tedium to personal growth [J]. Free Press，1981.

[17] SCHAUFELI W B，MARTINEZ I M，PINTO A M，et al. Burnout and engagement in university students：A cross-national study [J]. Journal of Cross-Cultural Psychology，2002，33：464-481.

[18] 连榕，杨丽娴，吴兰花. 大学生的专业承诺、学习倦怠的关系与量表编制 [J]. 心理学报，2005，37：632-636.

[19] MASLACH C，JACKSON S E. Maslach Burnout Inventory Manual [M]. Palo Alto，CA：Consulting Psychologists Press，1986.

[20] 段陆生，李永鑫. 大学生专业承诺、学习倦怠与学习投入的关系 [J]. 中国健康心理学杂志，2008，16（4）：409-411.

[21] 张智，陈镇雄，乔粉，等. 大学生应对效能、学习倦怠与学习投入的关系 [J]. 中国健康心理学杂志，2009，17（3）：282-283.

[22] 单超，王岩，刘兴华. 大学生学习倦怠与主观幸福感的状况及其关系 [J]. 中国健康心理学杂志，2010，18（8）：951-954.

[23] KUH G D，KINZIE，J，CRUCE T，et al. Connecting the dots：Multi—faceted analysesofthe relationships between student engagements，results from the NSSE，and the institutional practice and conditions that foster student success.

Unpublished manuscript, Indiana University Bloomington, Retrieved November 3, 2006.

[24] 廖友国. 大学生学习投入问卷的编制及现状调查 [J]. 集美大学学报，2011, 2.

[25] 江坡. 大学生时间管理倾向与学习投入的关系研究 [J]. 湖北广播电视大学学报，2013, 33 (2)：99-100.

[26] 孙红梅，阴山燕，王春燕. 大学生学习投入状况与社会支持的关系研究 [J]. 绥化学院学报，2011, 31 (1)：41-43.

[27] 黄忠东，庄燕. 大学生学习投入现状及与满意度的关系研究 [J]. 继续教育研究，2016 (10)：123-126.

[28] 刘湘玲. 高职生积极心理资本与学习投入的关系 [J]. 中国健康心理杂志，2016, 24 (8)：1181-1185.

[29] 丁奕，张乐明. 大学生心理资本对学习投入影响的实证研究 [J]. 教育教学论坛，2014, (48)：88-90.

[30] 付立菲，张阔. 大学生积极心理资本与学习倦怠状况的关系 [J]. 中国健康心理学杂志，2010, 18 (11)：1356-1359.

[31] 江燕. 大学生心理资本对学习倦怠和学业成就的影响及其调节效应研究：以新余学院为例 [J]. 潍坊工程职业学院学报，2014, 27 (3)：28-32.

[32] 温忠麟，叶宝娟. 中介效应分析：方法和模型发展 [J]. 心理科学进展，2014, 22 (5)：731-745.

[33] 王雁飞，朱瑜. 心理资本理论与相关研究进展 [J]. 外国经济与管理，2007, 5：32-39.

[34] 郭英，周文静. 近年来国内外关于学习倦怠研究综述 [J]. 教育学术月刊，2008, 10：17-20.

[35] 倪士光，伍新春，张步先. 大学生学业倦怠的团体辅导干预：认知行为互动取向团体辅导方案设计 [J]. 中国青年政治学院学报，2009, 28 (2)：34-38.

行动学习法在审计教学中的应用策略

渠帅 赵婧宏 盛永志

摘要：审计课程的设计不仅应该注重理论知识的掌握，也要重视实践活动的开展，行动学习法恰好可以同时兼顾这两点，让学生通过角色扮演对案例进行深入的分析和实操，再通过小组讨论、过程反思、经验总结来形成理论知识，让学生熟记脑海。通过审计方法和审计证据这一章的案例演示，来总结行动学习法在审计教学中的应用情况以及需要注意的问题。

关键字：行动学习法 审计教学 案例

2019 年教育部发布的《关于深化本科教育教学改革全面提高人才培养质量的意见》中明确要求高校要全面提高课程建设质量，加强课程体系整体设计，提高课程建设规划性、系统性。审计作为高校会计专业和审计专业的必修课，如果仍按原有的教学模式，不去思考变革，提升教学质量，将跟不上学生的求知脚步，也不符合教育部对高校教学的基本要求。审计是一项侧重实践的工作，其学习不仅需要掌握理论知识，更需注重动手解决问题的能力。行动学习法在审计教学中可以发挥优势，让学生通过认知、实践、反思、总结强化学习效果。

一、传统审计教学的现状

1. 教师主导，学生被动接受知识

在传统的审计课上，基本是老师在讲台上口吐莲花、奋笔疾书，学生在下面听讲、记笔记。学生对于知识点的掌握几乎完全依赖于老师的灌输，老师的水平也往往决定着学生学习的上线。教师作为主导者，引导学生学习，虽然短期内可以让学生尽量了解知识点，并且记住，但是学生很难将其内化为自己的思维。

2. 重理论而轻实践

审计是一种经济监督活动，审计人才应注重其实践应用能力的培养，而传统的审计课程往往重视审计理论知识的讲解和学习，考查学生对于审计重要概念的记忆和固定题目的计算与解析。在实际的审计工作中，审计对象会受企业性质、审计环境、人员素质等因素的影响，审计内容也不是千篇一律的，学生强硬记住的知识点恐怕很难快速运用到实际的工作中。

3. 理论掌握碎片化，不易形成体系

审计工作是一项系统性工作，需要综合运用财务、管理等各方面知识，如果理论散乱不成体系，是很难正常从事审计工作的。而传统的审计教学是按章节学习，各个知识点也是各自为政，在讲解时主要向学生解释每个点的涵义，在章节中对知识点进行练习。由于受到课堂时间和课程设置的限制，很难让学生将其系统化，就更不用说让学生在学习审计的时候，兼顾融合管理学和会计学的知识综合解决问题了。

二、行动学习法在审计教学中的优势

1. 学生亲身体验，自己总结知识点，易形成深刻的记忆

行动学习法重在学生参与其中，发挥主观能动性，针对特定情境解决实际问题。这与审计教学中不仅要记住知识点，更要熟练运用的要求完全契合。学生作为课堂的主体，在一个个鲜活的案例中进行角色扮演，在探索和实践中，慢慢理解和领悟审计的基本概念，运用审计方法，搜集审计证据，然后进行整理，最终得出结论。学生在模拟的过程中，不断学习和总结，形成自己的观点，然后再进行理论知识的巩固，往往会形成更深刻的记忆，学习效率大大提高，往往事半功倍。

2. 小组学习，相互启发，互帮互助，共同进步，还可能交流出很多创新的观点

行动学习法以小组交流为主要形式，能让学生们彼此看到身上的闪光点，从而激励和推进自己的进步。审计学习有时就像一场和理论知识的博弈，只有充分发挥聪明才智不断探索，才能攻克一个个的障碍和堡垒，领悟其精髓。单打独斗虽然也可以很好地学习审计，但是一个人的思维和眼界毕竟有限，能够接触的资料也有一定的边界，而集体作战往往会使相互间有更好的借鉴和启发，能够提供更丰富的资源。行动学习法下，多人在一个小组中为了共同目的而努力配合和协助，只有每个人都贡献自己的力量，输出有用的观点，付出实际的行动，才能更完美地达成集体目标，这样思想的碰撞、行动的交织，也更容易产生创新的观点。

3. 为解决问题，需要翻找大量资料，进行更深入的思考，更易将知识点融会贯通，用理论指导实践，用实践丰富理论。

行动学习法让学生在解决问题中进行学习，为了达成目标，学习时需要分析

案例、查找资料、深入思考，而这也是一个求知的过程，在不断的摸索和探寻中，学生已经将知识点了解和掌握了，并且还在案例中进行了很好的运用，然后再通过案例的实施结果和效果，进行分析和总结，形成理论，概括为知识点，之后又能更便捷地指导实践了，在这个循环过程中，学生的知识得到了运用和强化。

三、案例分享

审计方法和审计证据这一章节中有很多琐碎的知识点，如果单纯进行传统的讲解，学生虽然能够掌握，但是并没有直观地见到所谓的证据都是什么样子的，也不知道这些程序在实际应用时应注意哪些问题，以及这二者有什么关系。在学习这一章节时，采用行动学习法可以很好地解决这些问题，让学生进行更直观、深入、系统的学习。

1. 划小组，分角色

至少提前一周将班级人员进行分组，划分角色，并分发任务，让每个成员提前准备各自任务会面临的问题，并形成解决的对策。在一个30人的班级中，将学生分为两个大组，六个小组。每5人为一个小组，15人为一大组，每个大组分析一个特定公司的审计业务案例，大组内第一小组扮演甲方公司，第二小组扮演乙方会计师事务所，第三小组扮演被审计公司的相关利益者，第一小组成员分别扮演公司的董事、总经理、财务总监、会计、出纳角色，第二小组成员扮演项目合伙人、项目经理、审计员、审计助理等角色，第三小组成员扮演开户行、主要客户、供应商、债权人、经销商等角色。分配好角色后，将每个案例发给学生，其中包括公司的基本情况和主要账目等信息，以及这次审计活动需要的必需步骤和要达成的最终目的。此外的其他信息以及需要的辅助材料让负责该角色的学生加以补充和完善，以便课上可以发挥运用。

2. 各角色完成相应任务

拿到角色的同学，在课下认真研究所发资料，根据角色搜集相关信息，提前准备课上所需的各种相关资料，比如负责询问的同学需要提前了解问哪些对象，问哪些问题，应该将其填写在什么样的表格中，并设计出这个表格，并打印后上课携带；扮演财务总监的同学需要清楚公司的主要账目情况，财务状况和重大经济决策等信息。在给定的任务之内，学生也可以在角色内任意发挥，比如扮演出纳的同学可以自己准备一些各种面值的现金，也可以自己设定问题，比如是否出现了白条抵库这样的情况等。每个角色各司其职，负责准备好自己的角色所需，在课上各位同学需要扮演好自己的角色，并做好相关记录，也需要在扮演自己的同时，记录其他同学的亮点和不足之处。

3. 小组内部相互指出问题，形成最终意见

扮演角色的过程，本身也需要小组内部的相互协调和配合，比如公司内部应该口径一致，会计师事务所应该分工合理、覆盖全面，第三方也应该清楚自己和被审计公司之间的往来关系，这是需要同学之间相互沟通合作的。在审计事项完成后，要求第二组同学就审计过程中存在的问题交流意见和想法，并形成结论，和第一组同学进行审计沟通，第一组同学提出补充和修改意见，然后第三组同学在此基础之上，总结和发表自己的意见，综合后形成最终意见，并出具审计结果。

4. 教师评定和补充，小组讨论反思，总结知识点

在审计过程演绎结束后，教师针对每个同学的表现和出具的审计结果，对每个同学进行评价并打分，指出整个审计过程中存在的问题，总结案例中出现的亮点，以及强调本章节的重点和难点。然后教师带领大家以小组讨论的形式，对出现的问题进行反思，并提出修改意见和解决的对策，同时总结知识点并形成书面文字，记录在笔记本上。

四、教学反思

（1）案例材料应至少提前一周发给学生，让学生熟悉角色，进行更深入的思考和探析。审计案例中的信息往往比较庞杂，每个角色的分工和需要了解、掌握的信息也不尽相同，需要学生提前获知。此外，学生除了了解给定的信息之外，还需要根据角色的设定，查找更多的相关资料，找到角色定位，准备所需道具。同时，演绎案例时往往还没有进行相关理论的全部学习，需要学生提前自学相关知识，以便完成角色任务。学生提前着手准备，除了可以节省课堂的时间，也有更多的时间进行思考，可以进行更深入的分析，更精确地理解问题。

（2）案例尽量真实，模拟时可增加趣味性，提高学生学习的热情。给学生的案例，如果是当前的热点话题或者热门公司，会让学生更有探知的欲望，推动学生主动了解更多的新闻和相关的案例信息，激发学生求知的热情。在角色扮演时，还可能找到一些原型，让角色更饱满，体验感更强。另外，仅仅是一些经典的案例，网上已经有很多的范文了，学生可能会存在抄袭的情况，这样并不能更好地锻炼学生独立思考和分析问题的能力，用新的真实的案例，可以让学生自己去探寻和发挥，达到启发学生的目的。

（3）要求学生课后形成书面报告，帮助学生总结知识点，反思问题。课上学生虽然通过案例进行了演示和讨论，形成了一定的理论框架，也掌握了相应的

知识点，但是课后将其进行总结并形成书面文稿，也是非常必要的，这样可以帮助学生将课堂上散乱的知识点进行整理和串联，也可以加深知识的记忆和理解。另外，整理知识点的过程，也是重新思考的过程，能让学生结合之前的章节，对案例有新的认识，让学习的知识更成体系。查找资料、学习相关理论，完成角色扮演，小组成员讨论问题进行反思，这是一个学习和成长的过程，将这个过程进行总结、记录、沉淀和消化，整理成书面形式，真正地让学生将其内化为自己的思维，以后才会为其所用。

与数字媒体深度融合的
一流本科课程建设模式探讨

上海对外经贸大学　　纪利群①

摘要：本文首先对"00后"大学生进行了画像分析，提出了与数字媒体深度融合的一流本科课程建设的新思路，明确了一流本科课程建设的培养目标，提出了与数字媒体深度融合的一流本科课程建设具体内容，为数字经济时代一流本科课程建设提供了新的设计模式。

关键词：数字媒体；"00后"大学生；画像分析；一流本科课程建设；深度融合

一、引言

互联网催生了数字经济时代的来临，以互联网为基础的新一代 IT 技术及其应用成为或即将成为各行各业的基础设施，深刻影响着各行业的生存和可持续发展，甚至影响到整个社会和人类的生活，也引起了世界各国政府的高度重视。

教育部 2019 年 10 月 30 日颁布的《教育部关于一流本科课程建设的实施意见》指出："课程是人才培养的核心要素，课程质量直接决定人才培养质量。为贯彻落实习近平总书记关于教育的重要论述和全国教育大会精神，落实新时代全国高等学校本科教育工作会议要求，必须深化教育教学改革，必须把教学改革成果落实到课程建设上。"一流本科课程建设的总体目标是：全面开展一流本科课程建设，树立课程建设新理念，推进课程改革创新，实施科学课程评价，严格课程管理，立起教授上课、消灭"水课"、取消"清考"等硬规矩，夯实基层教学组织，提高教师教学能力，完善以质量为导向的课程建设激励机制，形成多类型、多样化的教学内容与课程体系。

---

① 纪利群，上海对外经贸大学国际经贸学院，副教授，硕士生导师。

现阶段，我国本科课程建设面临的难题主要表现在以下四个方面：

（1）课程的培养目标很难与专业培养目标、数字化创新人才培养目标对接。

（2）教学内容跟不上时代发展要求。

（3）传统教学方式和教学手段受到挑战。

（4）学生能力培养与"00后"大学生应该具备的素养、知识和创新能力要求有距离。

为了满足"00后"大学生对本科课程需求，实现教育部对一流本科课程建所提出的建设目标，我们先对"00后"大学生新势能人群进行画像分析。

二、"00后"大学生画像分析

1. "00后"大学生——新势能人群的特点

"新势能人群"，根据《2018—2019中国新势能人群App接触行为调研报告》定义，是指即将掌握未来消费世界话语权的群体，用以形容年轻消费族群，也就是正逐步迈入大学的"00后"们。他们将移动网络以及数字设备从一种工具转化成生活体系和思维方式，成为移动互联网消费的主力军。他们的基本特征如下：

（1）追求独立和个性化。无论是学习还是娱乐和生活，都充满了个性化定制的内容，他们喜欢独特思考，积极表达自己的观点，追求属于自己的个性化自由。

（2）注重自我成长。学习是"00后"大学生生活的重要组成部分，也是"00后"大学生自我成长的关键。"00后"大学生的学习是多元、多渠道、多方式的学习，他们更多的是通过网络获取学习资源、信息，具有使用各种学习类应用程序（App）的新型学习习惯。

（3）注重精神生活，寻求认同。"00后"大学生非常注重精神层面上的需求和享受，"虚拟"网络世界成为他们追求精神生活的载体。他们渴望被关注，而网络空间给予他们寻求认同的平台。

（4）兴趣广泛，热衷社交。部分"00后"大学生比较宅，他们喜欢在安静、独立、舒适的环境中，思考、发展个人兴趣的新的生活方式。在兴趣领域，"00后"大学生喜欢深度体验，愿意在自己力所能及的范围内付出时间、精力和金钱。同时，社交在"00后"大学生的生活中占据了很大的比重，他们在休闲时间喜爱的网络游戏、手游、看短视频、看直播等，都包含了社交因素。他们喜欢与有着共同兴趣爱好的人进行社交，喜欢在兴趣领域分享，在社交中寻求自我肯定和群体认同。

2."00 后"大学生数字行为分析

"00 后"大学生数字行为全方位贯穿于他们的学习、娱乐与生活。

（1）学习方面，各种基于网络的教学平台大行其道；各种形式的课程设计，如视频、微课、MOOC、SPOC、线下课程、线上课程、线上线下混合课程、虚拟仿真课程、社会实践课程推陈出新；各种 IT 技术工具、各类学习 App 层出不穷。以外语学习为例：外语类学习 App 中，英语流利说和翼课学生是大学生使用深度最显著的两款 App，有道词典、金山词霸是非常受"00 后"大学生欢迎的两款词典工具 App。

（2）娱乐与生活方面，"00 后"大学生追求时尚、紧跟时代的生活特点，使得他们的数字生活延伸范围非常广泛，涉及社交、饮食、购物、出行、生活综合服务平台等方方面面，但受限于自身时间和资金，网上社交、购物、饮食、娱乐构成了"00 后"大学生日常生活的主要方面。

（3）在社交方面，最受"00 后"大学生喜爱的综合社区论坛有百度贴吧、小红书、豆瓣和知乎；社交网络有微信、QQ、新浪微博等。购物方面，大学生主要关注京东、淘宝、小红书等 App。饮食方面，美团外卖和饿了么最受大学生青睐。出行方面，大学生喜欢使用嘀嘀出行和嘀嗒出行。生活综合服务方面，大学生喜欢使用美团和大众点评两款 App。具体如图 1 所示。

图 1　大学生数字行为显著性图谱①

总之，从学习、娱乐与生活方面来看，当代大学生的数字行为可以概括为：尝鲜、个性、经济、社群和多元化。

---

① 图片来源：易观 2019 大学生行为分析专题报告

3. "00 后"大学生对本科课程的需求分析

为了了解"00 后"大学生对本科课程的需求，我们设计了问卷调查，并参考了我们学生课程学习的反馈数据。从数据结果来看，虽然存在极少数学生学习某门课程只是为了刷学分，对课程并没有太多其他需求，但绝大部分学生对本科课程的需求主要集中在以下三个方面，如表 1 所示。

表 1 "00 后"大学生对本科课程需求

需求分类		需求内容
授课内容	知识性	课程内容能与时俱进，能学到新知识，对未来求学或就业有帮助
	实用性	课程内容不空泛，能学到实际内容，所学知识能应用于实践
	有趣	学课程内容前沿，案例新颖有趣，符合学生兴趣点，能理论与实践相结合
	个性化	因材施教，提供不同的学习模块，学生能够根据自己的兴趣爱好或自身学习能力，进行个性化学习
	形式多样	尽可能丰富课程内容的表现形式，比如：小视频、微课、MOOC、SPOC、线上线下混合教学模式等
授课手段	参与度	有更多的信息技术工具或平台，吸引学生的学习兴趣，提供更便捷的学习方式，比如移动端的学习 App，给每个学生提供更多的课前、课中、课后参与和表现机会，方便自主学习
	沟通渠道	有更丰富的沟通渠道，能方便学生在学习过程中与老师和其他同学进行积极的沟通和交流
课程考核	形式多样	有更多的考核形式，比如课堂参与度，课程学习贡献度等，而不是恪守传统的考勤、作业、考试等形式
	客观科学	能够有基于整个教学过程的学情数据（比如：在整个课程学习过程中，查看了哪些课件，参加了多少次线上讨论，在线学习总时长多少等），作为课程考核的客观依据，而不是仅仅凭一次考试或几次作业就决定了一个学生该门课的最终学习成绩
	结果具有指导意义	课程考核不仅给出学生该门课程的总体学习结果，而且能够指出学生在哪些方面表现好，哪些方面存在不足，如何改进等，为学生的进一步学习和自我完善，提供指导性建议

三、与数字媒体深度融合的一流本科课程建设新模式

1. 与数字媒体深度融合的一流本科课程建设思路及培养目标

数字媒体是指以二进制数的形式记录、处理、传播、获取过程的信息载体。这些载体包括数字化的文字、图形、图像、声音、视频影像和动画等感觉媒体，

和表示这些感觉媒体的表示媒体（编码）等，通称为逻辑媒体，以及存储、传输、显示逻辑媒体的实物媒体。数字媒体的发展通过影响消费者行为深刻地影响着各个领域的发展，本科课程建设也受到了来自数字媒体的强烈冲击。

（1）建设思路

与数字媒体深度融合的一流本科课程思路是把本科课程设计，与互联网、新一代 IT 工具及其应用、移动网络平台、智能手机、移动智能终端等新兴媒体传播通道有效结合起来，实现教学资源和服务共享，然后通过不同的平台传播给学生，促进本科课程设计与数字媒体从"相加"到"相融"。加快推进本科课程建设与数字媒体深度融合，逐步实现一体化发展，如图 2 所示。

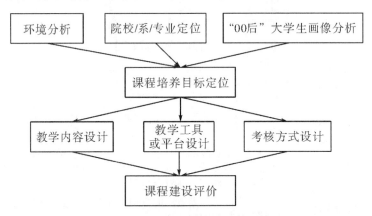

图2　与数字媒体深度融合的一流本科课程建设思路

其中，环境分析是分析各高校自身资源与基础设施、师资队伍建设等基本情况。结合"00后"大学生的特点及对本科课程的需求，各高校根据自身的特色及优势、院系及专业定位，实现与课程培养目标对接。

（2）明确数字化创新型人才培养目标

人是创新最关键因素，创新驱动是人才驱动。对"00后"大学生的培养目标，不仅仅是传授新知识和新技能，还要帮助学生了解新技术应用场景及其创新要点，了解学科发展趋势及变化，激发学生对企业和社会的认知，培养学生勇于创新的能力。同时，帮助学生树立坚定的信念和科学的世界观和社会责任感，实现数字化创新人才培养目标。

2. 与数字媒体深度融合的一流本科课程建设

与数字媒体深度融合的一流本科课程建设，要围绕课程培养目标，完成以下方面内容建设：

（1）教学内容与数字媒体融合

坚持内容为王，专注教学内容质量，确保教学内容具有前沿性与时代性。及时将学术研究、科技发展前沿成果引入课程。同时，教学内容还要强调广度和深度，不断创新，推出更多更好的课程资源。

其次，教学内容的表现形式尽可能多样化。抖音小视频、微课、在线课程、各类教学和学习 App、微信公众号等都是当前比较受"00 后"大学生喜欢的教学形式。而且通过这些多样化的形式，实现教学形式娱乐化，教学过程碎片化。

此外，还需要对教学资源进行整合和重新设计，融入社交元素，提供多种形式的思考、讨论，比如在线投票、在线头脑风暴、小组辩论等，引导学生课前自主学习，课中积极参与，课后与老师和同学积极沟通，突破习惯性认知模式，培养学生深度分析、大胆质疑、勇于创新的精神和能力。

在深度融合数字媒体与教学资源、教学服务的基础上，积极探索更适合未来发展趋势的教学内容、教学技术和社交的融合，促进一流本科课程建设可持续发展。

（2）教学工具、教学平台融合

当前，高校教师可以选择的教学工具和教学平台非常多，但工具之间、平台之间并不能很好地兼容。这种局面不仅造成课程资源不能共享，而且会导致重复建设。对学生来说，也需要掌握不同的工具以及在多个教学平台之间切换，十分不便。

完善学生和教师的体验，一流本科课程建设需要大力推进数字媒体与教学工具、教学平台深度融合。增强师生互动融合、沟通渠道融合，强化学生的黏性，积极引导和鼓励学生进行探究式与个性化学习，保持一流本科课程建设的持续发展。

习近平总书记强调指出，要坚持移动优先策略。一流本科课程建设，尤其要坚持移动网络教学平台优先建设策略。课前移动网络平台可以方便学生随时随地观看课程视频、阅读课程资料、完成课程预习作业等；课中，通过平台的移动端（比如平台移动端 App），老师可以发布课程 PPT、课程资料互动，课堂测试、数字签到（如二维码签到、GPS 定位签到等）、问题抢答、系统随机选人作答、全班同学都能参与的互动的投票、头脑风暴、思考题、讨论话题等，在较短的课堂时间内能与所有学生互动交流，提高学生课堂活跃度和贡献度。课后，通过移动网络平台学生可以进一步对课程教学内容进行个性化学习和巩固。最为重要的是，有了移动网络平台，可以完整记录学生和教师的整个学习和教学过程的学情数据。学生每在平台上完成了一项学习任务，都会得到相应的经验值或成长值。

（3）教学评价与数字媒体融合

一流本科课程移动网络平台建设，能够记录学生课前、课中、课后的所有学习行为。结合学生整个学习过程的学情数据（比如在整个课程学习过程中，查看了哪些课件，参加了多少次线上讨论，在线学习总时长多少等），可以更科学客观地对学生的学习、教师的教学进行评价，才能对学生进一步的学习和自我完善，提供指导性建议；对教师的教学内容、教学方式的改进提供依据。

四、结语

基于"00后"大学生的数字行为分析和对本科课程的需求，以一流本科课程建设在线化为切入点，坚持内容为王，确保教学内容质量。通过移动网络平台建设，引导学生积极参与课程的学习，大力推进数字媒体与课程建设的深度融合，不断优化学生学习过程体验，引导学生自主探索，培养学生勇于创新的精神和能力，为实现数字化创新人才培养目标提供支撑。

参考文献

［1］周国桥. 以知识创新推动大学创新人才培养［J］. 中国高校科技. 2019，7.

［2］张鄂. 应用型大学创新人才培养模式的探究［J］. 教育教学论坛. 2019，23.

［3］李勇军."双一流"建设与本科教学管理：从专业建设与课程建设两个维度［J］. 教育现代化. 2018 5（11）.

［4］刘畅，林海. 以 OBE 理念探索一流本科建设的实现路径［J］. 教育评论. 2018，8.

［5］宣慧. 协同创新模式下高校创新人才培养机制研究. 高教学刊. 2017，17（2）.

［6］田慧生. 新时代创新人才培养模式应高度关注的几个问题［J］. 中国教育学刊. 2019，9.

［7］徐国兴，李梅. 一流本科如何建设：基于"双一流"高校本科课程综合改革的实证分析［J］. 教育发展研究. 2018 38（17）.

［8］陈德良. 建设一流本科教育的基础与途径［J］. 高等理科教育. 2017，6.

［9］许志强，李海东."互联网+"环境下数字媒体融合及发展路径探索［J］. 中国科技传播论坛，2015，22.

长三角一体化背景下财经类高校区域协同发展的策略研究①

浙江工商大学 高教研究所　张绪忠[1]

浙江水利水电学院 水文化研究所　郭宁宁[2]

摘要： 随着《长江三角洲区域一体化发展规划纲要》的出台，作为中国高等教育体系重要组成部分的财经类高校应抓住长三角一体化的战略契机，采取协同发展的策略，逐步实现高校之间良性竞争，进一步增强财经类高校的办学特色，建立长三角财经类高校联盟和财经职业教育协同发展平台，加强双创实践基地建设，进一步深化产教融合，推进财经类高校与地方政府的深度合作，加快科技成果转化，更好地服务于区域经济社会发展。

关键词： 长三角一体化　财经类高校　区域协同发展　策略

长三角地区是我国经济最为活跃、创新能力最强的区域之一。它拥有全国约 1/4 的"双一流"建设高校，科创产业紧密融合，大数据、云计算、物联网、人工智能等新技术与传统产业渗透融合，同时贡献了全国近 1/4 的经济总量[1]。当前，长三角一体化发展已经到了全面深化阶段，在中国特色社会主义进入新时代的大背景下，深入推动长三角区域一体化协同发展，特别是高等教育一体化协同发展，将有利于推动长三角地区经济社会的全面发展，从而带动整个长江经济带形成高质量发展新集群。

① 基金项目：浙江省教育科学规划重点项目"地方应用型本科院校产教融合协同推进的动力机制研究：基于组织社会学的视角"（2019SB099）、杭州市哲社规划课题"产教融合多元主体协同推进的浙江模式研究：利益相关者视角"（Z20JC046）、浙江省自然科学基金项目"基于 PDCA 管理循环的普通本科院校创业人才培养的质量评价标准研究：浙江实证"（LY19G030003）、杭州市哲社规划项目（M19JC020）、浙江省哲社规划项目（17NDJC225YB）、浙江工商大学研究生教育改革资助项目（YJG2019227）的研究成果。

作者简介：张绪忠，浙江工商大学高教研究所副研究员；郭宁宁，浙江水利水电学院水文化研究所经济师，浙江工商大学管理学院博士研究生。

一、长三角地区财经类高校发展的现状分析

财经类高校作为中国高等教育中行业类高校，作为培养我国财经、统计和企业管理人才的重要基地，是我国高等教育体系的重要组成部分，对促进我国财经类人才培养和国家财经政策的制定具有不可估量的重要意义。在长三角一体化国家战略的大背景下，财经类高校应抓住高质量一体化发展的机遇期，采取协同发展的策略，促进其迈向快速发展的新步伐。长三角区域经济社会发展的活力较强，其经济社会发展对高等教育的依赖性，特别是对财经类高校的人才需求的依赖性比较强。

从长三角财经类高校的分布和组成情况看，全国财经类高校有 70 余所，其中长三角地区就拥有 13 所，约占财经类高校的 20%。主要包括上海财经大学、上海对外经贸大学、上海立信会计金融学院、上海商学院、南京财经大学、南京审计大学、浙江工商大学、浙江财经大学、温州商学院、宁波财经学院、安徽财经大学等高校，另外还包括上海行健职业学院、江苏财经职业技术学院、浙江金融职业学院、安徽商贸职业技术学院等 28 所高职高专院校和部分独立学院、民办高校。具体如表 1 所示。

表 1　长三角地区财经类高校分布情况表

所在省市 高校类型	本科院校	高职高专院校
上海市	上海财经大学、上海对外经贸大学、上海立信会计金融学院、上海商学院、上海海关学院、上海杉达学院	上海行健职业学院、上海震旦职业学院、上海旅游高等专科学校
江苏省	南京财经大学、南京审计大学	江苏财经职业技术学院、江苏财会职业学院、江苏经贸职业技术学院、苏州经贸职业技术学院、无锡商业职业技术学院、南京旅游职业学院
浙江省	浙江工商大学、浙江财经大学、温州商学院、宁波财经学院、浙商大杭州商学院、浙财大东方学院	浙江金融职业学院、嘉兴学院南湖学院、浙江旅游职业学院、浙江经济职业技术学院、浙江工商职业技术学院、浙江经贸职业技术学院

所在省市 高校类型	本科院校	高职高专院校
安徽省	安徽财经大学、铜陵学院、安徽财经大学商学院	安徽商贸职业技术学院、安徽工业经济职业技术学院、合肥经济技术职业学院、安徽城市管理职业学院、安徽工商职业学院、安徽财贸职业学院、安徽国际商务职业学院、安徽审计职业学院、合肥财经职业学院、安徽涉外经济职业学院、蚌埠经济技术职业学院、安徽旅游职业学院、安徽经济管理干部学院

从长三角地区财经类高校在四大排行榜中的排名情况看，总体排名情况并不理想，与长三角地区的战略地位还存在一定的差距。其中"双一流"建设高校仅有上海财经大学一所，全国排名前十位的财经类高校也仅有两所（上海财经大学和浙江工商大学）。可见，从总体实力上看，与其他区域的财经类高校还有一定的差距，因此必须借助长三角一体化国家发展战略积极推动其向前发展。具体如表2、表3所示。

表2　长三角地区财经类高校在四大排行榜中的排名情况（2019年）

学校名称	校友会 排名榜	武书连 排行榜	软科 排行榜	邱均平 排行榜	高校类型 （校友会）
上海财经大学	72	92	42	90	世界高水平大学
浙江工商大学	150	152	133	149	中国高水平大学
浙江财经大学	242	230	115	231	区域一流大学
上海对外经贸大学	263	307	128	358	区域一流大学
南京财经大学	280	221	111	261	区域一流大学
安徽财经大学	298	253	175	245	区域高水平大学
南京审计大学	343	284	121	390	区域一流大学
上海立信会计金融学院	378	348	193	458	区域高水平大学
上海商学院	465	—	—	521	区域知名大学
上海海关学院	548	—	—	780	区域高水平大学
铜陵学院	613	591	512	659	区域知名大学

表3 长三角地区财经类独立学院排名情况（校友会2019年排行榜）

学校名称	省内名次	全国综合排名
浙江财经大学东方学院	13	96
浙江工商大学杭州商学院	15	111
上海外国语大学贤达经济人文学院	16	120
上海财经大学浙江学院	19	135
嘉兴学院南湖学院	22	151

从学科评估和研究生教育的角度看，学科发展和研究生教育的态势良好。上海财经大学在第四轮学科评估中表现俱佳，有9个学科上榜，包括3个A类学科，5个B类学科，1个C类学科；浙江工商大学也有12个学科上榜，包括1个A类学科，6个B类学科，5个C类学科。其余高校如浙江财经大学、上海对外经贸大学、南京财经大学和安徽财经大学也各有3个B类学科。总体而言，学科发展的后劲较强，特别是有4个学科进入A类学科行列，为下一步冲击新一轮"双一流"建设高校奠定了很好的基础。研究生教育的总体排名还有很大的提升空间。具体如表4、表5所示。

表4 长三角地区财经类高校在第四轮学科评估中的情况

学校名称	A	A-	B+	B	B-	C+	C	C-	A类学科数	B类学科数	C类学科数
上海财经大学	2	1	2	3	0	1	0	0	3	5	1
浙江工商大学	0	1	2	2	2	2	3	0	1	6	5
浙江财经大学	0	0	1	1	1	1	1	1	0	3	3
上海对外经贸大学	0	0	0	2	1	0	0	0	0	3	1
南京财经大学	0	0	0	2	1	1	0	4	0	3	5
安徽财经大学	0	0	0	0	3	0	0	3	0	3	3

表5 长三角地区财经类高校研究生教育排行榜（2019年排行榜）

学校名称	总排名	地区排名	财经类排名
上海财经大学	124/517	10/24	2/34
浙江工商大学	185/517	8/19	7/34

表5（续）

学校名称	总排名	地区排名	财经类排名
浙江财经大学	257/517	14/19	12/34
南京财经大学	286/517	26/30	15/34
上海对外经贸大学	374/517	22/24	18/34
安徽财经大学	380/517	12/17	21/34
南京审计大学	407/517	28/30	27/34

二、长三角一体化战略下财经类高校面临的机遇与挑战

2018 年 11 月 5 日，习近平总书记在首届中国国际进口博览会上宣布，支持长江三角洲区域一体化发展上升为国家战略，明确了长三角地区更高质量一体化发展的新定位[1]，这就为长三角区域教育合作交流提出了新的要求。同年，国务院提出，把长三角地区建设成为亚太地区重要的国际门户，具有较强国际竞争力的世界级城市群。高等教育与经济社会发展紧密相连。随着国家战略的逐步推进，经济发展方式转变与产业结构转型升级，对长三角高等教育发展提出了强劲的需求，也为长三角高等教育高质量一体化发展提供了重要契机。

（一）长三角区域一体化战略带来的发展机遇

长三角教育一体化发展战略确立。2018 年 12 月，第十届长三角教育一体化发展会议上，三省一市签署了《长三角地区教育更高质量一体化发展战略协作框架协议》和《长三角地区教育一体化发展三年行动计划》，计划明确了未来 3 年，长三角教育将率先在高教、职教、师资等若干领域深化协作、重点发力。2019 年 12 月 1 日，中共中央、国务院印发《长江三角洲区域一体化发展规划纲要》（以下简称《纲要》）。《纲要》要求增强一体化意识，加强各领域互动合作，扎实推进长三角一体化发展。《纲要》的出台，标志着长三角区域教育一体化发展将走上快车道，这将给长三角地区高等教育的发展带来了有利的发展时机。12 月 18 日，第十一届长三角教育一体化发展会议以"加强区域协同，推进教育现代化"为主题，提出要充分发挥长三角教育领域的优势和特点，进一步推动长三角教育一体化发展提质、加速、增效、升级，力争在全国率先基本实现教育现代化，为长三角打造强劲活跃增长极提供教育支撑，为打造全球卓越的教育区域创新共同体奠定坚实基础。会上，一市三省教育行政部门负责领导签署了《长三角教育一体化发展近期工作要点（2019—2020 年）》，明确了 2020 年长三

角教育在高教、基教、职教、师资、教育规划等若干领域的任务。

实施区域协调发展战略是新时代国家重大战略之一，是贯彻新发展理念、建设现代化经济体系的重要组成部分。长三角地区地缘相近、人缘相亲、积极相融、文化相通，高等院校是长三角区域一体化发展的动力，是长三角区域一体化人才培养的重要载体，要想实现跨越式发展，必须实现资源整合、协同发展。

（二）长三角区域一体化战略带来的挑战

高等教育是推动经济社会发展的原动力，是提升区域创新能力和核心竞争力的必要手段，其一体化发展水平直接影响区域一体化发展进程，在长三角一体化进程中可发挥基础性、先导性和战略性作用[2]。制约长三角地区高等教育联动发展的瓶颈与障碍依然存在。虽然三省一市签订了《长三角地区教育更高质量一体化发展战略协作框架协议》和《长三角地区教育一体化发展三年行动计划》，但短期内高校协同发展还存在一定的困难。同时，对照新时代长三角地区高等教育一体化发展新目标、新任务，还有一些深层次问题有待破解[2]。

区域内院校还处在自发式、局部性合作阶段，缺乏战略规划和宏观指导。从合作层面看，政府的主导作用比较明显，高校在合作中处于被动接受的地位。高校之间的合作多出于政府行为，高校的主动性和积极性不强；政府搭建一定的合作平台，通过政策导向促进高校之间的合作与交流，高校之间协同的主动性不强。由于各地方政府利益主体的不同，以行政区域为主体的政治经济和教育发展模式在短期内还将依然存在。长三角地区的教育战略联盟还处于起步阶段，短期内不可能形成布局一致、结构合理的高等教育发展布局。

区域内院校缺乏一定合作机制，高校之间的协同明显不足。长三角地区财经类高校之间的交流与合作仍然停留在浅层表面上，缺乏一定的合作机制。合作交流的层次不高，合作的方式单一化。从合作的内容看，存在一定的显性合作比如互派交换生、学分互认等，缺乏隐性合作的可能性，特别是关系高校发展的学科建设和国际交流方面的合作尤显不足。由于受到行政区划的限制，长三角财经类高校深度合作、分工明确的格局还尚未形成。

区域内院校同质化现象较为严重，无序竞争现象长期存在。长三角财经类高校在学科设置、专业设置、人才培养、国际化交流、科学研究等方面的雷同性很大，特色不鲜明，没有实现差异化发展。由于受到国家"双一流"建设等国家教育政策的深刻影响，高校在资源竞争上异常激烈。财经类高校在人才竞争、学科竞争和排行之间的竞争将长期存在，高校之间的竞争远远大于彼此之间的合作。由于存在一定的竞争性，高校在关系各自重大利益方面的合作就缺乏一定的空间。由于学科之间的雷同性，人才方面的恶性竞争必然导致学科生态异常恶劣,很不利于高校之间的协同发展。长三角地区高等教育的恶性竞争,弱化了分工秩序,不利于高校专注于自己的比较优势领域,不利于高校之间的专业化协作,降低了长三角地区高等教育系统的整体效率[3]。

三、长三角一体化战略下财经类高校协同发展的路径

树牢一体化意识,建立长三角财经类高校联盟。长三角地区的财经类高校地理位置上比较相近,办学模式比较适中,都有自身的特色专业和学科,通过建立学生交换学习、学分互认、跨校选修、举办各种学科竞赛等方式,实现优质资源的共享互动,不断增强校际的合作交流,架起了高校间多方面沟通与合作的桥梁。要树立长三角地区一盘棋的思想,提高站位、找准定位、规划统筹财经类高校合作的具体事宜。以长三角研究型大学联盟为模板,成立财经类高校智库联盟。建立财经类高校教师流动机制,实现师资共享、师资交流。由三省一市依托相关教育科研机构和高等学校建立长三角财经类教育一体化发展智库,建立财经类高校产学研合作平台,编制长三角财经教育发展规划,开展政策研究和实施进展评估[4]。在财经理论研究、服务地方政府决策、学科发展、专业建设、国际交流等方面,为长三角高质量一体化发展做出更大贡献。

实现高校之间良性竞争、协同共进,构建合作共同体。建立基于利益共同体的合作博弈机制。高等教育的一个核心任务是提高质量,而质量的提高要求每一层级和每一类别的高校都要在各自的领域内追求卓越[3]。以长三角高质量一体化战略为契机,建立高校之间合理有序的分工协同机制,加强区域协同的制度供给。对于长三角地区的财经类高校而言,要加强角色分工,进行分类分层。将上海财经大学、浙江工商大学列为第一层,列为冲击世界一流和国家一流的高校;将浙江财经大学、南京财经大学、上海对外经贸大学、安徽财经大学等列为第二层次,冲击国家知名的高水平大学;将部分独立学院和民办本科高校列为第三层次,冲击地区高水平大学,主要在服务地方经济社会发展中发挥优势和特长;第四层次是各类职业院校,主要发挥其服务地方经济社会发展方面的能力,造就特色鲜明的应用型高校。

突出学科发展的推动力,进一步增强财经类高校的办学特色。以联盟为依托,制定长三角财经高校精细化学科建设发展规划,利用长三角高校学科优势,通过校际交流、人才交流和学科的帮扶机制,推动现有财经类学科的超常规发展,力争学科排名能够在全国居于前列,在下一轮"双一流"建设中实现质的突破。以特色求发展,在"特"字上求突破。财经类高校的主要特色学科专业是工商管理、应用经济学、统计学等应用型学科,做大做强学科和专业特色,以

特色求超越。逐步实现高校专业的错位发展，实现良性竞争。

建立长三角财经职业教育协同发展平台，进一步深化产教融合。依托长三角区域众多的财经类职业院校和长三角高校技术转移联盟，进一步深化高校与产业之间的融合发展。加强长三角区域政府、高校与企业的联合，吸收企业参与高等教育建设，深化校企合作，深化政产学用合作机制。实现区域高校与校企的深度合作与共赢发展。重点围绕区域联动、产教融合、校企合作等问题，调整优化各财经类院校的专业布局结构、技术技能人才跨区域协同培养、多元参与的职业教育集团建设、优质教师及课程资源共享平台、高水平技能竞赛及展示平台建设等方面形成实践成果，推动产教深度融合，助推职业院校高质量发展。

加强双创实践基地建设，建立长三角财经创新创业人才培养的新高地。以长三角创新创业智库为依托，以双创示范基地为切入口，进一步发挥区域内政府、高校和科研院所、企业三类示范基地的不同资源优势，建立长三角区域合作机制和协同创新机制。打造共建共享的开放式创新创业平台，构建长三角创新创业生态实践区，合力推进国家重大任务、科技成果转化的区域联动机制。充分发挥长三角双创示范基地联盟的作用，整合各地资源，运用市场化力量和大数据手段，打造有助于推进长三角科技、人才、资本、项目等资源深度融合，具有长三角特色的创新创业生态机制。

加强财经类院校与地方政府合作，加快科技成果转化，更好服务区域经济社会发展。在长三角更高质量一体化的进程中，加强产学研的互动也是长三角教育一体化的看点，科研成果转化是其重要内容之一。长三角不少区域在校地合作、国际化办学方面持续发力，以高品质的教育资源为一体化发展注入新动力。浙江嘉善政府与上海财经大学合作设立长三角一体化发展研究院就是一个很好的例证。长三角各地方政府与高校科研力量紧密合作，围绕长三角一体化重大前瞻性问题，围绕县域经济、走廊经济、都市圈经济等，组织开展跨省域、跨院系、跨学科的理论研究、决策咨询和人才培养，推动学术研究与经济社会发展的紧密结合[5]。同时，进一步加强国际交流，引入国际科教资源、打造教育国际化品牌，通过与国际知名财经类高校合作办学，打造财经国际合作教育样板区。

参考文献

[1] 中共中央国务院. 长江三角洲区域一体化发展规划纲要 [N]. 人民日报，2019-12-02.

[2] 王拓. 长三角一体化，高教可先行 [N]. 中国江苏网，2019-03-07.

［3］宗晓华，冒荣. 合作博弈与集群发展：长三角地区高等教育协同发展研究 ［J］. 教育发展研究，2010（9）：1-5.

［4］民进安徽省委会. 加速长三角区域教育一体化发展 ［N］. 江淮时报，2019-06-25（003）.

［5］校地合作、国际化办学 教育为长三角一体化增添新动力 ［N］. 新华社，2019-08-12.

资产评估专业硕士"三维度六步骤"案例教学改革研究

内蒙古财经大学 孙 晶[①]

摘要："三维度六步骤"案例教学模式以培养学生资产评估实践能力为导向，基于理论、实务和能力三维度，分别通过"专业基础课→专业主干课"（理论维度）、"专业课程设计→专业实习认知"（实务维度）、"案例开发→案例写作"（能力维度）的环节设计和步骤转移，促使学生资产评估实践认知能力、资产评估实践创新能力、资产评估实务应用能力的养成，符合新时代高层次创新人才培养理念。

关键词：资产评估实践能力 三维度六步骤 案例教学模式

20世纪80年代，资产评估与我国改革开放相伴而生，服务于国资国企改革，为国有资产保驾护航。经过三十余年的发展，资产评估以其价值发现、价值分析、价值引导和价值守护职能，不断拓展服务领域，行业规模和社会影响力持续扩大，成为我国经济社会发展不可或缺的重要专业服务行业。2004年资产评估本科专业设置，2011年起陆续有68所高等院校开设了资产评估专业硕士教育，成为资产评估专业高层次人才储备基地。然而，随着科学技术日新月异，资产评估行业未来与现实需求对高校人才培养提出更高的要求，资产评估专业硕士培养面临人才培养模式改革和转型。

当今教育更为重要的使命是为学生搭建起通向未来的桥梁，构建以学生为中

① 作者简介：孙晶（1972—），女（汉），经济学博士，内蒙古财经大学副教授，硕士生导师。研究方向：企业价值评估、创新经济与管理等。

基金项目：①内蒙古自治区研究生教育教学改革研究与实践课题项目，"三维度六环节"资产评估专业硕士案例教学改革研究（YJG20191013901）；②内蒙古自治区教育科学"十三五"规划项目，服务"一带一路"的创新型、复合型资产评估人才培养模式研究；③内蒙古财经大学研究生"课程思政"教学改革试点项目，《企业价值评估》"三维度"课程思政教学改革研究（KCSZ201911Y）；④内蒙古财经大学教育教学改革项目，《税基评估》"三维度六环节"案例式教学改革研究（JGKT201901）。

心的教学模式，注重培养学生的综合素质、行业实践能力、捕捉行业发展趋势及持续学习改革创新的能力。本文试图从资产评估实务出发，构建"三维度六步骤"案例教学模式，从培养目标、维度环节、关键步骤、内容路径等方面设计资产评估全过程、全方位的案例教学模式及其运行机制，以促使学生资产评估"实践认知→实践创新→实务应用"贯通能力的养成，全面改善资产评估人才培养过程。以期为高层次、创新型资产评估人才培养教学改革提供有益的参考。

一、国内外研究现状

（一）国外研究现状与研究价值

案例教学兴起于 20 世纪初的哈佛商学院，认为对于很多课程而言，经验都是最好的老师，而案例教学能有效地提升学生的经验基础（宋耘，2018）。这是一种基于对学术教育和专业教育之间差异的认识。案例教学强调以学生为中心的学习，认为教师在课堂上的角色并不是讲授知识，而是通过选择案例、提出问题、推进讨论来引导学生思考（Brown P.C.、Roediger H L、McDaniel M A，2014）。因此，专业教育更适合采用以讨论为重要特征的案例教学，以达成如下目标：①有利于促使理论与实践的有机结合；②有利于促进"旧知"与"新知"的整合内化；③有利于消除教学与实际生活情境的差距；④有利于学员创新精神和解决实际问题的能力（应尚军、冯体一，2018）。

资产评估是实践性很强的一门专业，因而强调以学生为中心的案例教学备受广大教师和实务界推崇。由于国外尚未建立起资产评估高等教育层次的学历教育，所以关于资产评估的案例教学尚未涉及。与此相反，随着我国资产评估专业本科教育和研究生教育的开展，特别是 2010 年资产评估专业硕士开始在全国范围内设立，资产评估案例教学在中国专业学位教育领域正在被提倡和兴起。

（二）国内研究现状：全国资产评估专业学位研究生教育指导委员会

全国资产评估专业学位研究生教育指导委员会（简称"教指委"）大力推进和践行案例教学。前期工作注重"教"，即资产评估案例教学师资的培养，主要举措是从 2013 年开始至今已连续举办七届"全国资产评估教学案例大赛"和案例教学师资培训。2019 年起，工作重心开始由向"教"向"学"转移，即在今年举办首届"全国资产评估专业学位研究生案例分析大赛"，以引导广大资产评估专业学位研究生更加关注我国资产评估实际问题，进一步提高其综合运用资产评估理论和有关分析方法科学有效地解决实际问题的能力，同时提升资产评估专业硕士研究生创新精神、实践能力和协作意识，推动科研和实践协同育人。教指委"教"与"学"的双赛布局，标志着案例教学在高校资产评估研究生教育教学中已广泛开展。

（三）国内研究现状：全国高校资产评估专业硕士案例教学

自 2011 年以来，我国已有 68 所高等院校培养资产评估专业硕士，各高校在培养的过程中，逐步摸索新形势下资产评估专业人才培养模式，已做好了三方面准备：一是案例教学作为一种与传统教学相对的教学模式，是教学方法、技术和观念的变革，已经成为共识；二是教指委已经选择历届获奖案例结集出版，让更多师生从中受益；三是各高校把案例用于资产评估专业硕士教学，开展案例教学尝试，积累了初步经验。

在资产评估人才培养模式创新方面，邓永勤和龙维军以湖南大学资产评估专业硕士培养中存在的问题，提出了建议各培养单位广泛深入地开展资产评估专业宣传，结合自身学科优势设置专业研究方向，进一步强化实践教学的相关建议。周伍阳与李攀艺以重庆理工大学为例指出为资产评估专业硕士实践能力，须开展案例教学。王明虎分析了资产评估专业硕士培养模式问题。王艳丽和李凯风以中国矿业大学为例，指出资产评估专业硕士培养的过程管理。苗敬毅、李娟、李婷等人基于 Boyer 理论，提出了资产评估专业硕士人才培养模式要求和教学方案构建原则，并设计了人才培养模式的实施保障机制，以培养适应市场需求的高素质专业人才。钱坤等人在对江苏省问卷分析的基础上，从培训内容和方式、人才队伍建设、人才培养基金制度、评估人才薪酬待遇以及人才发展环境等方面提出了促进评估行业人才培养和发展的相关政策建议。李珍、乔宏、尉京红等根据大数据时代背景资产评估人才需求的特点，提出了高等院校资产评估人才的创新培养模式。

在资产评估案例教学改革方面，陈艳、朱冬元（2019）从分析资产评估行业、机构和从业人员入手，指出我国资产评估专业人才，尤其是高层次人才严重缺乏，各培养单位需要突出院校专业优势，切实提升教学实践能力。李乔侨（2019）基于《无形资产评估》课程视角，提出资产评估课程教学中的四个缺乏，即实践教学课程缺乏、实践教学资源缺乏、教师实践经验缺乏和学生实践能力缺乏，并从教学方式、考核方式、课证赛结合、实验平台、校企合作等方面提出了新举措。应尚军、冯体一（2018）针对当前资产评估案例教学现状，从案例库建设、社会责任培养、产学研模式和团队学习等方面提出了对策建议。

综上所述，案例教学已经成为我国资产评估专业学位教育的一种重要方法，并积累了相当的研究与培养经验。但是不可否认，我国高等院校开展资产评估专业教育的历史较短，资产评估专业硕士案例教学仍处于摸索阶段，而人才培养及教学模式的构建则是首先需要解决的问题之一。

二、拟解决的问题

以内蒙古财经大学为例，资产评估专业硕士开展案例教学改革研究和实践尤为重要，不仅有助于我校资产评估专业建设有效利用后发优势，寻找和打造主要针对"边疆地区、少数民族地区、资源富集区、生态环境保护区"资产评估的专业特色，为地方经济建设和资产评估行业输送高层次、创新型人才，而且有助于我们以此为契机，祛除畏惧和懒惰心理，厘清认识误区和实践误用，对案例教学本质和学习机制进行深入思考，纠正改善关键行为，提高教学实效。

从资产评估专业的教育教学实践看，我们在课程设置、教学内容、教学方法、社会调查、毕业实习（论文）等多个环节开展了多层次、多形式的案例教学实验和实践，取得了良好的效果。但是由于资产评估属于新兴学科，发展历史较短，因此整体上说，课堂教学仍是以老师讲授为主，案例教学只是作为课堂讲授的补充方式，甚至以"例题演练"代替"案例分析"过程，偏离了案例教学的本质属性和设计逻辑。同时，我们还遇到了很多认识层面和技术层面的问题，案例教学改革存在很大空间，主要表现在：

（一）优质案例缺乏

资产评估的现有案例主要来自两个渠道，一是上市公司披露的评估报告，二是从资产评估事务所直接获取，这两个渠道均存在问题，造成优质案例缺乏。前者由于缺失评估说明书和评估工作底稿带来的问题如下：①不能全面、客观地了解和掌握评估标的具体情况和交易事项来龙去脉；②不能真实再现评估师评估判断的依据和过程。后者存在的问题如下：①事务所可能出于保密或时间上的考虑，难以配合高校教师选择、完善和总结具有代表性的案例；②有强烈启示意义的案例往往需要隐去被评估企业相关信息，而导致案例缺乏真实感。

（二）评估经验缺乏

在教师层面上说，目前尚没有鼓励教师在业界兼职的政策。即使部分教师本着教学良知主导寻求实践机会，但是大多数实践仍属于事后了解，对评估内容的获取主要来自评估报告或评估师口述。而有价值的实践应该是对评估业务事前、事中到事后的全面融入和全程跟踪，教师需要做评估业务的"参与者"而不仅仅是"旁观者"。

（三）缺乏灵活应用

案例教学无法灵活应用的主要原因在于：一是很多案例只关注评估业务的描

述，而缺少教学应用的设计。学生案例讨论机会不均等，导致教师对学生成绩评定缺少客观性，学生参与讨论积极性不高。二是案例的开放性不够，导致学生在进行案例分析时，或者是习惯性地在教材中寻找答案，甚至生搬硬套，或者只是完成了一道复杂的计算题，而无法达到分析问题、解决问题的能力培养目的。

三、"三维度六步骤"案例教学模式内涵与基本特征

（一）"三维度六步骤"案例教学模式的内涵

"三维度六步骤"案例教学模式以培养学生资产评估实践能力为导向，从"理论维度""实务维度"和"能力维度"三个维度入手，通过"专业基础课→专业主干课"（理论维度）、"专业实习认知→专业课程设计"（实务维度）、"案例开发→案例写作"（能力维度）的步骤转移，培养学生资产评估"实践认知→实践创新→实务践应用"能力养成，符合新时代高层次创新人才培养理念。具体如图1所示。

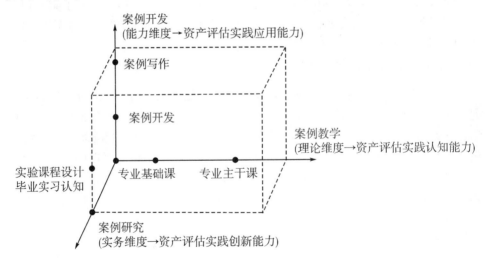

图1 "三维度六步骤"案例式教学模式

1. 科学规划"专业基础课→专业主干课"步骤

专业基础课在基础理论知识基础上，以业界人物成功路径为引导，使学生做好自我学业与职业规划。专业主干课以学生全过程案例参与为主要形式，科学合理设计教学环节，使案例分析与知识点完美融合，在感同身受的过程中夯实学生专业理论与专业知识基础。

2. 强化训练"实验课程设计→专业实习认知"步骤

实验课程模拟资产评估情景，以团队合作为形式，针对一项资产评估业务，完成资产评估程序，提升学生的资产评估实践应用能力。专业实习深入资产评估现场，以岗位能力培养训练为目的。

3. 深层对接"案例开发→案例写作"步骤

案例开发通过校、企、生合作的途径，以科研或竞赛为主要结合点；案例写作提炼评估实务，以评估实务创新为主旨，通过实践找题、科研立题、合作探题的真题真做，培养学生理论联系实际、处理复杂问题的能力。

（二）"三维度六步骤"案例教学模式的基本特征

以资产评估能力为导向、面向评估实务的"三维度六步骤"全过程、全方位案例教学模式体现了三个基本特征：一是面向资产评估实务，以提升学生实践能力为导向，构建"三维度六步骤"案例教学模式；二是遵循 PDCA（plan，do，check，action）循环，循序渐进地实现案例轮环式教学运行体系；三是采用 CDIO（conceive，design，implement，operate）模式，推进资产评估多层次、一体化实验实践教学体系。

四、"三维度六步骤"案例教学内容重点与实施路径

"三维度六步骤"案例教学模式模拟资产评估实际情境，以完整案例轮环式教学模式改革为切入点，构建"三维度六步骤"案例教学模式，培养符合新时代高层次创新型资产评估人才。围绕改革目标，着重研究以下内容：①"三维度六步骤"概念界定与三维能力融合机理；②案例教学现状与拟解决的主要教学问题；③"三维度六步骤"案例教学模式及其特征；④"三维度六步骤"案例教学实施路径。

"三维度六步骤"案例教学实施沿着"案例研究→案例教学→案例应用"的思路展开。三者之间既相互联系，又互相制约。案例研发是案例教学和案例应用的前提条件，案例教学使得案例研究与案例应用相联结，完成从认知到操作的融合，案例应用又反过来不断修正和完善案例研究和案例教学。按照实施方案，改革实施方法及程序如图 2 所示。

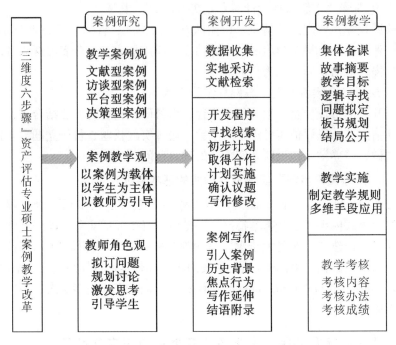

图 2　案例教学改革实施方法及程序图

综上所述，实施资产评估专业硕士教育教学改革，首先要明确人才培养模式及其相应的教学模式，完整的教学模式包括教学理念、教学内容、教学方法、师资队伍、评价反馈等多方面融合创新而成。资产评估专业的实践性决定了其人才培养必须面向资产评估实务塑造实践能力。资产评估实践能力是未来社会经济发展对资产评估专业人才的迫切要求，"三维度六步骤"案例教学模式回归资产评估过程，以完整案例轮环式教学模式改革为切入点，有利于资产评估能力打造与高层次创新人才培养。

参考文献

[1] 教育部财政部国家发展改革委. 印发《关于高等学校加快"双一流"建设的指导意见》的通知 [EB/OL]. [2018-8-27]. http：//www. gov. cn.

[2] 王晓燕，柳雅君. "资产评估学"课程的教学实践改革：基于供给侧改革背景的思考 [J]. 高等财经教育研究，2018（9）：27-30.

[3] 张东娇. 比较视野中的中国"案例教学"：基于毅伟商学院案例教学经验的

分析［J］．比较教育研究，2016（11）．：71-77.

［4］陈艳，朱冬元．资产评估专业硕士案例教学研究：基于人才培养供给侧的思考［J］．中国资产评估，2019（1）：29-33.

［5］宋耘．哈佛商学院"案例教学"的教学设计与组织实施［J］．高教探索，2018（7）：43-47.

［6］应尚军，冯体一．论资产评估的案例教学［J］．中国资产评估，2018（10）：4-7.

［7］李乔侨．应用型人才培养模式下的"无形资产评估"课程教学模式改革探讨［J］．中国资产评估，2019（1）：34-36.

研究生思想政治教育获得感研究

——基于价值澄清的视角

西南财经大学研究生院　　赵磊①

摘要："获得感"主要在心理、思想、行为三个维度加以体现，"思想政治教育获得感"是衡量思想政治教育成效的重要依据。与本科生相比，研究生有着不同的身心发展特点和"学生成长规律"。价值澄清处于价值观形成的高级阶段，能通过一系列的逻辑推理而求解出未知的"应然"判断，帮助研究生打开价值体系的"黑箱"，寻找自身的价值标尺。在价值澄清中，用"选择"获得"是非善恶"的价值判断力，以"珍视"走出"价值冲突"的丛林，把"行动"作为获得核心道德品格养成的路径。价值澄清让研究生准确裁决相互矛盾的价值冲突，在虚假中把握真实，达到内在善品与外在善行的统一和谐，真正提升研究生思想政治教育的获得感。

关键词：价值澄清　研究生　思想政治教育　获得感

"获得感"一词最早出现在 2015 年 2 月 27 日，由习近平总书记在中央全面深化改革领导小组第十次会议上提出，它不仅成为国家重要会议和文件中频频提及的重要概念，也成为民众、媒体和学界的"热词"之一。"获得感"一词的提出，有利于促进人的全面发展，有利于解决好现实问题并规避社会的物化现象，有利于增强民族的自信心和凝聚力。近两年，我国学者将获得感引入思想政治教育中，从教育学、心理学等角度对如何加强研究生思想政治教育的实效性做出了许多有价值的研究。当前，我国在思想政治理教育方面取得了显著的进步，但同时也存在一定的不足，如认知与行为的脱节，一体化构建大中小学思想政治教育体系不完善，受教育的满意感有待提升等。从研究生思想政治教育获得感的角

① 赵磊，西南财经大学研究生院，博士，副研究员。

本研究受到"四川省学位与研究生教育学会研究课题"（2019YB0503）和西南财经大学第一批"2020年教育教学改革专项资金"经费资助。

度，探索研究生在参与思想政治教育实践活动中，如何产生实实在在的收获体验，对当下研究生思想政治教育意义重大。

一、关于思想政治教育"获得感"的研究现状

综合现有文献来看，对于"获得感"已经有较多研究，但尚存两方面的不足：首先，对于"获得感"的讨论大多浮于一般化认识，尚缺乏对这一概念的深入剖析；其次，"获得感"是一个提出不久的"新词"，且充满"中国特色"，故目前尚无学界原有研究术语的对应，无法与既有理论或实践建立充分的关联，难以实现国内外的理论探讨与经验共享。故此，清晰界定"获得感"词义，将此概念与学界既有理论和概念打通，并以此为基础，研究国外提升公民"获得感"的经验教训，不仅有重要的理论意义，更有助于我们提升人民群众"获得感"的实践探索。

"获得感"是由"获得"和"感"两个概念组合而成的新词。《现代汉语词典》（第7版）对"获得"的解释为"得；得到（多用于抽象事物）"。由此可见，"获得"的本义侧重于客观层面的收获，既包括对具象事物的拥有，又包括对抽象事物的得到，强调某主体对某客体的拥有。《现代汉语词典》对"感"的解释为"感觉；情感；感想"，是大脑对直接作用于感觉器官的客观事物的个别属性的反映，这一解释指向的是人的心理活动。黄冬霞、吴满意在《思想政治教育获得感：内涵、构成和形成机理》一文中明确指出，获得感主要由心理层面的获得感、思想层面的获得感和行为层面的获得感构成。思想政治教育获得感的形成是一个多因素协同作用的过程，其形成机理包括"期望—参与—满足—认同"的内生机制和"期望—整合—优化—共建"的外生机制，是内外机制共同作用的结果。这种观点综合了心理学和社会学的理论，关注到了教育的内在实施过程，也将教育放在宏观的社会环境中去建构，具有客观和宏大的视野，为教育资源的整合提供了有益借鉴。张品在《"获得感"的理论内涵及当代价值》一文中，论证了"获得感"是一种"满足感"，主要因物质层面和精神层面的获得而产生，并可以长久维持下来，强调"获得感"的出发点是人民，体现了"以人民为中心"的唯物史观；"获得感"必须是务实的，实实在在的，是人民群众在现实生活中得到的真正实惠。要实事求是地解释"获得感"，就要从自我价值和自我尊严得到满足的社会认知角度理解获得感。程仕波、熊建生在《论思想政治教育获得感》一文中，将思想政治教育获得感的形成分为三个阶段：获取阶段、映射阶段和行动阶段。他从教育主、客体双边互动的角度，阐释了如何提升思想政治教育对象的获得感，如何增强教育的科学性和操作性，强调了教育双方的供

给与求取的关系。刘富胜、赵久烟发表于《思想理论教育导刊》的文章《增强研究生思想政治理论课获得感要坚持"四个结合"》，提出四个结合：要注意导向鲜明与育人为本相结合；理论灌输与互动参与相结合；课堂教学与实践教学相结合；线上教育与线下教育相结合，从内容、方法、途径上对增强思想政治教育获得感给出了实现路径。

二、研究生思想政治教育的特殊性与价值澄清理论

(一) 研究生思想政治教育的特殊性

研究生与本科生相比，有着不同的"学生成长规律"和不同的身心发展特点，主要表现在：①从本科阶段的"灌浆期"过渡到研究生阶段的"渐熟期"，研究生的思想价值观念体系相对成型；②研究生学习国家理论方针政策的自觉性更高，自主选择与辨析意识更强；③研究生更加注重理论与实践的结合，更适合采用研究性、研讨式的思政课教学方式。正因为如此，研究生在面对一些新问题或思想政治教育事件时，在事实判断之后，往往更注重背后的价值澄清，采取思辨、探究、讨论等方式，对事件的价值属性作深入分析，进而塑造自身的价值观体系。

(二) 价值澄清：知行合一的链接点

价值澄清（values clarification）又称为价值观辨析法，由美国价值澄清学派（价值观辨析学派）对传统价值观进行分析研究的基础上提出的，最早是作为一种教学方法于20世纪20年代出现，为进步主义教育采用，在60年代时逐渐形成一个德育学派。思想是行为的先导，属于思维、观念、认知体系。那么，就价值观而言，道德判断和价值澄清是价值认知与行为转化的衔接点。"思维是由一系列的概念、判断和推理构成。"在价值澄清的过程中，个体能进一步拨开种种利益的缠绕和迷雾，抽离出普遍的公正原则，剖析出"应然"的确证，作为行动的道德灯塔。只有当人们知道已经如何、还会如何、应该如何等问题，才会真正行动和实施，才具有强烈的义务感和责任感。

价值澄清学派从产生之初，就把精力集中于学校价值观教育实践，他们提出各式各样的时间策略以及具体的操作方法，为学校一线思想政治教育教师提供了丰富的资料。然而他们又强调无论采用何种策略和方法，都不可忽略和脱离基本的价值观成型过程，这一基本过程是隐含在各种具体策略方法内部的生命线。价值澄清能协调主体道德冲突，推动思想认知向思想行为的飞跃。价值因利益冲突而产生，个体在社会生活中，面临错综复杂的利益关系网络，在进行个人利益与

他人利益的取舍中，往往会举棋不定，陷入价值冲突的困境。各种利益孰轻孰重，如何割舍和退让？通过价值澄清，过滤表象、深入本质，寻找到自身的价值标尺，在具体行动中实现道德价值品质和思想政治行为的提升。在思想政治教育中，对价值问题的分析推理，有助于研究生形成价值知识的学理基石，有助于为研究生的思想行为指引方向。

三、运用价值澄清提升研究生思想政治教育的获得感

价值澄清是个体在价值知识和价值观体系的基础上，在相互纠缠甚至彼此冲突的价值观中进行理性选择，从而实现对价值的"澄清"，进而建构、巩固自身的价值观体系。研究生思想政治教育获得感的产生，主要在于心理、思想和行为层面的收获，价值澄清在这其中发挥着衔接和桥梁作用。价值澄清学派的代表人物认为，我们生活在一个纷繁复杂的社会里，在每一个转折关头或在处理每一件事物时，都面临选择。因此，创造条件，利用一些特别的途径和方法，帮助研究生澄清他们选择时所依据的内心的价值观，对今后正确选择具有重要意义，这也是该理论的社会背景和基本假设。

（一）选择：获得"是非善恶"的价值判断力

真正的价值观念，是深思熟虑选择（Choosing）的结果。个人若无选择的途径，事实上选择的行为不可能发生，而真正的价值也就无法发展。因此，个人价值的建立，要从多种可能的选项中选择才有意义。选择包括：①完全自由地选择；②在尽可能广泛的范围内自由选择；③对一个可选途径的后果加以充分考虑之后进行选择。

选择可以运用价值排中律完成，这就是排中律在价值澄清中的具体运用。一对相互矛盾或相互冲突的价值观念，按照价值排中律，那么必定其中之一为真，不能在同一时间和场域对两者都加以否定。反之，对于同样一对相互矛盾或相互冲突的价值观念，在同一语境下必定不能同时为假。

由于研究生处于社会认知的高级阶段，对政治、经济、社会、文化等认识不一，且从自身利益出发认识问题、进行价值判断，也是每个人的天然特征，因而，就形成了多元价值观念鱼龙混杂的局面。如此往复，如果社会中没有核心价值观念作为主流，"恶"的价值不能及时被发现和摒弃，那么"善"的价值就会被淹没。因而，在研究生思想政治教育实践中，教育者固然负有价值引导责任，而研究生自身也应形成明确的价值判断准则和方法，就善恶、对错、正邪等问题做出明判，并加以选择，最终成为自身的价值观。

正确的判断是自由选择的前提，也是正确选择的必要条件。判断应有明确的标准和恰当的方法，对模棱两可的问题必须做出确定的回答，不能对同一事物的价值判断进行似是而非的解释。如果认为一个事件善是假，又认为其恶是假，则犯下了"相对主义"的错误。这种情况下，学生自然无法明确判断，更不能正确选择。

对社会公德、职业道德和家庭美德等社会主义核心价值观的澄清，都离不开明确的判断和正确的选择。例如：在"老人倒地要不要扶"的问题中，研究生的看法可能与本科生就有所不同。他们会从历史、社会、文化、法律等多个维度去思考这一问题的意义，而不仅仅局限于当下这一事件本身，也不仅仅限于个人的行为方式选择。某种意义上，这一问题已经超越了社会公德本身的范畴，而保持开放性的思考和讨论，就有助于研究生对这一事件的价值蕴含做出自己的判断，而通过教育者的适当引导，比如从知识分子的榜样示范和担当、从人道主义精神和道德发展的角度加以启发，研究生不但可以做出更加明确的判断，也会有正确的价值选择，而经过这样一个过程，其价值观的形成将是稳定而强有力的。

（二）珍视：走出"价值冲突"的丛林

珍视（Prizing）即是对个人选择的重视、秉持和坚守。一般而言，经审慎思考后的选择，人们会愿意承认自己的价值，常常在大众面前展示自己的价值观，以及拥护自己的价值，并以此为荣。当研究生对自己认为有价值的事物进行判断和选择后，一般都会加以珍惜、重视，进而成为其价值体系的部分，作为行为和生活上的准绳。

就价值澄清理论而言，此处的珍视不是不加辨别的盲从，更不是跟随情绪反应的自然冲动，而是经过批判、分析、辨别和澄清过的价值取向，是值得为此自豪和坚守的。教育者应当从国家整体利益和社会主义核心价值体系建设要求的角度，对研究生加以引导，让研究生澄清自己对这一事件的价值取向，帮助研究生走出"价值冲突"的丛林。对这一事件的深层价值追问和价值判断，将成为研究生稳固而持久的价值主张，是研究生赖以珍视的价值追求。

再如：在研究生思想政治教育实践中，关于家庭美德中尽孝义务的价值分析，可能有以下三种：①亲自在病床前照顾父母；②用工资收入请护工照顾父母；③通过非法途径获取财物支付父母的医疗费。这三种方式的价值目标看似都是善的，但是通过非法途径就是不道德的，其结果就与行善的目的矛盾、反舛了。教育者引导研究生进行"应然"层面的行为推导，鼓励学生勇于承担道德义务，而不要在一些自相矛盾的行为中去实践善的行为，这就让研究生在价值澄清中获得了自身的价值标尺，走出价值冲突的迷雾，珍视自己已经认可的价值观。

（三）行动：获得核心道德品格的养成

行动（acting）是价值观养成后的自然体现，也是价值观塑造的最终目的。当研究生的信念、看法和态度达到价值阶段时，就会成为价值体系的一部分，就会自然而然地表现在行为上，在不同的生活和空间中发生作用，这也是研究生思想政治教育获得感的重要体现。

人们每天都在行动，而行动是与动机和目标相联系的，行动背后的动机和目标就深切地体现了一个人的价值观和行为规范。根据价值澄清理论，行动就是按做出的选择行事，甚而作为一种生活方式加以重复。也就是说，一旦研究生选择了某种价值观，就会珍视这种价值观，进而将这种价值观内化为一种生活方式，在行动上加以重复。试想，如果一个人的价值观只停留在思想层面，而从没有行动过、实践过，那么这种价值观应该是不完整、不稳固的。

行动的意义不仅仅体现在知行合一上，更多的是一个人将某一种价值内化为价值观后的自发行为，既是"随心所欲不逾矩"，更是"随时随地传播正能量"。具体而言，行动要解决的是研究生在个人价值观养成与个体思想政治行为的衔接问题，既要让研究生通过对典型事件中呈现的价值体系进行界定和认知，又要依据这种价值观明确行动的指向。例如，研究生在学习爱国主义教育相关事例时，既要充分理解爱国主义蕴含的知识分子的社会担当和家国情怀，又不能剥离了个人的情感体验与行动实践。爱国主义的道德品格教育是抽象的，但如何践行爱国主义是具体的。所以，教育者通过引导研究生以国家利益为重的价值取向，经过研究生自身的价值澄清，将爱国主义内化为一种清晰的价值观，最终体现在报效祖国的行动中，用所学服务人民，把论文写在中国大地上，以爱国主义价值观讲好中国故事，使个人的价值观体系与行动实践相统一，真正提升研究生的思想政治教育获得感。

参考文献

[1] 增强大学生的思政课获得感 [N]. 人民日报，2017-05-12.

[2] 黄冬霞，吴满意. 思想政治教育获得感：内涵、构成和形成机理 [J]. 思想教育研究，2017，(6).

[3] 中国社会科学院语言研究所词典编辑室. 现代汉语词典 [M]. 7版. 北京：商务印书馆，2016.

[4] 陈万柏，张耀灿. 思想政治教育学原理 [M]. 北京：高等教育出版

社，2015.

［5］马克思，恩格斯. 马克思恩格斯选集（第4卷）［M］. 北京：人民出版社，1995.

［6］曾钊新，李建华. 道德心理学（上卷）［M］. 北京：商务印书馆，2017.

［7］华东师范大学哲学系逻辑学教研室. 形式逻辑［M］. 上海：华东师范大学出版社，2009.

［8］王海明. 伦理学原理［M］. 北京：北京大学出版社，2009.

伦敦政治经济学院《教学发展战略规划》解析及其对"双一流"大学教学改革与实施路径的启示

西南财经大学教师教学发展中心　　周利云　魏华

摘要：世界知名的社会科学类大学伦敦政治经济学院在 2015 年年底发布了该校新的五年发展战略规划。其中，该校首次发布的《教学发展战略规划（2015—2020）》，将"教学"提升为该校保持世界一流大学、一流学科领导者地位的重要战略。本文阐述了伦敦政治经济学院此教学发展战略出台的背景，从教学发展战略与学校整体发展战略的关系、教学发展战略的具体内容、学校采取的实际举措等方面进行分析总结。最后，从该校制定、统筹、组织落实教学发展战略中展现的发展理念、管理模式等方面，对我国高校特别是文科类研究型大学在"双一流"建设目标下进一步反思和明确人才培养的中心地位，探索教学改革的建设路径等方面提出有益建议。

关键词：伦敦政治经济学院　教学　战略规划

　　伦敦政治经济学院（London School of Economics and Political Science）是一所世界知名高校，在 QS 世界大学排名中连续多年在社会科学与管理学科排名世界第二。学校长期以来坚持务实的办学定位、兼容并包的治学理念、研究导向的教学和国际化办学路线等，其发展受到了国内外学者的广泛关注。2015 年，伦敦政治经济学院发布了新的五年发展战略规划。同时，为了维护该校享誉世界的办学成就，让学校的教学水平也获得与学校研究水平相匹配的国际声誉，学校也制定和发布了首个《教学发展战略规划（2015—2020）》（以下简称《教学发展战略》），立志充分发展在学科专业人才培养上的优势，要在人才培养、提升学生的学习成果方面成为一个世界级的高等教育领导者。本文对该校《教学发展战略》的出台背景、主要内容和创新思路进行分析，以期总结出对我国高校特别是研究型文科类大学在"双一流建设"中落实人才培养中心地位，整体协同推动教学改革和教学质量保障等方面的经验。

一、《教学发展战略》出台背景

（一）英国高等教育的变革

1. 教育大众化与办学经费来源转移

从 1963 年英国政府推出《罗宾斯报告》开始，英国各地高等院校大量涌现，高等教育从精英教育逐渐转变为大众化教育。1995 年，英国高等教育毛入学率达到 48.3%。到 20 世纪 90 年代后期，英国基本实现了高等教育的普及化。随着高等教育走出象牙塔，英国的高等教育成本从主要由公共经费承担，逐渐向学生和家长付费转移。英国于 20 世纪 80 年代末、90 年代初引入和实施了学生贷款制度，90 年代末开始高等教育收费①。以伦敦政治经济学院为例，根据学校的官方数据，近年来该校直接从英国政府获得的经费严重下滑。政府经费占学校办学经费总量的比例从接近 80% 减少至不足 10%。学校当前办学经费主要依靠学生学费收入。② 此外，大学学费长期保持着攀升的势头。到 21 世纪，英格兰和北爱尔兰的大学学费上限从 3 000 英镑增至 6 000 或 9 000 英镑。从 2012 年秋季开始，英国大学生的学费上限增加至最高 9 000 英镑，大多数英国高等教育院校最终都向学生收取这一最高数额的学费。③ 面对如此高昂的学费，高等教育的投资回报率成为大众关注的焦点。如何提升大学教育质量和学生满意度，成为英国高等教育面临的普遍问题。

2. 政府日益强化的高校办学质量评估监控

伴随着英国高等教育规模扩张和学费上涨，英国政府高度关注高校教育质量监管，英国高等教育界围绕教学质量掀起了高教评估改革的浪潮。早在 20 世纪 90 年代，为了监督和改善高等教育质量，英国大学副校长委员会（committee of vice-chancellors and principals, CVCP）和英格兰高等教育基金管理委员会（higher education funding council for england, HEFCE）分别成立了高等教育质量委员会（higher education quality council, HEQC）和质量评估委员会（quality assessment committee, QAC）。1997 年，HEQC 和 HEFCE 合并为高等教育质量保障

---

①　易红郡，缪学超. 扩招·公平·质量：英国高等教育大众化政策取向［J］. 中国地质大学学报（社会科学版），2012（1）.

②　LSE Strategy 2020［R］.［2017-5-10］. https：//lsedesignunit. com/LSE_ Strategy2020/.

③　PAUL ASHWIN. 英国的"教学卓越框架"是什么？会起作用吗？［EB/OL］. 国际高等教育，2017（10）. http：//gse. sjtu. edu. cn/jihe/vol10issue2/6. pdf.

局（quality assurance agency，QAA），该机构通过建立健全高等教育学历标准维护公众利益，鼓励大学持续改进高等教育质量管理。

2015 年，英国政府宣布开发"教学卓越框架"（teaching excellence framework，TEF），旨在"以学为中心"原则下，构建一个透明、竞争性的高等教育环境，通过市场化的手段鼓励大学重视教学质量建设，转变长期以来高教领域"重科研轻教学"的现象。同时，政府的评估结果也将成为学生学业选择的重要参考信息来源。"教学卓越框架"由政府主导，重点关注学生学习过程中可以得到的支持。通过评估的大学有权根据规定调整学费标准。院校如果要根据通货膨胀增加学费，就需要证明其为学生提供了高质量的本科教育。作为一个公办院校，伦敦政治经济学院自然也是"教学卓越框架"的成员，接受政府与社会的公开评估和监督。此时推出《教学发展战略》，是对国家教学质量评估政策的及时反应和内部机制构建。

（二）伦敦政治经济学院的自身定位

从历史来看，伦敦政治经济学院长期以来坚持"以学为中心"的教育理念，引导学生自主学习。"导师制"教学、"探究式"教学模式等早已成为了该校的教学传统和名片。在 2008 年全球危机爆发之际，伦敦政治经济学院已经将学校的发展战略重点调整为通过提供挑战性、激励性、以研究为导向的学位项目，培养和发展学生的独立思考和批评性思维，从而保持学校在社会科学学科的教学和研究方面的世界领先地位。

面对世界高等教育的快速发展，学校在《教学发展战略》中明确提出，"为学生提供高质量的教学"也应该被视为建设世界一流大学的一个至关重要的战略。教学的卓越，应当和科研卓越、社会公共服务卓越一样，处于"一流大学"建设的中心地位。学校各项工作，比如改造校内教室、优化学生服务体系、加大教学奖励等，都应该紧密围绕教学卓越展开。伦敦政治经济学院计划用 4~5 年的时间重点打造高质量的专业教学，在学校积极营造"教学卓越"的文化与价值观，整体提升学生学习体验，将自身教学质量努力提升到新的高度。伦敦政治经济学院对教学的定位，是对高水平的教学在学校保持国际竞争力中的作用给予的高度肯定。

二、《教学发展战略》主要内容

（一）学校整体发展愿景

伦敦政治经济学院围绕百余年来的办学特色，提出了教育事业发展的"愿景"：不认可教学与科研是"鱼和熊掌不可兼得"，要建立一支同时专注于教学和科研的教职工队伍；立足推进知识进步和世界发展，聚焦社会科学及其密切相关的领域，联系但不过多扩展到其他主要学术领域（例如科学、工程学或者医学领域）；在伦敦主校区内，以海外学位项目和信息技术创新作为辅助，强化面对面的教学和智力社区建设，大力推进学校的教学、研究和公共服务①。这些"愿景"为学校的教育事业发展确定了基调和方向，便于宏观调控整个战略规划的实施。

学校"愿景"强调要坚持社会科学学科特色，明确了以一流人才和一流教学为立校之本，促进其建立更具综合、竞争性的办学体系。在此基础上，学校提出了六项关键目标：大力提升人才培养质量，整体提升学生的学习体验质量；为不同背景的优秀学生提供个性化的培养机会；持续提高教师的素养、研究能力和知识创新能力，提高教学管理人员的水平；在全校积极采取措施加强建设公平、多元、包容的校园；在社会科学领域成为并长期成为国际化、跨学科和问题导向的世界公认的领导者；增加和丰富学校收入来源；确保学校硬件和其他设施环境与学校愿景匹配，与实际落实过程中的需要相匹配。②

（二）教学发展战略

在学校"愿景"的宏观规划下，伦敦政治经济学院立志要克服短板，持续发力，较大幅度提升各专业的人才培养质量，明显改善在校学生的学习体验，并且为不同背景的优秀学生提供个性化的培养，成为国际上提升学生学习体验的典型高校。因此，伦敦政治经济学院迫切需要建立"追求教学卓越"的校园文化，使教学在一定程度上和科研一样受到老师重视。

为了支撑建立国际社会科学类人才培养高地的宏大目标，该校在《教学发展战略》中有五项布局：

一是通过对专业进行评估和改进，保证各院系在强有力的学术领导下办学。学校将不仅为学院提供发展、优化和管理教学所需的资源，还将营造鼓励支持教学的文化，提供相应的校园基础设施。二是认可并奖励教学优秀、勇于创新教学的教师，将老师们培养成为真正教书育人的教育工作者。学校以师资队伍建设为基础，保障广大学生能够获得充满激情、富有挑战度、效果显著的学习机会。三是确保高质量、前沿的教学。四是建立学习社区。让教师、学生、校友和其他相关人士都能相互沟通，形成有效连接的网络，形成合力共同维护学校的教育事业，推动实现学校的愿景目标。五是院系建设热情、蓬勃的教学文化氛围。学校

---

① 资料来源：https://lsedesignunit.com/LSE_Strategy2020/.
② 资料来源：https://lsedesignunit.com/LSE_Strategy2020/.

将鼓励与支持校内、校外及国际合作伙伴之间开展教学发展创新。

对此，学校《教学发展战略》进一步提出了三项关键目标：学校的各院系要成为学科教育与跨学科教育先进的领导者；学校的毕业生要成为博识、明辨、善于分析、全球就业竞争力强的人；师生共同协作建立起一个能反映学校独特属性的动态学习社区。第一个关键目标主要从院系学生学习成果、院系教学经费投入水平、院系教学改革举措、学校教学基础设施建设情况、院系教学评估等角度推进。第二个关键目标主要从学校与院系对人才培养目标的确立、课程与人才培养目标匹配情况、人才培养方案评估、有效学生能力培养方式方法在校内的推广情况等方面开展工作。第三个关键目标主要发挥学生、教师、校友的共同力量来评估与改进学校教育教学，对学校和各院系组织的学习与学习社区相关的活动、对校内课外活动提升学生能力和学习体验的效果进行评估，并推广有效的做法。[①] 这些关键目标都进一步进行了不同程度的细化，每个关键目标都建立了考核 KPI，比如 5 年后在英国全国大学生调查（The National Student Survey）中排名的上升位次等。

三、《教学发展战略》的实施路径

好的战略规划要落地生根，离不开高效、专业的资源投入与管理支撑。伦敦政治经济学院在发布《教学发展战略》之后，重点疏通学校管理体系，建立行之有效的行政推动力，广泛凝聚校内师生力量，保障专项经费资源。通过把握"人"和"经费"两个关键要素，将战略规划逐步变成实际。

（一）校院联动的行政管理体系

在学校层面，伦敦政治经济学院在 2016 年 8 月成立了"伦敦政治经济学院教学发展战略部（LSE Educational Strategy Unit）"，主要负责两方面的工作。一是制定和实施《教学发展战略》落实与管理中的相关政策制度和程序；二是开展教育教学战略与政策研究与宣传推广工作。该部门还代表教学副校长管理战略规划的专门经费，和院系、学生会等单位和部门联合开展教学评优评奖等各类促进教师教学的活动[②]。因此，"伦敦政治经济学院教学发展战略部"既是学校《教学战略》具体化过程中的学术智囊，也是校院管理协调的枢纽。

---

① 资料来源：LSE Education Strategy 2015-2020. http：//www. lse. ac. uk/About-LSE/Image-assets/PDF/Education-Strategy. pdf。

② 资料来源：LSE Education Strategy Unit. https：//info. lse. ac. uk/staff/education/Assets/Documents/annual-report-pages. pdf。

在院系层面，各院系在"伦敦政治经济学院教学发展战略部"指导下，根据学校《教学发展战略》，特别根据三个关键目标，制订院系教学发展战略行动计划。首先，院系要拿出自己的行动计划，主要涵盖"学业评价、学生反馈和课程体系的优化创新""有效、切实的教学组织与管理改革""有助于学生发展的学习社区的建立"三方面内容。其次，这个计划是一个动态的、逐步完善的文件，院系应该定期对照检查、更新。院系的每一个行动都应该是紧密围绕学校整体教学发展战略的三个关键目标。①

考虑到教学的综合性，学校不仅为院系提供了制订行动计划的范式，也指出了院系制订行动计划的重点。这样，校、院可以在落实《教学发展战略》的关键点上共同发力。同时，学校对院系计划的执行情况进行监督检查，主要手段包括学生课程教学满意度评价，专业评估，各专业学生学业完成与发展情况，师生联络委员会中学生的反馈意见，在院系教职工大会上进行行动计划检查等。校、院在制订行动计划时注意逻辑统一，在执行过程中注意评估改进，有效建立了螺旋上升的良性评估改进机制，使得学校提升教学质量的意志能够深入到学院的日常工作。

（二）以师生为本的动员机制

1. 广泛宣传，调动学院参与

根据"伦敦政治经济学院教学发展战略部"公开的年度工作总结，学校在2017年期间通过组织交流会、午餐会和派专员出席学院会议等形式，面向院系教职工、教学委员会、院系领导、新进教职工等宣讲《教学战略发展》的精神和进展情况共计14场。② 频繁地推介宣传活动帮助学校的战略规划从顶层设计走入基层，促进全校达成思想共识，形成了统一的行动力。

2. 关注师生需求，开展调查研究

面向2016届新生、师生联络委员会（student staff Liaison committee）的代表和其他本科学生开展问卷调查，了解学生对学习的期望、感受与体验，为学校优化决策提供了一手数据支撑。

3. 发挥网络媒体作用，营造教学氛围

从2016年9月开始，学校上线了"LSE 教学博客"。博客内容丰富，既有解释学校教学战略精神、公开学校管理信息的文章，也有学院报道特色活动、展示

---

① Departmental Education Strategy［R］.［2018-1-2］. http：//www. lse. ac. uk/Mathematics/assets/documents/Education-Strategy/StudentVersion. pdf? from_ serp＝1.

② LSE Education Strategy Unit［EB/OL］.［2017-5-10］. https：//info. lse. ac. uk/staff/education/Assets/Documents/annual-report-pages. pdf.

教学创新举措的文章，还有师生思考教与学、提出建议意见的文章。博客全年保持了较高的更新频率，一年发布文章 70 余篇，获得 2 500 多名读者关注①。同时，学校还通过邮件形式将精华文章编辑成简报，每周发送到全校教师、学生的邮箱。教学博客为学校各方沟通、推进和反思教学战略规划搭建了公开交流的平台，支撑了学校建立学习社区、培养卓越教学文化的构想。

4. 强化制度管理，形成校园公约。学校的发展不仅是学校管理者和教职工的意志体现，学生也是不可或缺的利益相关方。为此，在学校各部门与学生会的合作下，伦敦政治学院于 2017 年 5 月修订并发布了新的《学生章程》，在学校与学生之间建立对教学的共识。②《学生章程》强调了伦敦政治经济学教育教学的独特性质，肯定了学生在学校教学发展中的重要地位。该章程即明确了学生在接受教育时应当承担的责任，也表达了学校对学生在校期间和毕业之后为学校教育发展做出贡献的期望。不仅学校管理者和教师要行动起来，学生作为学习的主体也要承担起自己的责任和义务。

（三）目标明确的绩效经费支撑

为了保障《教学发展战略》的顺利实施，伦敦政治经济学院划拨了 1 100 万英镑，用作《教学发展战略》发布后三年内的专项运行资金。1 100 万英镑中，200 万英镑用于资助教学项目、奖励全校教师优秀的教学和有发展意义的教学合作；400 万英镑用于支付学院新建与优化课程、专业所需新增的人力资源费用。因此，学校为促进教学卓越，为教学相关新岗位提供了直接经费高达 600 万英镑。在高校，不是每一位教师都能够同时做好教学与科研，他们常常在职业生涯的不同阶段努力去平衡二者的关系。学校为院系教学相关新增人力成本提供资助，也是为了保障院系形成符合学校战略方向的、专注且持久专注于教学专业发展的基层力量，让院系教师们的教学与研究工作保持弹性而不是冲突的关系。学校建立了"教学副校长教学愿景基金"，由"伦敦政治经济学院教学发展战略部"负责管理，每年提供 10 万英镑资助教与学发展创新项目；建立"教学卓越奖"，在两年内一共提供 100 万英镑，用于奖励各院系对提升学生教育体验质量做出较大贡献的个人或团体；等等。

同时，教与学的发展不仅仅是教师的责任，剩余的 500 万英镑用于新建名为"LSE LIFE"的学生学业、职业和生涯发展综合提升项目。这是伦敦政治经济学

---

① 资料来源：LSE Education Strategy Unit. https：//info. lse. ac. uk/staff/education/Assets/Documents/annual-report-pages. pdf.

② 资料来源：Student Charter. http：//www. lse. ac. uk/Search-Results? query＝%2cStudent+Charter.

院一个重要的人才培养创新举措。学校集成学生学习、研究、交流、咨询等多个功能，在图书馆一楼建立起"LSE LIFE"中心。各院系、部门在这个项目的综合协调下，通过中心面向全体在校生提供学业、职业和个人发展等方面多元化、个性化服务。学生可以到这里来提高学习能力、研究能力，学习语言，寻求个人管理和个人决策的咨询建议，也可以来了解职业信息，还可以在这里参与跨学科研究项目，参加校外单位的学习体验项目等①。

学校清晰地展现了学习社区的建设蓝图，明确了配套资金去向。如此巨额的经费投入，明确显示出学校将教学与科学研究视为同等重要的态度。教师、学生、教育管理者、校友等都能够看到，自己可以为学校发展贡献哪些方面的力量和获得哪些方面的收益。

四、对我国高等教育的借鉴意义

（一）以科学的办学理念为根本前提

办学理念是学校的灵魂，贯穿学校的办学宗旨、办学目标、办学策略、人才培养目标、校园文化等方方面面。在推进世界一流大学建设的过程中，伦敦政治经济学院坚持"以学为中心"理念，将学生的大学学习经历视为一个整体，在实施《教学发展战略》的过程中始终强调以提升学生学习体验为目标。学校重视建设动态学习社区，"以人为本"地全面发挥校内各方的主动性，而不是将推进学校战略发展简单视为服从学校的管理。因此，我们可以看到伦敦政治经济学院提供针对性的指导、奖励办法、配套资源、沟通交流平台等，从多个方面支持教职工和学生的个人发展，支持院系发挥主体作用。在"以学为中心"科学理念的指导下，学校可以真正从"人才培养质量提升"出发设计整套教学改革路径，推动师生员工和学校形成了建设"一流教学"的联动体。

（二）以本校发展逻辑为特征定位

伦敦政治经济学院之所以能取得享誉世界的办学成就，与其坚定地走特色发展之路，形成能充分发挥自身学科和人才培养优势的独特发展模式密不可分。伦敦政治经济学院的《教学发展战略》强调"一流教学"要紧密围绕"一流学科"建设开展。学校要保持"社会科学学科领域领导者"的独特优势，虽然鼓励跨学科发展，在有利于促进优势学科发展的前提下引入其他学科，但同时特别强调

---

① 资料来源：LSE's Major Investment in Education Explained. http：//blogs. lse. ac. uk/education/2016/02/11/lses-major-investment-in-education-explained/.

要防止学校学科领域的过度扩张。学校的教学、科研活动都以"社会科学领域"为核心，防止学校的特征定位发生转移，防止学校"社会科学学科领域领导者"的国际地位变得模糊。

如何突出办学特色，确定本校发展之路，是我国高等教育的薄弱环节。当前，我国正在大力推进"世界一流高校、一流学科建设"，国内高校必须突破同质化竞争，在加强优势特色学科专业建设的基础上思索自身教育事业发展。从伦敦政治经济学院的教学发展战略可以看出，教学发展顶层设计乃至学校整体发展战略的落脚点应该是本校的实际情况，要注重对本校特色的认识、传承和创新。高校必须因校制宜，围绕重点，合理分配资源，才能真正形成多方位、立体化力量促进学校特色办学。

（三）以绩效化的管理模式为保障

伦敦政治经济学院在推进《教学发展战略》的全程采取了绩效化的管理模式。在学校层面，学校发展愿景被具体化为明确、清晰的教学发展战略和教学发展关键目标，而每一个关键目标下都确立了学校与院系的具体任务分工、重点工作领域、KPI 等。学校对院系的教学战略行动计划进行指导、监督与评估，而学校的教学战略执行的最终成果即学生的学习成果又需要接受来自国家或第三方的评估，形成了"规划—执行—成果评估—改进"的闭环体系。在当前国内外广泛推进"以成果为本"的教学评估背景下，伦敦政治经济学院绩效化的教学改革管理模式具有一定的普遍性和可借鉴性。这种绩效化的管理模式强调组织结构整体与部分之间的协调联系，有助于学校在改革中一方面保持内部管理的规范性和相对稳定性，另一方面提高基层院系师生在教学改革中的参与度，确保了教学改革的一致性和科学性。

高校的人才培养是一个动态、多样、个性创新的过程，决定了高等教育教学改革的管理模式必然是多样化和现代化的。我国高校在"双一流"建设过程中，应该根据自身实际情况，对伦敦政治经济学院这些优秀的教学改革举措和管理模式加以吸收借鉴。

参考文献

［1］郭德红. 伦敦政治经济学院的办学特色［J］. 比较教育研究，2007（4）.

［2］郭德红. 伦敦政治经济学院的发展模式［J］. 清华大学教育研究，2007（10）.

［3］方勇，范乐. 从研究卓越框架到教学卓越框架：英国高等教育改革及启示

［J］. 教育学术月刊，2017（10）.

［4］易红郡，缪学超. 扩招·公平·质量：英国高等教育大众化政策取向［J］. 中国地质大学学报（社会科学版），2012（1）.

［5］赵云彤. 大学定位与大学特色：伦敦政治经济学院启示［J］. 科技视界院学报，2014（5）.

［6］郑浩. 英国教学卓越框架（TEF）：理念、标准与启示［J］. 外国教育研究，2017（8）.

财经高校专业课程思政育人的路径①

西南财经大学工商管理学院　梅艳②　西南财经大学教务处　陈昊③

摘要： 长期以来，思政课在思想政治教育中发挥着主渠道和主阵地的作用。为满足新时代的发展要求，课程思政应运而生，它将思想政治教育融入专业课程教学的内容、形式等各个方面。财经高校应树立课程思政育人理念，将思想政治工作贯穿于教育教学全过程，在探索研究全员、全课程大思政教育体系的基础上，通过提高专业教师思政育人能力，挖掘各类课程中的育人资源，实现知识传授向价值引领转变，打造隐性思政育人环境，建立课程思政评价机制等实现思政课程与课程思政之间同向而行。

关键词： 德育育人　课程思政　高校德育

近年来，中央先后出台了一系列政策文件去加强未成年思想道德建设以及指导大学生思想政治教育工作。高校应坚持以人为本，充分发挥思政课程的大学生思想政治教育作为主阵地、主课堂、主渠道作用。习近平总书记基于新时代高校思想政治教育的特点、主体等，对思想政治工作提出了新的要求，他明确指出：思想政治工作必须以学生为中心，从根本上来说，做好人的工作就是做好思想政治工作的核心。要培养德艺双馨、发展全面的人才，必须不断提高学生思想水平、道德品质。要在教育教学全过程贯穿思想政治工作，要实现全程育人、全方位育人，必须把立德树人放在中心环节。"课程思政"也成为高等学校立德树人的基本内容。本研究以课程思政为研究对象，探讨其育人路径，以期为高校专业课程思政改革提供启示。

① 本成果得到西南财经大学 2019 年党建和思想政治工作专项调研项目"高校专业课程与思政课同向同行育人模式研究"资助（项目编号：20190019）
② 梅艳，西南财经大学工商管理学院学生。
③ 陈昊，西南财经大学教务处老师，助理研究员。

一、专业课程思政育人的内涵

自课程思政概念提出以来，学术界进行了有益探索，这也为课程思政实践指明了方向。邱开金认为，"课程思政"是指将思想政治教育贯穿于所有的教学科目中，使得课程具有鲜明的树德育人功能和正确的价值取向；谭晓爽认为，"课程思政"是一个完整的育人体系，思想政治教育与各科教学融汇的同时，使得各门课程、各种专业人才都能参与到学校育人的过程中去。虽二人对于"课程思政"的理解重点存在差异，但其实质是一致的。课程思政是高校将思想政治教育融入专业课程教学的内容、形式等各个方面，将各科教学中的专业知识、专业技能、手段、方法与思想政治教育内容关联起来，并在教学实施过程中，通过价值渗透的方式，实现显性育人向隐形育人的转化，从而达到思想政治教育"立德树人，润物无声"效果的一种新的课程模式。

综上所述，课程思政是对思政课程的进一步完善和探索，它丰富了思政课程的育人价值和育人体系，更重要的是其改变了传统思政课程的理论说教式教学方式。课程思政针对学科和课程特色设计课程教学指南和方案，以学生易于接受的方式，提升学生对思想政治课程的认知，并从专业教育与德育角度，提升思政教育对学生的感染力与说服力，对高校专业课程轻德重智的现状进行扭转，将思想政治教育和专业知识共鸣的价值、理念、思想、观点有机融入专业课程教学目标、内容、案例，使思政课程得到学生的喜爱，并提升学生素养，使学生能够终身受益。除此之外，课程思政有利于实现显性教育与隐性教育的相互贯通，有利于打破两者间的界限，从而实现思政教育从个人、专人向全员的转化，实现全面育人，使得专业课程与思想政治理论课能够同向同行。

二、专业课程思政育人现状

党的十八大以来，各地各高校全面贯彻党的教育方针，不断推动高校思想政治工作创新发展，推进专业课程思政教学改革，取得了显著成效。在实践探索中，上海作为探索课程思政教学理念的前沿阵地，首次将课程改革的重心由中小学德育课程建设转变为构建全员、全课程的育人格局。在经历了几个阶段的探索之后，2014 年，上海市委、市政府印发《上海市教育综合改革方案（2014—2020 年）》，并推出了"大国方略"等一批具备中国特色的系列课程。此外，南开大学树立了"课程思政"优秀典型，并参照"魅力课堂"标准对授课教师给予奖励。华中农业大学开展"课程思政"示范建设项目、课堂示范项目，中山大学建设了具有"课程思政"要素的精品在线开放课程和微课，并成立了课程思政研究中心。浙江大学制定了《浙江大学学生辅导员队伍建设规定》《班主任工作规定》等制度，完善了"三全育人"制度，并对辅导员队伍准入条件、人员培养、工作与保障等方面内容做出了具体规定。

　　2017年是"课程思政"发展历程中极为重要的一年，因为这一年将"课程思政"作为"上海经验"向全国普及。上海的"课程思政"改革理念一方面牢牢把握思想政治理论课在思想政治教育中的核心课程地位，另一方面又发挥专业课程对思想政治教育的补充作用。上海构建了一个以思想政治理论课为核心、综合素养课程为骨干、专业课程为支撑的三位一体的育人"同心圆"。这一年，湖北省委聚焦发力"五个思政"，开展高校思想政治工作"五级五类"大调研、大督查。同年，北京市为加强高校思想政治工作，破解思政工作与教学工作"两张皮"的问题，建立了市领导联系高校制度，每年投入2亿元的财政资金，支持高校建设马克思主义学院和学科。例如在北京大学、清华大学等高校建立了11个中国特色社会主义理论研究协同创新中心。同时，设立了一批思政课改革示范点，通过专家说课、教学展示、专家点评等形式展开教学研讨，深化对教学内容、方法的认识。北京市委教育工委制定印发《北京高校培育和践行社会主义核心价值观实施意见》，推动高校培养具有社会主义核心价值观的高素质人才。2018年，上海高校课程思政理论探索与教学实践研讨会在复旦大学召开，会议总结了已取得的理论和教学实践结果，并为之后的课程思政工作展开探讨。2019年，浙江省为推动"课程思政"与"思政课程"的有效融合，该省重点建设马克思主义学院并引领和带动其他高校马克思主义学院建设，并在此基础上形成了独有的教学和研究特色。此外，浙江省实施"加强和改进高校思想政治理论课建设的十项举措"和"加强和改进大学生思想政治工作的十项举措"的"双十"举措，推动建设"一校多品""一院一品"的校园文化格局。总而言之，"课程思政"理念已由上海辐射到全国，各省市高校也逐步认知到"课程思政"理念所蕴含的价值意蕴，并在实践中不断总结经验。

　　随着"课程思政"实践逐渐深入，在取得成绩的同时，也出现了一些问题。如：专业课程思政认知的片面化，对于专业课与思政课两者之间的关系无法统一联系起来看待；课程思政实施的主题单一化，无法统筹现有的课程资源，导致"孤岛化"现象严重，使得教师心有余而力不足；课程思政目标模糊化，由于混淆主体和模糊"课程思政"与"思政课程"两者之间的区别，使得无法形成具体的目标和评价体系，导致课程思政缺乏方向指引。

三、财经高校专业课程思政实施路径

1. 提高专业教师思政育人能力

教师是推进课程思政的关键所在。"课程思政"的效果取决于教师的育人意识和育人能力，教学水平高却没有育人意识的教学依然无法实现立德育人的效果，而育人与教书是相辅相成、相得益彰的。"学高为师，身正为范"，教师自身的修身立德对学生有着正向的示范作用，即要求教师做到言教与身教的统一。教师要准确掌握将思想道德教育融入课程教学中的手段，将知识传授、能力培养和思想引领结合起来，并不断完善"课程思政"的教学方式。此外，教师的自身经历、生活经验以及教学策略都会影响学生对知识的领悟和吸收。通过课程思政典型案例教学形式，组织教师观摩，通过研讨会等形式，促进教师经验交流。作为传授解惑者，在课程资源向育人资源转化中担任着重要角色，课堂讲授的中心从知识的传输顺利与否，质量如何转向教师价值观的共鸣性、接受度和认同度。提高教师能力包括培养教师的教学能力、组织能力、语言表达能力、科研、教育技术等，最重要的还需要提高其思想工作能力。

2. 挖掘各类课程中的育人资源

开足开全课程是丰富课程资源，育人资源的有效途径。课程资源，包括教科书、教师自身经历，生活经验、教学策略等校内资源，而这也是校内活动资源转化成育人资源的主要来源和内容。还需要将校外资源中的包括校外图书馆、科技馆、博物馆等文化资源以及家庭资源作为育人资源的辅助来源和内容。为实现课程思政立德树人的效果，应合理设置课程内容、充分利用课程资源，通过思想政治理论课引领学生掌握马克思主义理论，培养青年大学生社会主义核心价值观的同时，通过综合素养课程，包括通识核心课、公共基础课等，浸润学生思想，提高人的综合素养，牢铸学生理想信念。通过专业教育课程，包括以哲学社会科学课程深化道德修养，以自然科学课程拓展道德修养内容，注重科学思维和职业素养。要让通识教育有灵魂，就必须发挥通识教育课程在培育社会主义核心价值观上的重要作用，使学生在潜移默化中加强理想信念教育。

3. 实现知识传授向价值引领转变

思政课程是高校开展思想政治教育的主渠道，是系统开展思想政治教育，运用最为广泛，最全面的思想政治教育手段。毋庸置疑的是思想政治理论课在协同发展中的主导作用，因此，必须首先建设好思想政治理论课程，以提高其领航作用的影响力。思想政治理论课要坚持在实践中不断改进，深入挖掘课程资源，不断完善教材体系，鼓励体系创新，改善教学方式，丰富教学情景，激发学生求知欲，并与各门各类课程同向同行，发挥协同效应，最终达到"1+1＞2"的效果。以"货币金融学"课程为例，在货币篇中，可以将货币文化和爱国精神关联起来。在货币博物馆现有资源的基础上，引领学生对于货币演绎过程的了解。同时，通过介绍中国人民币的面额、图案、防伪技术等，树立学生的爱国情怀。在金融市场篇中，法制建设和我国社会主义国家的性质是重点，要深入阐释我国坚持实行的改革开放制度一直以市场为主体，应发挥市场对经济的调节作用。在金融机构篇中，可以强调民族自信，通过亚投行这一金融机构的建立，让学生了解习总书记提出的一带一路构想，并且通过亚开行的成立案例，激发学生的民族自信心。

4. 打造隐性思政育人环境

要联动教学空间以及创设教育情境，实现教学环境育人。教学环境包括设施环境、自然环境、时空环境以及课堂氛围、师生关系等。完善课堂环境是时代进步发展的要求，同时，也是课堂思政的物质保障，可通过创建特色的校园环境，如从学校的选址、校园内的布局以及基础设施等着手。通过提示语、教学楼名称、校训石等，在融入人文精神的同时强调特色。通过改善校园环境，让学生在充满人文气息和时代精神氛围的校园里，受到环境内所有事物潜移默化的影响。通过讲好校园历史故事，通过宣扬校园精神以及优秀校友回校讲座等，发挥榜样的作用，增强大学生的集体感和归属感。也可通过举办特色的校园活动鼓励学生主动参与其中，自己去探索，去发现，并在实践中不断形成自己的三观与人格，最后实现学生身心的健康发展。

5. 建立课程思政评价机制

当前教师评价标准仍是关注科研成果以及教学成果，忽略了对教师的育人价值的考量。要完善评价标准和评价细则，完善衡量维度，准确衡量教师育人成效，保障教师育人积极性。具体来说，在教学态度评价上，要关注教师是否关爱学生，是否关注学生的思想道德教育。在教学方法评价上，要关注教法是否灵活实用，是否能够注意启发学生思维，培养学生能力，启发式学习、自主探究、合作探究等方式是否采用。此外，教学方法应该体现时代特色，满足时代要求，符合时代价值观。在组织安排上，要能够根据学生学习现状实时调整教学计划，做到抓住主线，思路清晰，层次分明，详略得当，突出重点，组织严密，总而言之就是观察教师教学的时效性、自然融洽性、可调整性。时效性是指在较短的时间内组织最有效的探究活动。自然融洽性是指在抓住知识主线的同时，使教学各个环节之间的衔接更加融洽流畅。可调整性是指预留一定的机动部分以防止教学实际运行中的突发状况，主要是通过调整、重组、整合优化的方式实现。在教学语言评价上，要关注教师语言是否准确、清晰，逻辑性是否强、形象是否生动。课堂板书是否简要工整、布局是否合理、脉络是否清楚。课堂教态是否具有亲和力，不矫揉、不造作、不夸张，教师是否用自身的魅力去感染学生。总之，只有建立起课程思政的评价机制，才能激发教师在教学过程中有意识融入思想政治教育。

参考文献

[1] 邱开金. 从思政课程到课程思政，路该怎么走 [N]. 中国教育报，2017-03-21.

[2] 谭晓爽. 课程思政的价值内涵与实践路径探析 [J]. 思想政治工作究，2018 (04)：44-45.

[3] 王小琼，王远宏，刘磊，等. 结合高校教学管理推进课程思政育人 [J]. 现代职业教育，2018 (25)：58-59.

[4] 韩宪洲. 城市型应用型大学全程全方位育人的思考 [J]. 前线，2017 (12)：119-121.

[5] 施剑松. 思政工作从"问题清单"改起：北京加强改进高校思想政治工作出实招 [N]. 中国教育报，2017-02-20.

[6] 张丹丹. 高职院校从"思政课程"走向"课程思政"的困境及突破 [J]. 山西青年，2018 (10)：40.

"新财经"背景下高等财经教育改革的思考

西南财经大学教务处 史丽婷

摘要：随着新经济、新产业的发展，传统财经教育面临严峻挑战，为主动应对挑战，"新财经"应运而生。"新财经"作为一种新的教育形态，为高等财经教育注入了新的血液。本文以"新财经"为研究视角，探讨了"新财经"的内涵和基本特征，分析了高等财经教育改革面临的机遇与挑战，提出了深化高等财经教育改革的现实路径。

关键词：新财经 高等财经教育 改革

当今世界，新形势、新技术、新产业、新业态正催促着高等教育转型发展，2019年4月，教育部启动实施"六卓越一拔尖"计划2.0，大力推动"新工科、新医科、新农科、新文科"建设，"四新"的发展，为"新财经"的发展注入了新的内涵和活力。高等财经教育如何在新一轮发展中紧扣国家社会需求，主动适应科技和产业的变革，积极促进自身转型和深化教育改革，是高等财经教育亟须解决的难题。本文以"新财经"为背景，来探讨深化高等财经教育改革的路径。

一、"新财经"的内涵和基本特征

1. "新财经"的涵义

目前学界对于"新财经"没有明确的界定。一是从历史发展来看，不同历史发展阶段，高等财经教育对人才的需求和侧重点不同。随着改革开放的进行，中国高等财经教育积极学习国外高等财经教育办学模式和教学方法，根据国内办学的实际进行本土化教学，积极主动融入高等教育主流中。随着国际竞争的日益激烈和我国经济的快速发展，经济领域的竞争转化为人才的竞争，不同国家的货币战争以及金融危机等促使传统财经转向"新财经"，以适应快速发展的世界变局。二是从学科属性来看，"新财经"是指对传统财经在继其精华、开拓创新的基础上，通过对传统财经学科的重组、交叉和融合，来推动"新财经"由学科导向转为需求导向，由支撑服务转为引领服务。

2. "新财经"的特征

（1）新的发展理念

理念指引着行动，高等财经教育作为与经济社会联系紧密的高等教育的组成部分，一直将服务国家经济社会需求放在首位，着力培养适应社会需求的财经人才，以新理念推动新发展。一是坚持"以学生为中心"。在培养目标上，以学生的成长和成才为目标，对接社会、行业等的需求，不断优化培养方案，促进学生全面发展；在教学范式上，着力从以"教"为中心向以"学"为中心转变，引导学生充分发挥自身能动性和创造性，自主构建知识体系，增强自主学习的意识和能力，使学生由被动学转为主动学，让学生真正成为学习的主体；在培养效果上，注重从"教得好"转向"学得好"，强调学生学习的获得感和学习效果，通过多种渠道和途径来综合评价学生的学习能力和应用能力。二是坚持成果导向。成果导向强调的是学生能做什么，注重根据社会对人才技能和能力等的需求来反推人才培养的需求，因此，在教学设计上，遵循反向设计，反向设计的出发点是社会、行业和用人单位等对人才的需求来对标毕业要求，从而设计能够促成培养目标达成的课程体系。成果导向的理念，聚焦于学生完成学习后所能达到的能力，充分考虑了学生的学习成果与用人单位之间的匹配度，促进了人才培养目标的达成度。三是坚持持续改进。高等财经教育在人才培养方面，需要不断持续改进学生学习成果的评价。在评价标准上，要有提高学生预期学习的挑战性标准，以促进学生的发展。在评价方式上，注重将过程性评价与结果性评价相结合。关注课程嵌入式评价、课程实践等过程性评价。在评价内容上，综合评价学生的能力，关注智力之外的非智力因素，促进学生的全面发展。

（2）新的结合方式

"新财经"是主动适应当前高等财经教育发展趋势的一种新生长力，新生与转型的结合使得高等财经教育永葆生机和活力。一是新生。随着产业革命的发展，物联网、云计算等信息技术正不断影响着高等财经教育的生态，高等财经教育需主动服务国家经济社会发展，聚焦国家重大战略、科技创新发展、区域经济社会发展需求，积极应对新技术、新产业、新业态发展态势，主动基于新知识的发现，探索新的发展路径，布局新的战略性财经类新生专业，探索新的学科发展高峰，建设新生财经。二是转型。即"新财经"的出现是在对传统财经进行改造、升级，不断拓展其内涵的基础上来实现其转型。高等财经教育不断深化人才培养标准，改革现有人才培养模式，以"关停并转"和"加减乘除"来推动专业动态调整与改造，不断提升人才培养的质量。所以，"新财经"的出现不仅仅催生出新的新生路径，更是转型发展的需要。

（3）新的发展方向

一是内涵更深。中国由高等教育大国向高等教育强国的转变，关键在于教育质量的提升，财经类高校一直将质量作为发展的生命线，"双一流"建设和《关于深化本科教育教学改革 全面提高人才培养质量的意见》等为高等财经教育走内涵式发展道路提出新要求，财经类高校要立足自身特色，坚持以质量促改革和发展。二是结构更优。专业是人才培养的基本单元，一流本科专业建设"双万计划"和《普通高等学校本科专业目录（2020 版）》为财经类高校优化专业结构，深化专业改革提供了新遵循。财经类高校在优化专业结构布局时，要注意处理好"存量"和"增量"。在存量上要促进专业的整合，在增量上要突出需求，聚焦国家重大战略、经济社会发展需求，积极布局新专业。同时，通过完善专业动态调整机制，强化专业建设质量保障来深化专业结构改革。三是特色更突。高等财经教育有着鲜明的行业属性，因此，财经类高校要根据经济社会发展要求，结合学校办学定位和人才培养目标，走好特色办学的发展之路。不同类型的财经类高校，要善于发掘自身的特色和特长，充分发挥好优势学科群，建好财经特色的校园文化，打造特色鲜明的中国高等财经教育。四是格局更广。中国不断深化对外开放，积极引导经济全球化发展方向，不断提升中国在国际组织中的话语权。中国高等财经教育的发展，需要瞄准全球格局，立足于世界舞台，跻身进入世界高等教育方阵，培养更多能够进入国际财经组织，参与国际事务的国际化财经人才。

二、高等财经教育改革面临的机遇与挑战

1. 高等财经教育改革发展机遇

（1）高等财经教育改革发展的信息化机遇

随着中国经济转向高质量发展，高等教育发展将迎来新的机遇期，高等财经教育必将开启"新财经"时代[1]。信息技术的飞速发展，不仅推动了人们生产方式和学习方式的变革，也促进了高等教育的改革。一是在线教育促进了高等财经教育教学范式的变革。在线教育具有不受时空限制，传递丰富教学资源等优势，能够满足学习者个性化学习、非正式学习等需要。特别在疫情期间，在线教育发挥了极大的作用，在线直播教学、MOOC/SPOC+录播等在线教学模式有效促进了"停课不停学"目标的达成，为财经类高校教师提升信息化教学能力，推动线上线下混合式教学和提高学生自主学习能力提供了契机。二是虚拟仿真技术推动了实验教学与信息技术的深度融合。教育部于 2013 年面向全国高校启动了建设虚拟仿真实验教学中心的计划[2]。虚拟仿真实验教学，解决了财经类高校实

验教学中学生面临实习和实训时接触不到企业核心业务，企业难以提供足位的实习以及学生面临高风险实习不能操作等难题，突破了真实实验操作中的时间和空间的限制，促进了学生学习能力、实践能力、协调能力等提升。因此，高等财经教育要紧紧把握教育信息化带来的机遇，积极促进自身的改革。

（2）高等财经教育改革发展的"双一流"机遇

"双一流"建设是高等教育发展的重要战略，是高等教育强国建设的重要任务。2015年国务院印发《统筹推进世界一流大学和一流学科建设总体方案》，2017年，随着"双一流"高校与学科名单的公布，推动了高等教育改革的热潮。一是体制机制改革的推进。高等财经教育改革的推进，离不开体制机制的支撑，财经类高校要理顺管理体制和运行机制，着力改革协同机制、管理体制和服务机制等方面，不断优化学术机构，优化资源配置，强化协同推进，推动服务下沉，形成改革的合力。二是治理体系和治理能力现代化的推进。党的十八大以来，党中央、国务院出台了放管结合、简政放权等一系列推进国家治理体系和治理能力现代化的改革举措，党的十九届四中全会吹响了"中国之治"的号角，"中国之治"为高等财经教育发展指明了遵循。财经类高校在推进治理体系和治理能力现代化过程中，要不断加强党对学校工作的全面领导，坚持学校党委统一领导，形成党政与教师齐抓共管的工作机制。要不断深化校院两级管理和运行体制改革，建立各自的权力清单和责任清单，落实责任机制，重视在"放管服"中激发学院的活力，发挥学院在学校内部治理中的作用，不断完善大学治理体系，推进治理能力现代化。

2. 高等财经教育改革发展面临的挑战

（1）学科发展后劲不足

自"双一流"启动以来，财经类高校一直将一流学科作为发展的目标。但是，从第四轮学科评估来看，财经类高校学科建设有待优化，特色不突出。一是经管类学科优势不突出。财经类高校，受经济、行业等影响，经管类学科的实力较为雄厚，特色较为突出。但从第四轮学科评估来看，部分综合类大学的经管类学科优势要远远领先于财经类高校，加之综合类大学无论是在师资力量还是办学资源等方面都要优于财经类高校，因此在"双一流"竞争中，综合类大学经管类学科的优势会更加凸显，这就使得财经类高校不得不在加强优势学科建设方面下功夫。二是学科交叉融合不足，虽然财经类高校在学科建设上注重经管法文理工等多学科共同发展，但由于学科属性、办学规模、二级学科分散等限制，使得财经类高校多学科交叉融合不足，主干学科集中于经管类学科，学科建设呈现出一定的"马太效应"，不能很好地打破学科壁垒，促进学科交叉融合。

（2）通识教育与专业教育融合不够

通识教育与专业教育融合发展的理念，很早之前就已经提出，但是在高等财经教育改革过程中，还存在通识教育与专业教育融合不足的问题。一是理念认知不到位。中国高等财经教育，曾在很长的一段时间内，将专业教育作为人才培养的重点，尽管后来随着经济社会对人才发展的需求，越来越多的高校不断加强通识教育建设，但是仍未能理清通识教育与专业教育之间的关系与定位，使得通识教育与专业教育不能很好地相辅相成发展。二是通识教育与专业教育的衔接不足。在专业教育中，仍存在注重理论和知识教学，专业教育存在功利化倾向，忽视对学生文化素质的培养[3]。在通识教育中，未能有机地在通识教育中融入专业元素。通识教育和专业教育的衔接不足，影响了学生的人文素养、职业生涯的发展和人才培养质量的提高。因此，需针对通识教育和专业教育的深度融合不足进行改革。

三、深化高等财经教育改革的现实路径

1. 坚持立德树人，优化人才培养体系

一是深化改革立德树人落实机制。立德树人是党的教育方针的重要组成部分，高校作为立德树人的主要阵地，要始终将立德树人作为一切工作的根本标准，不断推进育人模式和机制体制改革，健全立德树人落实机制，办好人民满意的大学。高等财经教育始终坚持党对教育工作的全面领导，将立德树人融入教育改革和社会实践各环节，深入开展"三全育人"综合改革。紧紧把握思想政治工作规律、教书育人规律、学生成长成才规律，不断加强思想政治工作，不断弘扬社会主义核心价值观，坚持用党的理论创新成果引领课程建设，用好课堂教学主渠道，扭转教育评价导向，引导教师将教书育人和提升自身素质相结合，形成立德树人合力。二是创新人才培养模式。随着经济的提速增效以及信息技术的升级换代，社会更重视高等财经教育人才输出的质量与效益，人才市场更注重毕业生的职业技能和综合素养。同时，社会对人才的多样化需求以及学生的多元化发展特点，不断倒逼着高等财经教育创新人才培养模式，财经类高校需紧跟社会对人才培养的需要，积极转变人才输出模式，着力培养学术型、创新型、复合型、国际型财经人才。在人才培养中，既重视培养学生的科研能力，又重视教学与科研的互哺，注重利用先进的科研经验和手段，将科研成果有效转化为教学资源，来发掘学生的科研能力和学习潜力；要不断深化创新创业教育改革，不断提升创新创业实验课程质量，将培养学生的创新意识和创业能力贯穿于人才培养始终；要不断深化跨专业、跨学科、跨理论实践等对学生的培养，通过主辅修制、双学

位制等多种形式，促进知识的整合，实现交叉复合型人才培养；同时，既要立足于国内的高等财经教育改革，又要广泛借鉴国外知名大学人才培养模式，培养更多通晓国际经济法规和经贸规则，参与国际事务和国际竞争的国际化财经人才。

2. 落实五育并举，构建全面教育体系

习近平总书记强调："要构建德智体美劳全面培养的教育体系，形成更高水平的人才培养体系"。高等财经教育始终关注人的全面发展，注重坚持立德为先、修身为本，将德智体美劳看作一个整体来构建全面发展的教育体系。一是树立"五育"融合的教育理念。"五育"融合重在"合"。"合"不是每一育的相加，而是通过"合"，使得五育能够产生增倍的效果。这就要求每一育不能只关注自身的任务、发展目标和育人功能的实现，而应该在"一育"中落实"五育"，因为"五育"是相互贯穿、渗透发展的，即德育是灵魂，贯穿于另外各育，智育为另外各育提供了智力支持和保障，体育为另外各育提供了生理和体质上的支撑，美育为另外各育提供了感官和情感上的精神家园，劳育则推进了另外各育的成果运用的检验。将五育融合的理念，贯穿于人才培养，教育教学的全过程，能够改革"偏智、疏德、弱体、抑美、缺劳"的五育有机协调不够的现状，推动五育融合发展。二是推动五育融合落实落细。真正让五育融合落实到教书育人的全过程，探索"新财经"背景下"五育"所呈现的新规律和新特点，推动"五育"融合进课堂，进课程，进教材，进头脑，将五育统融入"第一课堂""第二课堂""第三课堂"。通过"研学旅行"和综合实践等，来建立校内校外协同化的大课堂；通过开设综合性课程、引进有关的国家级在线课程，来持续深化线下课程与线上课程的改革，形成线上线下融合、课内课外一体的育人模式；通过挖掘教材中的"五育"融合育人点，进一步突出价值导向，不断发掘教材中所蕴含的"五育"资源，使得"五育"融合从"课堂化""课程化"走向"体系化"。三是推进综合素质评价的改革。将"五育"作为评价学生综合素质的指标，将综合性评价视为助推"五育"发展的推动器。在评价内容上，重视学生的品德、素质、身心、学业、爱好、实践等各方面，在评价方法上，重视过程性评价对学生全面发展和全面培养的影响，在评价结果上，更加强化结果运用，重视通过对"五育"的综合评价，来推动人才培养质量，教育教学水平等的整体提高。

3. 深化内涵发展，提高人才培养质量

（1）推动学科建设，促进交叉融合

学科建设是高等财经教育特色发展的基础，高等财经教育高度重视学科建设。一是加强重点学科建设。应用经济学、理论经济学、工商管理等学科是财经类高校建设的重点学科，但在第四轮的评估中只有中央财经大学的应用经济学进入 A+，优势远逊于综合性大学。因此，财经类高校要加大重点学科建设力度，形成更多学科高峰，突出重点学科的支撑作用。二是推动新兴、交叉学科的建设。"新文科、新理科、新工科、新农科"的提出，打破了学科之间的壁垒，推动了学科之间的交叉融合。财经类高校应用型学科较为突出，但与科学、科技紧密联系的新兴学科和复合型学科较为薄弱，因此，高等财经教育要积极对标经济社会发展需求，加快建设与社会就业需求、产业发展趋势相衔接的新兴、交叉学科，促进高等财经类学科与工程学科和自然学科等融合，形成多学科协同发展的学科布局。通过多学科交叉融合，来促进跨学科人才培养，来实现以学科育人才，以人才促学科的发展目标。

（2）深化课程改革，推进"金课"群建设

课程是人才培养的要素之一，也是体现"以学生发展为中心"理念的"最后一公里"，教育部高教司司长吴岩提出的淘汰"水课"，打造"金课"，使得课程改革提上了日程[4]。财经类高校高度重视课程建设，持续推进课程改革创新，不断加大过程性考核比重，完善课程激励机制，建设适应新时代要求的一流课程。一是打造"思政课程"和"课程思政"金课。思政课程是高等教育的重要内容，肩负着人才培养的重任，思政课程的学习不是一般意义上的知识传授，而是一种含有价值取向的思想教育[5]。近年来，财经类高校用好思政课这一主渠道，建设优质思政共享课程，根据学生的需求，把握学生时代的发展规律、学生的成长规律因事而化、因时而进、因势而新，扎实推进思政课教学，不断提升思政课的亲和力和针对性，真正把思政课建设成学生感兴趣、终身受益的金课；课程思政是做好思想政治工作的重要抓手，目前，课程思政改革由理论研究转入了实践研究仍面临着发展的困境，因此，要加强课程思政的顶层建设，打通思政课程和课程思政的条块分割壁垒，通过示范教学观摩，课程思政教学比赛和课程思政培训等方式，引导教师充分挖掘专业课程蕴含的思想政治教育元素和所承载的思想政治教育功能，着力打造专业课程思政。同时，进一步完善课程思政考核体系，要将课程思政学生学习效果的评价转向对学生人格养成、价值观塑造和思维水平等多方面的考察，促进思政课与课程思政同向同行。二是实施课程质量提升计划，推进五类金课建设。财经类高校要参照世界一流大学金课建设的优秀做法，总结金课前期建设经验，启动示范性课程评选，着力打造线上金课、线下金课、线上线下混合式金课、虚拟仿真实验金课和社会实践金课五类金课建设。不断完善金课教学工作激励机制，打通擅长教学教师的晋升渠道，激励教师加大对课程的投入，进一步提升金课建设成效。积极推动优质课程资源走出去，建设有中国质量和水平的国际课程资源。三是促进通识课程和专业课程的融合发展。财经类高校应实行宽口径专业教育，在发挥通识教育课程育人的基础上，应发挥好专业教育对通识教育的支持作用，推动通识教育与专业教育的交融渗透。四是扎实推动课堂革命。课堂教学是整个教学过程中的首要环节，也是高校育人的基础。财经类高校要不断创新课堂教学模式，建立"研究性教与学"模式，深入推广小班化教学、混合式教学、翻转课堂等启发式教学、互动式交流和探究式讨论，通过课堂革命来深化"研究性教与学"模式的改革，真正实现课堂上的师生互动、学生的学思互动，从而切实提高人才培养质量。

4. 坚持对外开放，提升对外开放水平

高等财经教育国际化既是财经类高校自身发展的必然要求，也是高等教育强国建设的应有之义。英国剑桥大学校长莱谢克·博里塞维奇爵士曾说："最好的大学也是最为国际化的学府，此等学府应不仅具备胸怀天下之志，也应具备'让世界更加美好'的实力"[6]。中国高等教育对走向国际化发展有着强烈的诉求，积极参与全球教育治理，主动在全球教育议题上提出中国方案，积极推动"一带一路"教育共同体建设，不断推进高等教育国际化发展。一是持续推进高水平国际项目建设。根据财经类高校人才培养需求，不断创新人才培养模式，积极推进国际实习基地建设，以联合培养项目为推手，与世界一流大学和学术机构等合作建设有特色的海外交流和中外办学项目，实现培养项目由数量到质量的突破，通过研修实习、短期考察等方式，提升学生的实习实训能力和跨文化理解能力。二是纵深推动高等财经教育多领域发展。在学科建设方面，借鉴世界知名高校一流学科的建设经验和学科规划，打造世界一流学科，提升学科建设的国际化水平和影响力。在师资方面，通过多种形式引进高水平外籍教师到国内高校进行讲学，同时加大国内教师到国外参与国际交流活动，积极开展导师互聘，选派国内教师、学科骨干到国外高校授课、任教，通过引育并举的方式，来打造一流的师资。在科学研究方面，注重和国外学者联合申请和开展科研项目，分享最新科研成果，与国（境）外科研团队开展持续稳定的合作研究。因此，高等财经教育要紧抓国际化发展机遇，吸收借鉴先进国际办学理念，立足于自身实际，将国际化建设渗透到人才培养、学科建设、科学研究和服务社会的方方面面。

参考文献

[1] 马骁，谭洪涛. 建设一流商科：AACSB 认证与我国新财经教育 [J]. 中国大学教学，2019（4）：58-66.

［2］廖琪，钱俊臻，严薇，等.大型仪器设备管理体系研究与探索［J］.实验室研究与探索，2015，34（5）：263-266.

［3］高圆圆.通识教育和专业教育融合实践中的障碍与改革路径［J］.教育探索，2016（5）：62-66.

［4］孙芳，王凯.20世纪美国一流大学本科课程变革的"遗产"：兼论对我国"金课"建设的启示［J］.黑龙江高教研究，2019，37（10）：6-10.

［5］何贻纶，陈永森，俞歌春.思想政治理论课改革与教学［M］.北京：社会科学文献出版社，2008：356.

［6］任友群."双一流"战略下高等教育国际化的未来发展［J］.中国高等教育，2016（5）：15-17.

基于 Meta 分析的高校辅导员职业认同研究

西南财经大学教务处　冉茂瑜

西南财经大学公共管理学院　宋世俊①

摘要： 高校辅导员职业认同是一种受多因素影响的复杂心理活动，探寻其影响因素的因果关系、相关方向及紧密程度，有助于发现辅导员队伍职业化建设中的相关问题，为激发辅导员职业潜能，提升辅导员职业能力提供参考依据。本文采用 Meta 分析方法对人口统计学因素（性别、组织任期、职称、年龄和受教育程度）与辅导员职业认同关系进行探讨。通过文献检索和筛选，共纳入 28 篇文献，样本总量为 6 253。Meta 分析结果表明：①组织任期、职称、年龄和受教育程度因素与辅导员职业认同之间存在显著正相关（相关系数分别为 0.085、0.089、0.103、0.058，95% 置信区间分别为 [0.048, 0.121]、[0.049, 0.130]、[0.066, 0.140] 和 [0.021, 0.095]）。②性别因素与辅导员职业认同之间不存在显著关系。研究结果为人口统计特征预测辅导员职业认同提供较为精确的估计，并为未来辅导员职业认同的相关研究指引了方向。

关键词： 辅导员　职业认同　Meta 分析　调节效应

习近平总书记在全国高校思想政治工作会议上的讲话中强调："提升思想政治教育亲和力和针对性，满足学生成长发展需求和期待，是新形势下提高高校思想政治工作实效性的关键。"如何提升思想政治教育亲和力，首先应提升教育者本身的亲和力，使其自身有态度、有温度、有高度、有深度。高校辅导员作为党的宣传思想工作的一支重要力量，中共中央宣传部、中共教育部党组下发的《关于加强和改进高校宣传思想工作队伍建设的意见》（教党〔2015〕31 号）明确指出："落实辅导员'双重身份、双线晋升'"。而高校辅导员作为教育者、管理者，"双重身份"带来"多重角色"冲突，关注高校辅导员职业认同并有效地进

---

① 冉茂瑜，西南财经大学教务处，硕士；宋世俊，西南财经大学公共管理学院，硕士，助理研究员。

行干预，对缓解辅导员职业认同危机，突破辅导员职业发展瓶颈具有一定意义。

迄今为止，大部分实证研究都认可个体的人口统计学特征差异会影响辅导员职业认同[1][2][3]。但是，多数辅导员职业认同研究都将人口统计学变量作为控制变量，但各个研究得出的结论仍存在差异，难以得出较为一致的结论：①人口统计学变量与辅导员职业认同有无显著相关存在差异，如大多研究显示性别对辅导员职业认同的差异存在显著，而有的研究显示性别对辅导员职业认同的差异不显著[4]；②人口统计学变量与辅导员职业认同相关程度不一致，如有的研究显示职称对辅导员职业认同的 F 值为 15.047，也有显示职称的影响 F 值为 1.787[2][5]。③有的研究显示同一人口统计学因素对辅导员职业认同影响方向不一致[6][7]。

据此，针对人口统计学因素与辅导员职业认同之间是否存在相关性、相关程度的方向与大小以及是否受到研究特征的影响等问题，有必要对已往相关研究进行合并分析与综合评价，以探究人口统计学因素究竟如何影响辅导员职业认同还需要进一步整合。

Meta 分析作为一种总结、评价已有研究成果具有显著的科学性的研究方法，因其具有整合现有研究以分析共性的特点，被应用于所有研究方向的综合性研究中[8]。Meta 分析较之于其他定量分析具有以下两点优势：第一，对变量间关系的参数估计得出更高显著性的结论；第二，通过对研究对象的样本特征差异的控制，来深入分析该差异产生的内在原因[9]。可见 Meta 分析可通过增大样本含量来增加结论的可信度，有效避免单个研究自身存在的各种研究不足（如样本局限性、研究设计差异和学者主观对研究对象的主观偏见等）。

一、文献综述与理论假设

（一）辅导员职业认同的概念与测量

关于辅导员职业认同的概念，学者们从不同的视域或理论观点进行了诸多不同的论述。诸如自我概念说认为，辅导员是一种高度自我涉入的职业，辅导员的职业认同是其对职业所持的一种肯定性评价，也就是辅导员个人对自己身为辅导员的概念[10]；平衡说认为，辅导员职业认同是其自身调节职业适应的状态和过程的一种动态平衡[11]；信念说认为，在辅导员职业中，职业认同涉及了所承担的职业角色与社会发展对该职业的期望的相关个体信念和实践[12][13]。尽管辅导员职业认同的定义不一，但普遍认为辅导员是作为高等学校教师队伍的重要组成部分，是从事德育工作、开展思想政治教育，以学生健康成长的指导者和引路人为职业形象的一类人群[14]。

　　辅导员职业认同的结构是指构成辅导员职业认同的诸要素及其相互结合、相互影响、相互作用、相辅相成方式的总称。目前，根据划分维度的不同，辅导员职业认同结构的常见分类如以下所示：第一类是三维结构，借鉴 Meyer 等（1993）提出的职业认同的三因素模式[15]，认为职业认同内涵操作化三个维度（情感认同、持续认同、规范认同）。第二类是四维结构，主要包括两种：①采用魏淑华（2008）基于我国中小学教师提出包括"角色价值观""职业行为倾向""职业价值观"和"职业归属感"的四维度职业认同量表[16]。②赵岩（2013）针对高校辅导员群体开发的职业认同量表，将职业认同分为角色认同、职业归属感、职业价值观和职业行为倾向的四维结构及 20 项目量表[17]。第三类是五维结构，代表的是：刘世勇（2014）在职业认同的认知、情感和行为基础之上提出了高校辅导员职业认同五维结构（认知、情感、意志、信念和行为）并开发了共含有 20 个题目的五维量表[18]。

（二）人口统计学特征与辅导员职业认同的关系

　　人口统计学特征是学者普遍需验证的潜在影响辅导员职业认同的因素，相比其他群体，某种人口统计学特征范畴内的个体职业认同更高或更低[19]。通过对已有研究的整理发现：性别、组织任期、职称、年龄和受教育程度等类因素会潜在影响辅导员职业认同。

　　社会角色理论（Eagly，1987）提出组织对于不同性别员工参与主动性行为的类型的期望是有所差别的[20]。期望男性从事工作取向的主动性行为（如控制、自信和能力相关的行为），而希望女性进行关系取向行为（如友好、关心他人和跟情感表达相关的行为）[21]。对于辅导员而言，其工作多数情况下属于关系取向行为，以关心学生身心健康、帮助学生顺利完成学业为主，而与此同时，女性通常被组织期望进行较多关系取向行为，故女性辅导员职业认同较高，确有学者研究证实了女性辅导员的职业认同略高于男性[2]。

　　基于上述分析，提出以下假设：

　　H1：相比男性辅导员，女性辅导员职业认同更高。

　　组织任期是指组织成员在该组织中任职时间的长短。组织任期代表组织成员对组织的熟悉程度，任期长的组织成员具备更多有效进行主动性行为的知识和技能，这在一定程度上提高了职业认同。组织成员通过在组织中积累任职年限，不断提升自身资历以及对业务流程和组织发展战略的熟悉程度，在此基础上其人力资本投资机会不断增加，从而也就拥有了相对更高的人力资本价值，进而影响其职业认同[22]。当任期较短时，辅导员会不断提升自身的沟通能力和整合效率，通过自己的专业知识和业务能力完成组织所交付的任务，因此其职业认同也会随之提高。也有学者证实组织任期与其辅导员职业认同呈现显著正相关[2][5]。

基于上述分析，提出以下假设：

H2：组织任期与辅导员职业认同正相关。

从职称角度而言，辅导员职称评定根据教育部《普通高等学校辅导员队伍建设规定》（教党〔2017〕33号）要求"专职辅导员专业技术职务（职称）评聘应更加注重考察工作业绩和育人实效，单列计划、单设标准、单独评审"，从这一点可以预见，随着辅导员职称的提升，其职业认同也会随之提高，学者研究也证实了职称与职业认同存在的正相关关系[20]。

基于上述分析，提出以下假设：

H3：职称高低与辅导员职业认同正相关。

年龄象征着社会阅历和经验，有经验的组织成员通常被认为更熟悉组织工作的运营，有较好的执行力[23]。通过对相关辅导员职业认同的整理，发现研究者们已多次对年龄与辅导员职业认同的关系进行检验，且大多结果显示存在显著的正向关系，但相关系数差异较大。

基于上述分析，提出以下假设：

H4：辅导员年龄与职业认同正相关。

受教育程度与组织成员的创造力、知识储备、认知水平等都存在强相关关系，是甄别组织成员能力的重要标准之一[24][25]。具备高教育水平的成员能够运用自身更强的认知分析能力，在对现存任务进行深入研究分析的基础上提出富有价值的意见和建议，并在此过程中产生更高的职业认同。组织学习理论认为具备越高层次教育水平的成员，其组织学习能力更强，更愿意也更善于挖掘新的内涵、迸发新的思考或对组织的变革提出新的想法，进而提高职业认同[26]。与此同时，高教育水平的知识型员工也会有更高的职业忠诚度[27]，而辅导员则是知识型员工的典型群体。有学者证实了在职业认同方面硕士学历的辅导员明显高于本科学历[28]。

基于上述分析，提出以下假设：

H5：辅导员受教育程度与职业认同正相关。

二、研究设计

（一）检索、筛选与评价文献

本研究针对人口统计学因素与辅导员职业认同关系开展研究工作，为避免样本偏差问题，本文采用两种方法检索文献，以期尽可能地将所有国内研究人口统计学因素与辅导员职业认同关系的实证类型的文献纳入 Meta 分析的样本库中：①在中国知网（CNKI）、万方和维普数据库中进行期刊文献和学位论文的组配检索，如在中国知网（CNKI）选择"文献"，并在"专业检索"输入专业检索表达式：SU＝"辅导员" AND SU＝"职业认同"，检索发表时间设为"不限"；在万方中输入专业检索表达式：（主题："辅导员"）＊（主题："职业认同"）；在维普中检索：题名或关键词＝辅导员 并且 题名或关键词＝职业认同。②对与"人口统计学因素与辅导员职业认同关系"的研究主题和关键词相关的书籍和硕、博士论文等文献的参考文献进行回溯检索。通过文献检索，截止到 2018 年 10 月 22 日共检索相关文献 1 097 篇。

对上述检索到的 1 097 篇文献，根据以下原则开展文献的筛选与剔除工作：①文献必须是人口统计学因素与辅导员职业认同关系的实证研究，剔除非实证的各种文献（如综述类、征稿启事和案例类等）。②对同一研究结论进行比较核对，检查是否存在分阶段或重复发表的情况以及是否存在学位论文与期刊论文重复的研究的情况，如存在则视为同一项研究。③文献中必须包括人口统计学因素与辅导员职业认同关系的"相关系数 r"和"样本量"，或者"t 值"和"样本量"，或者"P 值"和"样本量"，或者"F 值"和"样本量"等 Meta 分析所需的数据类型。④剔除文献中对相关变量定义不清晰、变量构局缺乏合理性的文献。

为得到较为一致的结果，对检索工作进行了两轮筛选与剔除，请两位研究生学生根据上述要求进行同样的筛选与剔除工作，并计算其 Kappa 系数值为 0.923，这说明筛选与剔除工作结果已具有相当高的一致性[29]。最后请第三位研究生学生对有争议的文献进行认真阅读再次筛选。经过上述文献的筛选与剔除工作，最终共获得 28 篇相互独立的关于人口统计学因素与辅导员职业认同关系的实证文献，文献纳入率 2.55%。

（二）整理与录入数据

在得到 28 篇关于人口统计学因素与辅导员职业认同关系的相关文献之后，对文献开展编码工作，包括 7 个方面的编码：作者、年份、出版类型、样本量、测量工具类型、样本区域以及人口统计学因素（性别、组织任期、职称、年龄和受教育程度）与辅导员职业认同关系的相关效应量。在整个编码过程中，对编码者提出两点着重注意事项：①效应量是以独立样本为一个单位，每个独立样本都须进行一次完整的编码过程。如果一篇文献是由多个独立样本组成，那么则需要以每一个独立样本为单位进行多次编码。②不同研究结果呈现方式各异，如果研究结果只报告了人口统计学因素与辅导员职业认同关系的下位概念或上位概念，此时则需要通过逐层取平均处理，最终得到我们所需的效应值，如表 1 所示。

表1　Meta 分析部分编码信息

序号	作者	年份	出版类型	样本量	测量工具类型	样本区域
1	胡鹏斌	2018	学位论文	183	通用量表	南方
2	周勋勋	2018	期刊	455	通用量表	南方
3	张海燕	2018	期刊	131	特定群体量表	—
4	王进	2018	期刊	116	特定群体量表	北方
5	王高峰	2018	期刊	268	通用量表	—
6	张迪	2018	学位论文	288	通用量表	—
7	李寅寅	2017	学位论文	83	特定群体量表	南方
8	史雯	2017	学位论文	347	特定群体量表	南方
9	廖苑兰	2017	期刊	206	特定群体量表	—
10	田海燕	2016	学位论文	166	特定群体量表	北方
11	李尔舒	2016	期刊	141	特定群体量表	南方
12	郭薇	2016	期刊	254	通用量表	北方
13	马素红	2016	期刊	226	通用量表	—
14	刘世勇	2016	期刊	510	特定群体量表	—
15	胡小爱	2015	期刊	162	特定群体量表	南方
16	林巧明	2015	期刊	32	特定群体量表	南方
17	陈飞	2015	期刊	206	特定群体量表	南方
18	赵文	2014	期刊	113	特定群体量表	南方
19	刘世勇	2014	学位论文	510	特定群体量表	—
20	陈飞	2013	期刊	144	特定群体量表	南方
21	赵岩	2013	学位论文	202	特定群体量表	北方
22	徐莉	2012	期刊	223	特定群体量表	南方
23	钟慧珍	2012	期刊	78	通用量表	北方
24	邵利明	2012	期刊	177	特定群体量表	南方
25	武旭召	2012	期刊	186	特定群体量表	南方
26	董秀成	2010	期刊	146	通用量表	南方
27	董秀成	2009	期刊	350	通用量表	南方
28	董秀成	2008	学位论文	350	通用量表	南方

注：作者名处只列第一作者，按文献出版年份排序，测量工具类型中的通用量表是指非特定群体量表，样本区域中"—"表示因跨区域无法划分。

（三）统计方法

本研究选用 Comprehensive Meta Analysis 2.0 软件进行数据处理与分析。遵循国外学者 M. W. Lipsey 和 D. B. Wilson 的分析步骤[38]以及 T. D. Stanley 的研究流程[30]来开展 Meta 分析工作，从程序的规范性进一步保证研究的质量以及结论的可信性。其中，Meta 分析以相关系数作为效应量，本文采用 Hunter 和 Schmidt 所提出的方法，通过 CMA2.0 分析软件对每个相关系数计算转换为对应的 Fisher's Z 值，据此计算出相关系数，最后将乘积的相关系数再转换回来得到修正后的相关系数的均值，以便呈现出来最终结果。

采用固定效应模型或随机效应模型计算人口统计学因素与辅导员职业认同关系的估计值及其 95% 置信区间（95% confidence intervals，95% CI）来评价人口统计学因素与辅导员职业认同关系的相关性（主效应检验），同时还可以通过合并效应量点估计值的 95% 置信区间加以判断，具体如下：若 95% 置信区间内不包含"0"，则效应显著；若 95% 置信区间内包含"0"，则效应不显著。采用 Q 统计值检验的方法旨在分析各研究之间是否存在异质性。采用漏斗图检验的方法旨在评价纳入文献是否存在发表偏倚。

三、研究结果

（一）异质性检验

异质性检验在 Meta 分析过程中是必不可少的一部分[31]。所谓异质性其实就是指 N 个相互独立的研究彼此之间由于某些原因存在着差异。只有将 N 个相互独立研究的差异置于同一假设前提下才能对相关统计量进行加权合并处理[32]。运用 Q 统计量进行异质性检验是通用的做法[33]。具体来讲，Q 统计量的异质性检验的步骤分为三步：第一步，建立相关检验假设，确定检验标准；第二步，通过相关软件计算异质性检验统计量 Q 值；第三步，根据异质性检验统计量 Q 值确定 P 值，以此做出推断结论，其中，Q 服从于 χ^2 分布（自由度为 $K-1$），若 $Q \geqslant \chi^2_\alpha$，$K-1$，$P \leqslant \alpha$，则拒绝 H_0，接受 H_1，此时异质性存在于各研究之间，即研究具有异质性；若 $Q < \chi^2_\alpha$，$K-1$，$P > \alpha$，则不拒绝 H_0，此时异质性不存在于各研究之间，即研究具有同质性[34]。借鉴李靖华和常晓然的处理方法，要求变量关系研究当 $P < 0.05$ 时存在异质性[35]。

对于随机效应模型与固定效应模型的选择分为三种情况：第一种，经异质性检验，发现结果为同质性时，采用固定效应模型分析并计算合并后统计量相对应的综合效应；第二种，经异质性检验，发现结果为异质性时，采用随机效应模型，但此时须有可供计算合并后统计量的数据；第三种，经异质性检验发现，检验结果统计量在临界值附近区间时，最好方法是同时采用固定效应模型和随机效应模型分别进行计算，并结合其他参数进一步分析[36]。

异质性检验结果如表2所示，根据数据显示，性别因素与辅导员职业认同 Q 值为 58.404，$P < 0.001$，可以看出性别因素存在异质性，采用随机效应模型；I-squared 值为 79.453，说明在人口统计学因素与辅导员职业认同的关系中随机误差的变异只占 20.547%，而有 79.453% 的变异都是由效应值的真实差异造成的；Tau-squared 值为 0.016，说明性别因素与辅导员职业认同的关系中研究的变异不仅受到抽样误差的影响，而且还受组间误差的影响。而组织任期、职称、年龄和受教育程度因素与辅导员职业认同 Q 值分别为 3.657、12.687、8.133、10.121，$P > 0.001$，可以看出组织任期、职称、年龄和受教育程度因素不存在异质性，采用固定效应模型。综合上述结果分析表明，性别因素确定采用随机效应模型分析；组织任期、职称、年龄和受教育程度因素确定采用固定效应模型分析。

表2 人口统计学因素与辅导员职业认同的异质性检验

相关变量	K	N	异质性（Q 检验）				Tau-squared		
			Q 值	P 值	I-squared	模型	τ^2	SE	方差
性别	13	3 172	58.404	0.000	79.453	R	0.016	0.009	0.000
组织任期	13	2 872	3.657	0.989	0.000	F	0.000	0.002	0.000
职称	12	2 779	12.687	0.314	13.300	F	0.001	0.002	0.000
年龄	11	2 831	8.133	0.616	0.000	F	0.000	0.002	0.000
受教育程度	12	2 859	10.121	0.520	0.000	F	0.000	0.002	0.000

注：R 表示随机效应模型，F 表示固定效应模型，K 表示研究数，N 表示总样本量，I-squared 表示由效应值的真实差异造成的观察变异的百分比，τ^2 表示可用于计算权重的研究间变异的百分比。

（二）发表偏倚

所谓发表偏倚（publication bias）是指有"统计学意义"（P<0.05）的显著性研究结果相对于"无统计学意义"（P>0.05）的非显著性研究结果而言更为容易发表，R. Rosenthal 将这种现象称为文件抽屉问题（File Drawer Problem）[37]。发表偏倚会导致项目结果高于或低于真值，故具有方向性。根据方向性发表偏倚分为正偏倚（项目结果高于真值）和负偏倚（项目结果低于真值）。在 Meta 分析中之所以要检验发表偏倚，是由作者、杂志编辑、科学研究的资助商等多方面原因造成的。如作者方面因存在"不发表即毁灭"的想法，会选择发表有"统计学意义"（$P < 0.05$）的显著性研究结果[38]。

本文将采用漏斗图进行发表偏倚检验。图1~图5显示了人口统计学因素与辅导员职业认同的关系研究 Meta 分析的效应值分布情况，其中横、纵轴分别为经过 Fisher's Z 转换之后的值和 Fisher's Z 值的标准误。从图中可以看出，大部分研究的效应值都以平均效应值为中心，集中分布在漏斗图的顶部，与此同时出现在漏斗图的底部的研究的效应值极少。根据漏斗图检验，我们可以判断人口统计学因素（性别、组织任期、职称、年龄和受教育程度）与辅导员职业认同的关系研究 Meta 分析的相关独立研究结果存在发表偏差的可能性很小。

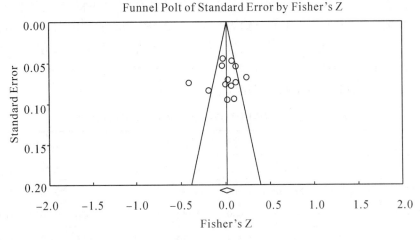

图1　性别因素与辅导员职业认同效应值的漏斗图

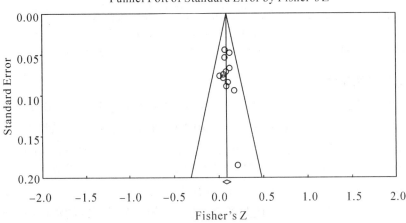

图2　组织任期因素与辅导员职业认同效应值的漏斗图

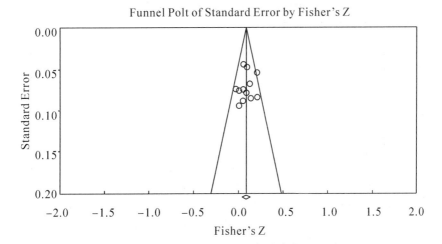

图3　职称因素与辅导员职业认同效应值的漏斗图

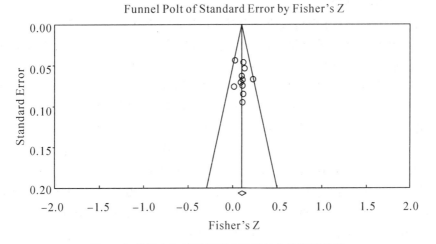

图4　年龄因素与辅导员职业认同效应值的漏斗图

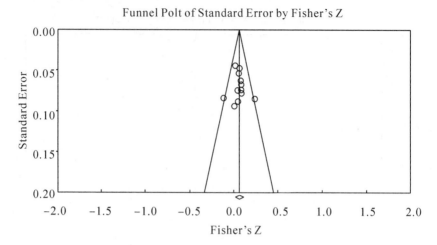

图5　受教育程度因素与辅导员职业认同效应值的漏斗图

（三）主效应检验

如表3所示，采用随机效应模型对人口统计学因素与辅导员职业认同的相关系数进行 Meta 分析。结果显示，采用随机效应模型对性别因素与辅导员职业认同的相关系数为 0.012，95%置信区间 ［－0.362，－0.270］ 表示总体参数有95%可能性落于区间 ［－0.068，0.091］ 内，但包括 0。由于95%的置信区间包括 0，等价于 P＝0.771＞0.05，说明性别因素与辅导员职业认同的相关系数不具有统计学意义。采用固定效应模型分别对组织任期、职称、年龄和受教育程度因素与辅导员职业认同的相关系数为 0.085、0.089、0.103、0.058，95%置信区间分别为 ［0.048，0.121］、［0.049，0.130］、［0.066，0.140］ 和 ［0.021，0.095］ 表示总体参数有95%可能性落于区间 ［0.048，0.121］、［0.049，0.130］、［0.066，0.140］ 和 ［0.021，0.095］ 内，且不包括 0。由于95%的置信区间不包括 0，等价于 P＜0.05，说明因素与辅导员职业认同的相关系数具有统计学意义，这与双尾检验结果 P＜0.001 对应。

根据 Lipsey 和 Wilson 对相关系数的评价标准[39]，本研究中组织任期、职称、年龄和受教育程度因素与辅导员职业认同的相关系数 0.085、0.089、0.103、0.058 为小效应量正相关。

表3　人口统计学因素与辅导员职业认同的主效应检验结果

假设	相关变量	K	N	模型	效应值和95%的置信区间			双尾检验	
					点估计	Lower	Upper	Z值	P值
H1	性别	13	3 172	R	0.012	-0.068	0.091	0.291	0.771
H2	组织任期	13	2 872	F	0.085	0.048	0.121	1.528	0.000
H3	职称	12	2 779	F	0.089	0.049	0.130	4.286	0.000
H4	年龄	11	2 831	F	0.103	0.066	0.140	5.481	0.000
H5	受教育程度	12	2 859	F	0.058	0.021	0.095	3.077	0.002

注：K 表示研究数；N 表示总样本量；p * <0.05，** 表示 p<0.01，*** 表示 p<0.001。

四、讨论

此次研究对被纳入的有关人口统计学因素与辅导员职业认同之间关系的 28 篇文献，共计 6 253 名被试进行 Meta 分析后，原分析结果表明性别与辅导员职业认同不存在显著相关关系，组织任期、职称、年龄和受教育程度与辅导员职业认同存在正相关关系。其中，性别与辅导员职业认同无显著相关的结果与研究假设不一致，究其原因在于社会角色理论认为：组织期望男性组织成员进行工作取向行为，希望女性组织成员进行关系取向行为。辅导员这一职业的特点是从事"大管家式或保姆式"关系取向行为的工作，这更符合女性组织成员的性别角色期望，组织也期望女性进行较多关系取向行为。而面临严峻的社会就业形势，不少男性迫于压力选择了辅导员职业，这一方面影响了其职业兴趣，另一方面却增强了其职业坚守。因此本研究结果中性别与辅导员职业认同无显著相关，与一些学者的研究结果一致，体现了性别角色平等这一理念[40]。

年龄越大、组织任期越长的辅导员有更高的职业认同。正如史雯（2017）所言，在岗时间长的辅导员，其资历以及对业务和组织发展战略的熟悉程度更高，因此职业认同会越高[2]，此结果也与刘世勇等（2016）的研究一致[5]。

除此之外，职称高低也与辅导员职业认同正相关，验证了刘世勇（2017）等研究中级职称比初级职称更高的职业认同[20]；胡鹏斌（2018）研究表明学校领导主要是从高级职称和受教育程度较高的群体中产生[41]。恰如王进（2018）和田海燕（2016）等学者的观点，也是验证了组织学习理论的观点——受教育程度越高的辅导员其参与学校与二级学院的运行和管理决策的意愿也更高，并且更能够提出周密可行的建设性意见，从而在此过程中会带来更高的职业认同[4][42]。

学校领导应当为学校与二级学院中的有资历、受过较高水平教育的辅导员提供平台，激励其更好地为学校和学院做出贡献，这也为其他辅导员塑造学习榜样从而增加辅导员自身的职业认同和思想政治教育亲和力。此次分析通过一个具有普适性的原始研究样本得出了人口统计学因素与辅导员职业认同之间的 Meta 分析结果，拥有较高的可靠性。

五、研究的结论、不足及展望

本文以辅导员为样本，对人口统计学因素（性别、组织任期、职称、年龄和受教育程度）与其职业认同的关系进行 Meta 分析，研究结果如下：

（1）组织任期、职称、年龄和受教育程度因素与辅导员职业认同之间存在显著正相关。

（2）性别因素与辅导员职业认同之间不存在显著关系。

本研究的局限主要表现在以下几个方面：① Meta 分析的过程中发现学者对于人口统计学因素与辅导员职业认同关系研究已经非常重视，并做了大量的实证研究。但是，针对相关研究结果所发表的核心刊物数量不多。本次 Meta 分析纳入未刊发学位论文 8 篇，占总量的 28.57%，这对于本研究有很大的帮助。因此，在 Meta 分析过程中严格按照 Hunter 和 Schmidt 提出的校正公式对样本量进行了修订，并报告了 95% 置信区间，对纳入文献级别不高的情况进行了一定程度上的弥补，以期得到可靠性更高的结论[43]。③本研究因研究对象的特殊性，辅导员是我国特有的职业，故主要检索了研究人口统计学因素与辅导员职业认同的关系的国内学术期刊、学位论文，没有将国内学者发表的英文文献、除英文外的其他语言文献、工作论文和尚未发表的实证文献纳入我们的 Meta 分析中，可能存在检索遗漏而影响最终研究的可靠性，未来研究可以将英文文献、除英文外的其他语言文献、工作论文和尚未发表的实证文献等纳入该领域研究，以便增加研究的普适性。

在下一步的研究中，我们可以关注以下几方面的问题：①进一步深入探讨其它调节变量对人口统计学因素与辅导员职业认同的关系是否产生影响以及产生何种影响，可以适当考虑婚姻、职务、用工性质、收入、专业背景和年均指导学生人数等因素；为得到可靠性更高的结论，也可同时采取扩大样本量的方法。②探讨人口统计学因素与辅导员职业认同的内部机制、中介变量和调节变量如何发挥间接作用。③现阶段，学者们对于人口统计学因素与辅导员职业认同的研究成果正不断丰富与更新，为有效避免因测量量表的差异而造成研究结果不同的情况发生，可以尽可能采用由统一测量工具开展的研究作为 Meta 分析的样本。④由于学习倦怠会随着年龄的增长而变化，因此未来研究可考虑采用追踪研究设计获取面板数据形成组间与组内的跨期研究，从横向与纵向两个维度更好地考察人口统计学因素与辅导员职业认同关系随年龄变化的趋势及阶段性特点。

参考文献

［1］肖述剑. 高校辅导员职业认同影响因素的实证研究：基于湖北高校的数据分析［J］. 学校党建与思想教育，2018（20）.

［2］刘世勇，李姣艳，王林清. 高校辅导员职业认同现状研究［J］. 湖北社会科学，2016（1）.

［3］邹积英，王鹏，陈志娟. 基于结构方程模型的高校辅导员职业认同度影响因素研究［J］. 国家教育行政学院学报，2014（9）.

［4］田海燕. 高校辅导员职业认同与工作满意度、离职意向关系研究［D］. 武汉：华中师范大学，2016.

［5］史雯. 高校辅导员职业认同与工作投入的相关研究［D］. 南京：江苏师范大学，2017.

［6］陈飞. 高校辅导员职业认同研究：以福建省高校为例［J］. 吉林化工学院学报，2013，30（10）.

［7］赵文，杨惠琴，李菊芬. 高校辅导员丰盈心理状态研究［J］. 四川精神卫生，2014，27（4）.

［8］HUNTER J E, SCHMIDT F L. Methods of meta－analysis：correcting error and bias in research findings［J］. Evaluation & Program Planning, 2006, 29（3）.

［9］GLASS G V. Primary, secondary, and meta－analysis of research［J］. Educational Researcher, 1976, 5（10）.

［10］王志凤. 提高高职辅导员职业认同的研究［J］. 教育与职业，2016（6）.

［11］马小红. 高校辅导员职业认同现状分析［J］. 学校党建与思想教育，2015（6）.

［12］陶应军. 基于德性的高校青年辅导员职业认同调适研究［J］. 中国成人教育，2015（4）.

［13］陶应军. 教师发展视域下高校辅导员职业认同调适研究［J］. 教育探索，2014（9）.

［14］巢传宣. 辅导员职业认同的应为、难为与有为［J］. 中国职业技术教育，2010（10）.

［15］ MEYER J P, ALLEN N J, SMITH C A. Commitment to organizations and occupations ［J］. Human Resource Management Review, 2016, 78 (1).

［16］ 魏淑华. 教师职业认同研究 ［D］. 重庆：西南大学, 2008.

［17］ 赵岩, 李宇欣. 高校辅导员职业认同问卷的编制 ［J］. 教书育人, 2013, (12).

［18］ 刘世勇. 高校辅导员职业认同研究 ［D］. 武汉：中国地质大学, 2014.

［19］ DETERT J R, BURRIS E R. Leadership behavior and employee voice：is the door really open? ［J］. Academy of Management Journal, 2007, 50 (4).

［20］ EAGLY A H. Sex differences in social behavior：a social-role interpretation ［J］. Lawrence Erlbaum Associates, 1987.

［21］ STAMPER C. L, Dyne L. Diversity at work：do men and women differ in their organizational citizenship behavior? ［J］. Performance Improvement Quarterly, 1999, 12 (1).

［22］ MYERS M. B, GRIFFITH D. A, DAUGHERTY P J, et al. Maximizing the human capital equation in logistics：education, experience, and skills ［J］. Journal of Business Logistics, 2011, 25 (1).

［23］ STURMAN M. C. Searching for the inverted U-shaped relationship between time and performance：meta-analyses of the experience/performance, tenure/performance, and age/performance relationships ［J］. Journal of Management, 2003, 29 (5).

［24］ DATTA D. K, RAJAGOPALAN N. Industry structure and CEO characteristics：an empirical study of succession events ［J］. Strategic Management Journal, 1998, 19 (9).

［25］ WIERSEMA M. F, BANTEL K. A. Top management team demography and corporate change ［J］. The Academy of Management Journal, 1992, 35 (1).

［26］ FIOL C M, LYLES M. A. Organizational learning ［J］. Academy of Management Review, 1985, 10 (4).

［27］ 廖建桥, 文鹏. 知识员工定义、特征及分类研究述评 ［J］. 管理学报, 2009, 6 (02).

［28］ 李尔舒. 贵州省高校辅导员职业认同与职业弹性现状分析 ［J］. 课程教育研究, 2016, (30).

［29］ 宋世俊, 冉茂瑜, 罗燕. 我国混合式教学的研究热点与发展趋势分析 ［J］. 黑龙江畜牧兽医, 2018, (16).

［30］STANLEY T D. Wheat from chaff：meta-analysis as quantitative literature review ［J］. Journal of Economic Perspectives, 2001, 15 (3).

［31］HUNTER J E, SCHMIDT F L. Methods of Meta Analysis：Correcting Error and Biasin Research Findings ［M］. Sage Publications Inc, Thousand Oaks, CA, 2004.

［32］秦辉，王瑜炜. 智力资本提升组织绩效了吗?：基于 Meta 分析的检验 ［J］. 科学学与科学技术管理，2014，35 (03).

［33］ELLIS P D. Market orientation and performance：a meta analysis and cross national comparisons ［J］. Journal of Management Studies, 2006, 43 (5).

［34］张天嵩，钟文昭，张素等. Stata 在 Meta 分析时异质性评价中的应用 ［J］. 循证医学，2008，(04).

［35］李靖华，常晓然. 基于 Meta 分析的知识转移影响因素研究 ［J］. 科学学研究，2013，31 (03).

［36］卜玉敏，曲建升. Meta 分析在成果集成研究中的应用与发展 ［J］. 情报杂志，2017，36 (12).

［37］ROSENTHAL R. The file drawer problem and tolerance for null results. ［J］. Psychological Bulletin, 1979, 86 (3).

［38］刘关键，吴泰相，康德英. Meta-分析中的统计学过程 ［J］. 中国临床康复，2003，(04).

［39］LIPSEY M W, WILSON D B. Practical Meta-Analysis. ［M］. California：Sage，2000.

［40］马素红，惠筱. 高校辅导员的职业认同现状及提升策略研究 ［J］. 教育教学论坛，2016 (15).

［41］胡鹏斌. 性别角色视角下普通高校辅导员职业发展差异化研究 ［D］. 上海：上海师范大学，2018.

［42］王进. 陕西省公办医学本科院校辅导员职业认同研究 ［J］. 职业与健康，2018，34 (6).

［43］陈灿锐，高艳红，申荷永. 主观幸福感与大三人格特征相关研究的元分析 ［J］. 心理科学进展，2012，20 (1).

构建中国特色经济学与管理学学术话语体系的路径探索

——以西南财经大学为例

西南财经大学科研处　胡俊超①

摘要： 加快构建中国特色哲学社会科学是以习近平同志为核心的党中央在新形势下做出的重大决策部署，中国特色经济学与管理学是中国特色哲学社会科学的重要组成部分，为新时代我国经济高质量发展和持续深化改革提供理论支撑。本文以西南财经大学为例，从加强党的领导、构建理论体系、打造科研平台、强化科研育人、建好学术阵地、完善评价体系、推动成果转化、提升国际影响力等方面探讨构建中国特色经济学与管理学学术话语体系的有效路径。

关键词： 中国特色经济学与管理学　学术体系　话语体系

中国特色经济学与管理学是中国特色哲学社会科学的重要组成部分，为新时代我国经济高质量发展和持续深化改革提供理论支撑。面对我国经济发展进入新常态、国际发展环境深刻变化、改革进入攻坚期和深水区、各种深层次矛盾和问题不断呈现、各类风险和挑战不断增多的新形势，如何贯彻落实新发展理念、加快转变经济发展方式、提高发展质量和效益，如何更好保障和改善民生、提高改革决策水平、推进国家治理体系和治理能力现代化，迫切需要构建中国特色经济学与管理学学术体系和话语体系。

一、构建中国特色经济学与管理学学术话语体系面临的问题

习近平总书记指出，"面对新形势新要求，我国哲学社会科学领域还存在一些亟待解决的问题。比如，哲学社会科学发展战略还不十分明确，学科体系、学

---

① 作者简介：胡俊超，西南财经大学科研处，硕士研究生，在读博士；研究方向：中国特色社会主义文化建设。

术体系、话语体系建设水平总体不高，学术原创能力还不强；哲学社会科学训练培养教育体系不健全，学术评价体系不够科学，管理体制和运行机制还不完善；人才队伍总体素质亟待提高，学风方面问题还比较突出，等等。"构建中国特色经济学与管理学学术话语体系同样面临这一系列问题。经济学方面，"目前，从学术期刊、大学教育、政策影响力和世界影响力等方面来看，西方主流经济学在中国国内的经济学研究领域具有绝对话语权。虽然近年来随着中国经济的高速发展，越来越多的国内外经济学家开始研究中国问题，但他们采用的理论框架和方法基本是西方主流经济学的话语体系。因此，经济学领域研究中国问题的文献增加并不代表经济学开始具有中国特色话语"。管理学方面，中国的管理学科是改革开放后才形成的，管理体系的研究基本上由西方主导，很难说存在本土化的学术话语体系。随着中国特色社会主义市场经济的繁荣发展，源于西方的经济学和管理学理论对中国现实的解释力日显不足，甚至出现矛盾和不符，亟须从中国的经济管理经验中提出理论和理论体系，最终形成具有深刻解释力的中国特色学术话语体系。

二、西南财经大学构建中国特色经济学与管理学学术话语体系的路径探索

西南财经大学作为国家"双一流"建设、"211工程"和"985工程优势学科创新平台"重点建设高校，长期以来高度重视哲学社会科学工作，尤其是在哲学社会科学座谈会后，深入贯彻落实习近平总书记关于哲学社会科学的重要论述精神，坚持扎根中国大地、瞄准世界一流，积极引导师生立足中国实践、研究中国问题、提炼中国经验、升华中国理论，努力探索构建中国特色经济学与管理学学术话语体系。

1. 全面加强党对哲学社会科学工作的领导

加强和改善党对哲学社会科学工作的领导，是繁荣发展我国哲学社会科学事业的根本保证。西南财经大学党委坚持和完善党委领导下的校长负责制，对学校工作实行全面领导，认真履行管党治党、办学治校的主体责任，充分发挥党委把方向、管大局、做决策、保落实的领导核心作用，通过党委常委会专题研究哲学社会科学工作，对学校加快构建中国特色哲学社会科学学科体系、学术体系、话语体系以及哲学社会科学人才队伍建设和阵地建设提出了明确要求和专门部署。学校党委成立哲学社会科学工作领导小组，统筹协调、系统推进学校哲学社会科学工作。学校制定了《西南财经大学哲学社会科学繁荣计划（2013—2020）》，为学校中长期哲学社会科学繁荣发展描绘了蓝图。学校成立了西南财经大学社会

科学联合会，作为学校党委联系全校社会科学工作者的桥梁和纽带，组织和促进社会科学工作者广泛开展学术研究、学术交流和资政服务工作。学校党委制定了《关于进一步规范学术会议、学术讲座管理的实施细则》，全面深入落实意识形态工作责任制，持续强化科研领域意识形态监管，对学术会议、学术讲座实施分类分级审批和全过程管理，旗帜鲜明反对和抵制各种错误观点。学校进一步规范校内科研项目和成果管理机制，把思想价值引领贯穿选题设计、科研立项、项目研究、成果运用全过程，把思想政治表现作为组建科研团队、推荐优秀成果评奖等活动的底线要求；不断加强师德师风建设，将政治条件、师德表现作为教师选聘、考核和奖惩的首要标准；持续加强教材特别是海外原版教材的管理，积极探索海外原版教材"中国化"的实现路径。

2. 构建和发展中国特色理论体系

构建中国特色经济学与管理学学术话语体系，首要任务是构建和发展中国特色经济学与管理学理论体系，没有中国特色的理论体系，学术体系和话语体系就无从谈起。西南财经大学以中国特色世界一流学科建设为契机，充分发挥政治经济学、金融学和工商管理学科优势，着力构建和发展中国特色社会主义政治经济学、金融学和管理学三大理论体系。学校制定并实施《西南财经大学世界一流学科建设方案》，坚持以中国特色、世界一流为目标，瞄准国家重大需求和国际学术前沿，突出与产业发展、社会需求、现代科技的紧密衔接，推动构建中国特色经济学与管理学学科体系、学术体系和话语体系。紧紧围绕中国经济与管理领域重大理论和实践问题，进一步凝练学科方向，强化学科交叉融合与协同创新，突出金融特色，积极探索中国特色社会主义现代经济发展的一般规律，着力发展中国特色社会主义政治经济学理论体系、构建中国特色现代金融理论体系、推动中国特色管理学理论体系创新。

3. 打造高水平科研平台

加快构建中国特色经济学与管理学学术话语体系，需要实现科研资源的协同整合，科研平台就是整合科研资源、实现协同创新的有效载体。西南财经大学以习近平新时代中国特色社会主义思想研究中心、全国中国特色社会主义政治经济学研究中心等为重点，围绕重大理论和实践问题，整合集成科研资源，打造了一系列高水平科研平台。

4. 全力建好习近平新时代中国特色社会主义思想研究中心

学校党委整合马克思主义学院、马克思主义经济学研究院、中宣部全国中国特色社会主义政治经济学研究中心、党建与思想政治教育研究中心等教学资源和研究力量，成立习近平新时代中国特色社会主义思想研究中心，致力于建设成为研究阐释习近平新时代中国特色社会主义思想的学术高地、广泛传播习近平新时代中国特色社会主义思想的宣传阵地、培养造就新时代青年马克思主义者的人才培养基地、不断推进马克思主义中国化时代化大众化的学科发展平台。

5. 持续提升全国中国特色社会主义政治经济学研究中心和马克思主义经济学研究院建设质量

充分发挥中宣部全国中国特色社会主义政治经济学研究中心和马克思主义经济学研究院优势学科平台作用，彰显马克思主义政治经济学传统学科优势，着力研究阐释习近平新时代中国特色社会主义经济思想，大力构建中国特色社会主义政治经济学学科体系、学术体系、话语体系。出版发行四川省委宣传部重点项目《刘诗白选集》、"十三五"国家重点出版物出版规划项目《中国收入分配体制改革》《新中国经济制度变迁史》等标志性成果。发挥"刘诗白经济学奖"及"经济学创新发展高层论坛"的带动作用，打造交流、宣传与传播马克思主义经济学研究成果的国内外知名论坛品牌。

6. 着力构建中国特色新型高校智库

党的十八届三中全会提出，要加强中国特色新型智库建设，建立健全决策咨询制度。智库在治国理政中发挥着越来越重要的作用，构建中国特色新型高校智库是高校提升决策咨询和社会服务能力的关键举措。西南财经大学依托金融安全协同创新中心、中国家庭金融调查与研究中心、西财智库等重要智库平台，彰显特色优势，创新体制机制，面向经济和金融行业企业，瞄准经济和金融改革发展的重点难点问题，开展应用对策研究，产出《中国家庭金融调查报告》等一系列有重要影响的研究报告和经济指数，推动经济和金融行业健康有序发展。学校聚焦金融安全国家战略，高标准建设"金融风险与金融安全"协同创新重大科研平台，共同发起成立"新金融人才产教融合联盟"，设立西财建行学院等；服务西部经济建设，与四川省成都市共建"环西财财经智谷"、中国（四川）自由贸易试验区综合研究院等系列研究平台，加快建设以西财智库为代表的"1+N"智库体系；助力成都市西部金融中心建设，与成都市联合打造西南财经大学交子金融科技创新研究院。

7. 强化科研育人功能

立德树人是高校的根本任务，立德树人成效是检验高校一切工作的根本标准，包括科研工作在内的一切工作，都要紧紧围绕培养什么样的人、如何培养人以及为谁培养人这个根本问题开展。西南财经大学不断加强促进科教协同育人的体制机制建设，将学生参与教师科研项目研究情况、师生合作产出科研成果情况纳入学院（中心）目标绩效考核体系，将人才培养情况纳入基地、团队等科研平台考核办法，持续在中央高校基本科研业务费中设立专项支持博士生开展科学研究、协同创新和学术交流，支持教职工围绕高等财经教育、思想政治教育、青年发展等开展专题研究，充分发挥科研育人功能，推动学校"十大育人体系"建设。

8. 加强学术阵地建设

学术期刊、学术会议、学术讲座等是传播学术思想、开展学术交流的重要阵地，尤其是在构建中国特色哲学社会科学学术话语体系方面发挥不可替代的重要作用。西南财经大学主办的《经济学家》期刊作为马克思主义理论经济学重要学术阵地，其品牌优势不断彰显；《财经科学》期刊坚持马克思主义指导思想，不断完善期刊编辑出版工作机制，期刊办刊质量和学术影响力持续提升；英文期刊 Financial Innovation（《金融创新》）被 ESI 和 Scopus 数据库收录，国际学术影响力不断增强。学校坚持监管与激励并举提升学术活动质量，建立起学术活动"一会一报"和分级审批审查制度，持续加强科研领域意识形态风险防控，实现科研成果发布全过程管理。

9. 持续完善科研评价体系

科研评价在哲学社会科学发展中发挥了"指挥棒"的作用，评价体系的科学与否，直接影响教师科研积极性的发挥，进而对高校哲学社会科学整体发展产生关键影响。西南财经大学根据党中央、国务院和教育部有关科研评价的最新文件精神、构建中国特色哲学社会科学的要求和学校建设"世界一流学科"的需要，秉持突出成果的学术贡献、服务国家战略需求、综合评价教师社会服务的原则，按照统筹平衡基础研究和应用研究、科学研究和社会服务、中文成果和外文成果、教学成果和科研成果的思路，持续完善评价体系，坚决破除"五唯"，修订出台《西南财经大学教师教学科研社会服务成果认定标准与奖励办法（2018版）》及《西南财经大学学术期刊等级分类目录（2018版）》，激发了教学、科研、社会服务各领域的积极性和创造性，有效发挥了评价体系对哲学社会科学工作的激励和导向作用。

10. 大力推动成果转化

同自然科学一样，哲学社会科学成果也需要通过转化才能变成现实生产力，进而促进经济社会发展。哲学社会科学成果的转化，主要是转化为决策咨询成果、服务类产品和科普类产品。西南财经大学依托西财智库，挖掘整合研究资源，拓宽报送渠道，推动学术成果向智库成果、网络及媒体成果转化运用。学校积极落实与四川省人民政府、成都市人民政府签订的全面战略合作协议，加快推进"天府国际金融创新研究院""环西南财大财经智谷"等项目建设，促进新金融业态产品研发与成果转化。以西南财经大学交子金融科技创新研究院（公司）为核心，大力建设"环西南财经大学金融科技成果转化区"，依托学校的金融学科资源、科技创新资源聚集的优势，发挥青羊区、高新区等金融产业优势、科技创新政策优势，深度融合大数据、人工智能、区块链等新兴前沿技术，加强重大基础与应用研究，推进科技创新创造，促进产业转化应用，提供高质量咨询服务。

11. 着力提升国际学术影响力和话语权

中国特色哲学社会科学只有"走出去"，在国际学术舞台上发出中国声音、讲好中国故事、传播中国理论，才能不断提升国际学术影响力和话语权。西南财经大学深度融入"一带一路"建设，设立金融安全协同中心德国分中心、中东欧与巴尔干地区研究中心、非洲研究中心等"一带一路"沿线国家国别与区域研究机构，开展基础研究、文化交流和社会服务，用中国的话语体系研究国际问题，提供中国方案，提升学校的国际学术影响力和话语权，为推进"一带一路"建设，增强我国与相关国家和地区互利共赢、共同发展贡献西财力量。学校充分利用我校在美国和马其顿的孔子学院平台，加强对外文化和学术交流，大力支持教师"走出去"，在国际学术舞台发声，在国际学术机构任职。

参考文献

［1］习近平. 在哲学社会科学工作座谈会上的讲话［M］. 北京：人民出版社，2016.

［2］陶军，钱杉. 聚焦人文社科前沿问题 探索中国特色话语体系：中国特色哲学社会科学话语体系建设学术研讨会综述［J］. 文化软实力研究，2017（6）.